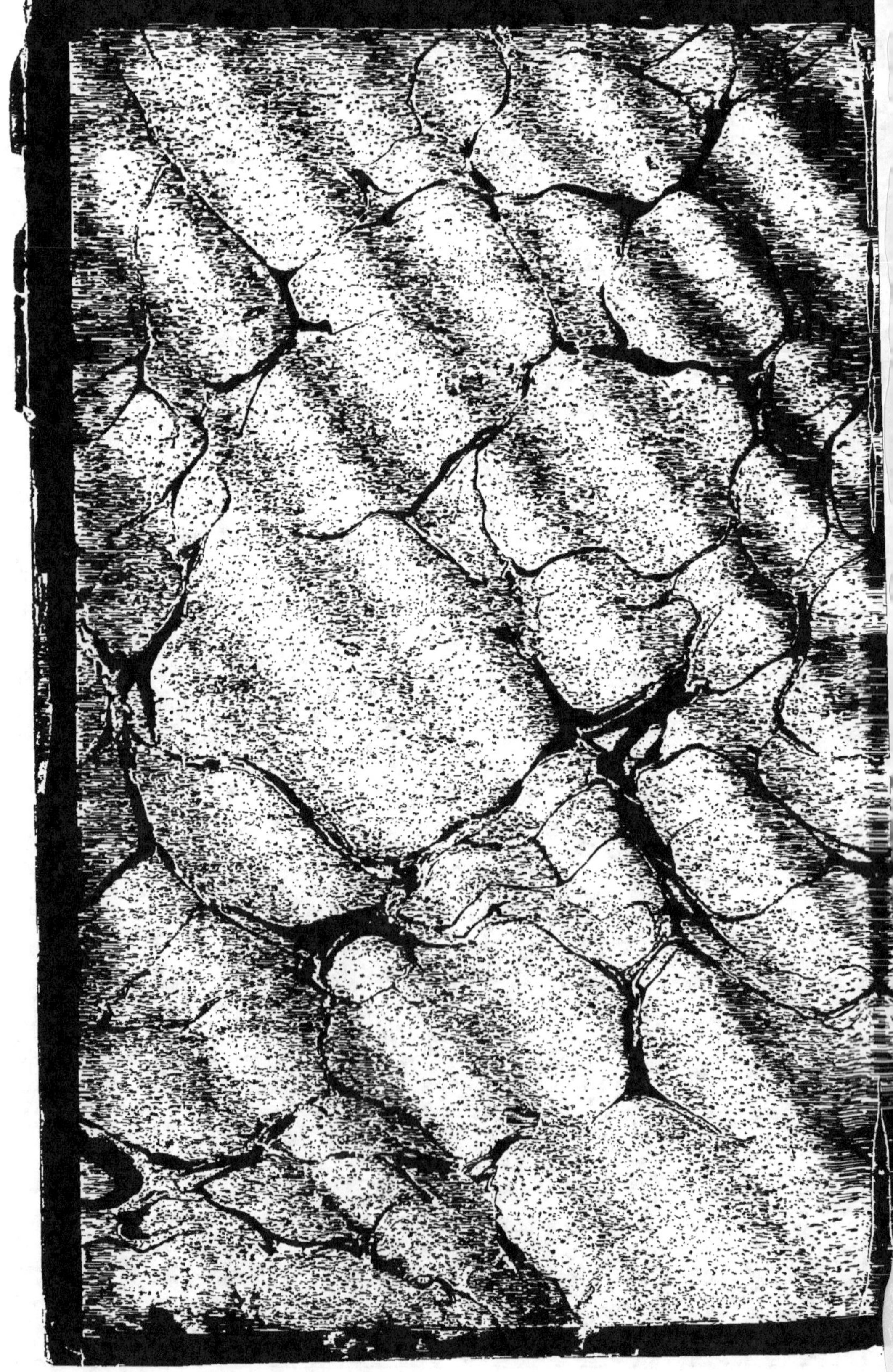

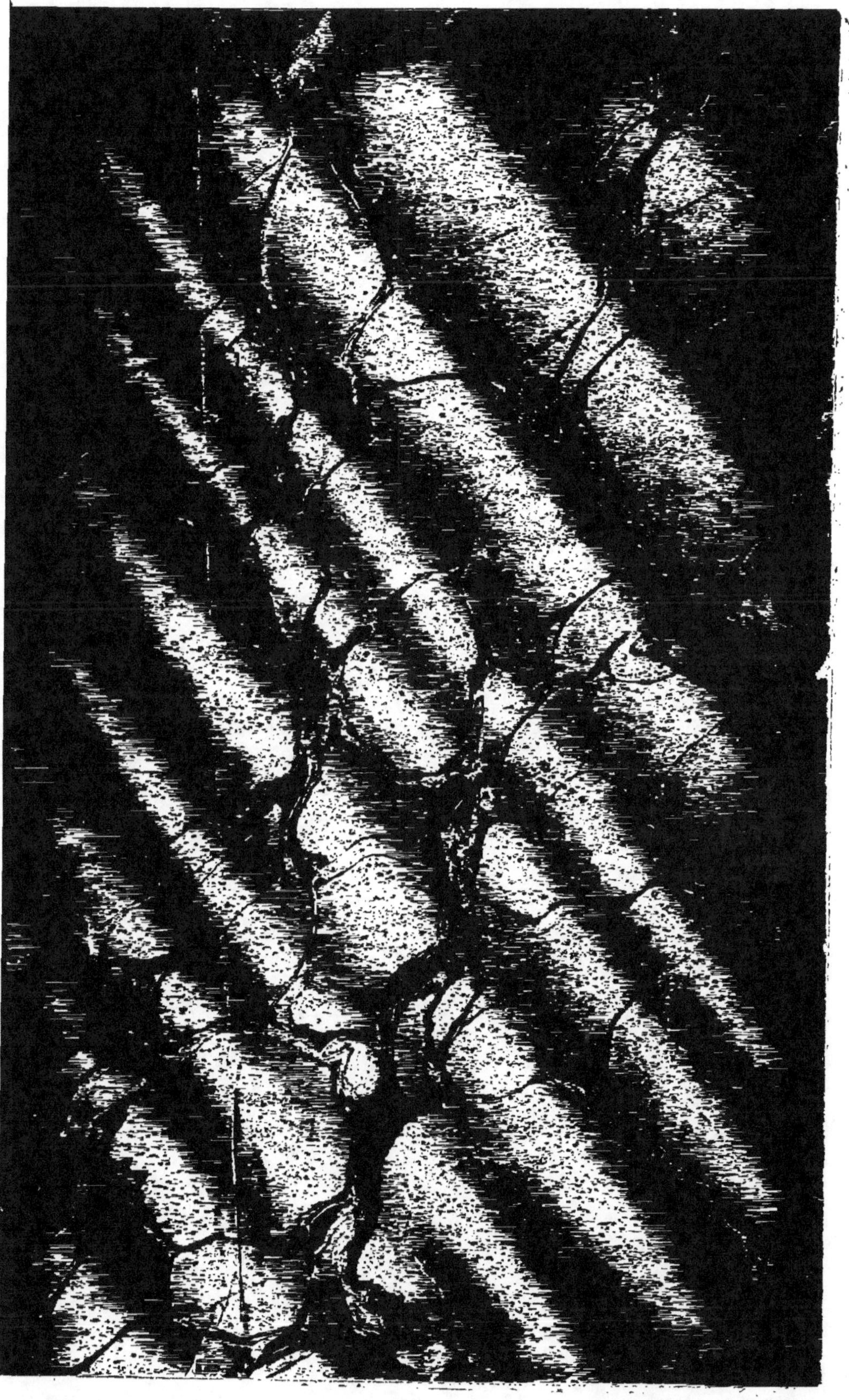

ANT. RICARD

PROFESSEUR AUX FACULTÉS D'AIX ET DE MARSEILLE

UNE VICTIME

DE

BEAUMARCHAIS

Qu'ès aco?.... MARIN.

PARIS

E. PLON ET Cie, IMPRIMEURS-ÉDITEURS

RUE GARANCIÈRE, 10

1885

UNE

VICTIME DE BEAUMARCHAIS

DU MÊME AUTEUR

L'ÉCOLE MENAISIENNE

I. — LAMENNAIS (3ᵉ *édition*).

II. — GERBET ET SALINIS (2ᵉ *édition*).

III. — LACORDAIRE (2° *édition*).

IV. — MONTALEMBERT.

V. — ROHRBACHER (*sous presse*).

ANT. RICARD

PROFESSEUR AUX FACULTÉS D'AIX ET DE MARSEILLE

UNE VICTIME

DE

BEAUMARCHAIS

Qu'ès aco?.... MARIN.

PARIS

E. PLON ET Cie, IMPRIMEURS-ÉDITEURS

RUE GARANCIÈRE, 10

1885

Tous droits réservés.

UNE

VICTIME DE BEAUMARCHAIS

I

LE PAYS NATAL

Soit hasard, soit manœuvre secrète des officiers du bord, le 13 juillet 1832, l'*Alceste*, nolisé par M. de Lamartine, se trouva, au début même du célèbre « Voyage en Orient », forcé à entrer dans le golfe riant de la Ciotat, petite ville de la côte de Provence, où le capitaine et presque tous les matelots avaient leurs maisons, leurs femmes et leurs enfants.

Lamartine n'avait point tant de motifs pour se réjouir du relâche. Mais, s'il en eut quelque dépit, la contrariété céda vite à la satisfaction que lui réservait l'accident, le premier de son voyage.

« A l'abri d'un petit môle qui se détache d'une colline gracieuse, toute vêtue de vignes, de figuiers et d'oliviers, comme une main amie que le rivage tend aux matelots, nous laissons tomber l'ancre. L'eau est sans rides et tellement transparente qu'à vingt pieds de profondeur nous voyons briller les cailloux et les coquillages, ondoyer les longues herbes marines, et courir des milliers de poissons aux écailles chatoyantes....

« L'aspect de la ville répond aux promesses du port.

« Nous descendons à terre, sur les instances du capitaine qui veut nous présenter à sa femme et nous montrer sa maison. La ville ressemble aux jolies villes du royaume de Naples, sur la côte de Gaëte. Tout est rayonnant, gai, serein : l'existence est une fête continuelle dans les climats du Midi. Heureux l'homme qui naît et qui meurt au soleil! Heureux surtout celui qui a sa maison, la maison et le jardin de ses pères, aux bords de cette mer... »

La brillante imagination du poète s'envole aussitôt dans les rêves d'or et laisse tomber de sa plume enchanteresse l'une des plus belles pages qu'on ait jamais écrites sur les nuits lumineuses de nos rivages provençaux.

Le golfe surtout l'émeut et enchaîne son admiration :

« A notre gauche, le golfe étend jusqu'à un cap élevé la chaîne longue et sombre de ses collines inégales et dentelées ; à droite, c'est une vallée étroite et fermée où coule une belle fontaine à l'ombre de quelques arbres; derrière, c'est une colline plus haute, couverte, jusqu'au sommet, d'oliviers que la nuit fait paraître noirs ; depuis la cime de cette colline jusqu'à la mer, des tours grises, des maisonnettes blanches percent çà et là l'obscurité monotone des oliviers et attirent l'œil et la pensée sur la demeure de l'homme. Plus loin encore et à l'extrémité du golfe, trois énormes rochers s'élèvent sans base sur les flots : de formes bizarres, arrondis comme des cailloux, polis par la vague et les tempêtes, ces cailloux sont des montagnes, jeux gigantesques d'un océan primitif, dont nos mers ne sont sans doute qu'une faible image (1). »

I

C'est sur les bords enchantés de la petite cité provençale que naquit l'homme dont j'entreprends de raconter l'orageuse existence.

Il appartenait à l'une de ces familles, d'origine illustre, qui, du XIIIe au XVIe siècle, pendant la période des troubles qui ensanglantèrent les divers Etats de l'Italie, se réfugièrent en si grand nombre sur les côtes de Provence. La sienne est une des plus nombreuses et peut-être la plus ancienne de la Ciotat (2).

(1) LAMARTINE. *Souvenirs, pensées et paysages pendant un voyage en Orient.*

(2) Dans l'Assemblée ou Parlement du 3 octobre 1379, la première des archives, je vois, parmi les chefs de la ville, Pontius et Joannes Marini; dans celle du 20 août 1461, Jacobus, Guillelmus, Bartholomeus, Matheus, Georgius primus, Georgius secundus Marini; dans celle du 1er janvier 1546,

Elle descendait des Marini de Gênes (1), et exerça, dès le XIIIe siècle, les plus hautes charges dans la magistrature locale. Quelques-unes des branches fort nombreuses issues des premiers émigrants, ne réussirent pas à conserver la prépondérance et la richesse des souches originelles. Notre héros, appelé à jeter sur le nom des Marin son plus vif éclat, appartenait à l'une de ces branches déchues de la splendeur primitive.

Il naquit, le 6 juin 1721, et reçut au baptême les noms de Louis-François-Claude (2). La famille Marin

Berthoumiou I, Berthoumiou II et Jaumet Marini ; dans celle du 17 du même mois et de la même année, outre les précédents, Andriou et Estève Marini ; du 13 mars même année, les précédents et Antenon, Stève, Peyron Marini. Ce n'est que fort tard, et vers la fin du XVIIe siècle, que ce[s] Marini ont retranché l'*i*, et ont pris le nom de Marin. (*Histoire de la Ciotat*, p. 148.)

(1) Du moins, cela paraît résulter des conjectures auxquelles s'est livré notre historien : « La faction des Frégos et des Adorno, qui agitèrent la République de Gênes, forcèrent plusieurs familles nobles à se réfugier en France. Des Marini, alliés aux Adorno, dont ils avaient embrassé le parti avec chaleur, avertis que le doge Frégoso devait les faire arrêter, se sauvèrent sur des felouques en Provence ; et il peut en être arrivé un ou deux à la Ciotat, qui y auront laissé une nombreuse postérité. Ce qui appuie cette conjecture, c'est que les Marini ou Marin, de la Ciotat, portaient anciennement les armes des Marini de Gênes, qui sont d'argent à trois bandes ondées de sable ; armes qu'on trouve sur les vieux cachets, sur les anciens portraits, sur les épitaphes et sur plusieurs tableaux de la chapelle des Pénitents Bleus. Ils ne les ont quittées que dans le XVIIe siècle, où l'on avait la fureur des armes parlantes, et ont pris, les uns un cheval marin les autres une mer, d'autres un romarin, etc. D'ailleurs, par une tradition constante dans cette famille, elle s'est toujours crue originaire de nobles Génois. (*Ibid.*, p. 150, note.)

(2) Voici son acte de baptême. Il suffira à réfuter les dictionnaires et les mémoires qui en font un enfant illégitime : « François-Louis-Claude Marin, « fils du sieur Louis et demoiselle Anne Reveste, sa femme, a été baptisé « le 7 juin 1721, né le jour précédent. Le parrain a été sieur François-

était, paraît-il, fort liée avec deux dignes prêtres, tous deux successivement curés de la Ciotat dans la première moitié du XVIIIᵉ siècle (1).

L'abbé Fabre occupe une place considérable dans les démêlés auxquels donnait lieu, à ce moment, la querelle du Jansénisme en Provence. Belsunce (2),

« Balthazard Martinenq, et la marraine demoiselle Rose Simonneau, tous « demeurant en cette paroisse, par moy, secondaire soussigné, avec le « père et les parties. *Signés :* SALLE, prêtre ; François-Balthazard « MARTINENQ, Rose SIMONNEAU, L. MARIN. »

(1) Messire Mathieu, licencié en théologie, vicaire perpétuel de la ville de la Ciotat, prit possession le 18 juin 1698. Il mourut en 1723 et eut pour successeur Messire Mathieu Fabre, bachelier en théologie, l'ami de Belsunce.

(2) Le futur historien de Mgr de Belsunce, Dom Bérengier, a recueilli quelques-unes des lettres de l'immortel prélat au curé de la Ciotat ; impossible de rien lire de plus affectueux et de plus tendre : « Je vous embrasse « mille et mille fois et de tout mon cœur », écrit Belsunce à M Fabre, le 30 mars 1738, et, à quelques mois de là, le 20 septembre, comme le curé a écrit a l'Évêque pour lui souhaiter la bienvenue au retour d'un voyage, l'Évêque répond : « Si vous n'étiez pas bien aise de mon retour, j'en serais « également surpris et affligé, et vous seriez digne d'être associé à quelqu'un « dont je ne dirai pas le nom ; car, assurément, je vous aime de tout mon « cœur et si je ne vous en ai pas donné des preuves bien solides, ce n'est que « parce que je n'en ai pas eu l'occasion. » Vient-il à perdre un frère chéri, Belsunce, le 16 avril 1739, épanche sa douleur dans le cœur de son « très « cher curé », l'assurant qu'il est « absolument à lui dans la sincérité de son « triste cœur. » Les expressions de tendresse semblent manquer à cette âme que les Jansénistes ont dépeinte dure et comme inaccessible aux sentiments d'humanité. Finissant sa lettre du 25 avril 1741 : « Je vous embrasse, « dit-il, du plus tendre de mon cœur, mon cher et très cher curé. » Il en est de même dans sa lettre du 18 octobre suivant, où Belsunce exhale les plaintes du deuil que lui a laissé la mort d'un neveu en qui il avait mis toutes ses espérances d'avenir et de famille ; ainsi que dans la lettre du 13 avril 1748, où il charge M. Fabre de protester publiquement contre une calomnie inventée par la secte, dans le but de faire accroire que le zèle du grand Évêque, en faveur de la Bulle *Unigenitus*, avait été blâmé en haut lieu. Sans doute, ces divers documents trouveront place dans les ouvrages de l'infatigable chercheur, qui consacre ses labeurs à élever un monument

qui l'avait promptement distingué parmi les plus fermes soutiens de l'orthodoxie, aimait à le proclamer « le premier curé du royaume ». Lors des traverses que la secte suscita au curé Fabre, le grand Évêque se plut à lui prodiguer ses témoignages d'estime et d'affection.

Ce curé modèle prit en grande affection le jeune Marin. Il se plut à diriger lui-même les tendances d'une piété enfantine assez notable pour annoncer une vocation de choix et aussi à redresser les défauts naissants d'une nature provençale, où les mouvements irréfléchis d'un cœur excellent confinaient à une extrême mobilité d'humeur. C'est alors qu'il devint l'enfant de chœur préféré du curé et, sur les leçons de ce prêtre virtuose, fut de bonne heure en état de tenir l'orgue pendant les offices paroissiaux.

II

Lorsque le petit lévite perdit son père, la sollicitude de l'abbé Fabre redoubla pour l'orphelin, auquel il facilita d'abord des études classiques, jusqu'à ce qu'une étrange infortune vint fondre sur son élève, préludant de bonne heure aux calamités qui agiteront cette existence mouvementée.

à la mémoire de Belsunce. On y trouvera, à côté de la sollicitude pastorale de l'Évêque et de ses prédilections pour la paroisse confiée au curé Fabre, comme une révélation de tout un côté, mal connu et souvent travesti, d'une âme, en qui Dieu avait mis tous les héroïsmes. En attendant, nous remercions le Révérend Père Dom Bérengier, pour l'obligeante et généreuse communication, à laquelle nous devons d'avoir pu écrire cette note.

Marin a raconté lui-même cet épisode de sa jeunesse :

« Né dans une petite ville de province, écrit-il à
« Jean-Jacques Rousseau (1), j'eus un père que
« l'amour des découvertes entraîna dans les régions
« éloignées. A son retour, son vaisseau échoua
« contre un rocher en entrant dans le port ; mon
« père périt, et les vagues portent son cadavre à
« la porte de la maison où nous l'attendions pour
« l'embrasser. J'étais dans l'enfance, et ce malheur
« fut le premier qui éclaira ma raison naissante.

« Je ne vous dirai point comment la petite for-
« tune que j'avais en partage me fut enlevée. Le Ciel
« maudit les enfants qui révèlent la honte de leur
« famille. Ma mère me donna un maître en se
« donnant un nouvel époux. Cet homme m'arracha
« aux études et m'emmena dans le Levant. Là, en
« revenant de la messe d'une église des Grecs,
« située à la campagne, je fus saisi par une troupe
« de femmes arabes qui allaient me vendre en
« Afrique, et délivré par le consul anglais qui n'en-
« tendait pas la messe (2) et chassait avec ses janis-
« saires dans les environs ; je reçus un coup de sabre,
« sur la tête, d'un Bédouin, qui croyait frapper un
« Français de ses ennemis, et qui me mit aux portes
« du trépas. Je fus pris par des Algériens qui me
« conduisaient en esclavage, et repris par des chré-

(1) *Lettre de l'homme civil*, etc., p. 62 et suiv.
(2) Nous aurons à expliquer plus tard le motif de cette observation.

« tiens qui me rendirent à ma patrie, après mille
« autres aventures qu'on ne manque jamais d'es-
« suyer dans un voyage de trois années. »

Lorsque Marin regagna le pays natal, il avait
atteint sa seizième année. « Le maître que le sort lui
avait donné voulut le faire rembarquer de nouveau ».
C'était d'ailleurs l'usage à la Ciotat, où il s'est conservé jusqu'à la fondation, en ce siècle, des chantiers
de construction navale qui permettent, aux jeunes
gens du pays, de trouver l'emploi de leurs forces
sur place, sans plus demander, à peu près exclusivement comme autrefois, à la carrière du marin,
leurs moyens d'existence et la fixation de leur avenir.
Or, notre jeune homme n'avait aucun attrait pour
les aventures de la vie maritime : elles lui avaient
assez mal réussi pour l'en déprendre ! Cette aversion
fut-elle le motif déterminant de son entrée dans la
cléricature ? Il semble vouloir l'insinuer dans cette
espèce d'autobiographie qu'il adressait à Rousseau,
à un moment, il est vrai, où sa situation politique
et ses relations avec Voltaire pouvaient le porter à
désavouer un passé que les malins se plaisaient à
lui reprocher. Quoiqu'il en soit, voici comment il
explique sa tonsure : « Je n'éludai les ordres de
« mon maître qu'en quittant la maison paternelle et
« en prenant un habit avec lequel on ne peut servir
« sur les vaisseaux qu'en qualité d'aumônier. »

C'est par Belsunce, et sans doute sur la présen-
tation du curé Fabre, qu'il fut revêtu de l'habit

ecclésiastique, le 13 avril 1738, dans l'église paroissiale de Saint-Ferréol, à Marseille. Les quatre années qui séparent cette date du jour de l'insinuation (1) des lettres d'ordre, l'abbé Marin les passa à Aix, disent quelques biographes, occupé à réparer le temps perdu, à compléter des études si fâcheusement interrompues par le séjour dans le Levant (2) et à étudier sa vocation.

(1) Nous avons retrouvé, dans les Archives de l'Evêché de Marseille, la pièce qui constate le fait de la cléricature de Marin. On remarquera qu'elle ne fut insinuée que quatre ans après la cérémonie d'ordination sans doute au moment où le jeune clerc en eut besoin pour se rendre à Paris. « Le 9 avril 1742 a été insinuée les lettres d'ordre cy-après:

« *Henricus Franciscus Xaverius de Belsunce de Castelmoron, miseratione divina et sanctæ sedis apostolicæ gratia, Episcopus Massiliensis, Abbas Abbatiæ regiæ, etc. Notum facimus quod nos, hoc die decimo tertio mensis Aprilis, Dominica in Albis, anno Domini millesimo septingentesimo trigesimo octavo, missam celebrantes in Ecclesia parochiali Santi-Ferreolis illius Civitatis, Dilectum nostrum Franciscum Claudium Marin, filium legitimum et naturalem Ludovici et Annæ Revest conjugum, nostræ diœcesis, in examine sufficientem et idoneum repertum ad primam clericalem tonsuram rite et canonice in Domino duximus promovendum ac promovimus.*

« *Datum Massiliæ in palatio nostro episcopali, sub signo sigilloque nostris ac secretarii nostri subscriptione die mense et anno prœdictis.*

« † Henricus *Epis. Massiliensis.*

Et infra, de mandato dicti Illustrissimi ac Reverendissimi Domini mei Episcopi.

« Boyer, *Sacerd... cretarius sigittavit.* »

« De laquelle insinuation nous a été requis acte, ayant livré les dites lettres. — Laurens.

« (Registre 27, p. 55, au verso. *Insinuations ecclésiastiques.*) »

(2) En tous cas, il n'y prit guère de leçons de calligraphie. L'écriture de Marin est détestable. Les plus fins copistes des Archives nationales ne sont pas parvenus à déchiffrer les pièces dont nous leur avions confié la copie, et quiconque a pratiqué ces manuscrits partagent l'avis de M. Dugast-

Persévèrera-t-il dans l'état qu'il a embrassé, en se faisant tonsurer ?

A un moment, l'affirmative parut l'emporter et son avenir se fixer, comme c'était l'usage alors, par la collation d'un bénéfice. Ici encore intervient l'étrangeté de cette vie aventureuse :

« Un vieux prêtre, raconte-t-il plaisamment,
« devait me résigner son bénéfice : il tombe malade,
« et me charge, un matin, d'appeler un notaire apos-
« tolique et un certain chanoine. Ce notaire... refuse
« d'ouvrir, et on l'attend ; le chanoine était à l'autel,
« et on l'attend encore. Nous partons enfin, nous
« arrivons et nous trouvons à la porte des domes-
« tiques pleurant leur maître, mort dans l'intervalle.
« Ainsi, de ces deux hommes nécessaires, parce que
« l'un faisait une bonne action, l'autre une toute
« contraire, le bénéfice fut perdu. »

Avec le bénéfice, s'envolèrent les chances de se fixer dans son pays natal. L'abbé Marin, comme tant d'autres porteurs de petit collet à cette époque, songea à quitter sa province pour chercher fortune à Paris.

III

Alors, comme aujourd'hui, Paris était l'objet de

Matifeux, que « l'écriture en est diabolique à lire. (*Intermédiaire des chercheurs*, n° 387, p. 369) ». Tous ses correspondants s'en plaignaient. Voltaire lui en écrit plaisamment : « Vous avez fait, Monsieur, bien de l'honneur à mes yeux de les croire capables de lire votre écriture (16 août 1724). » C'est heurté, rapide, inachevé, nerveux, le vrai portrait de l'homme.

toutes les jeunes ambitions, il offrait une carrière ouverte à tous les jeunes talents. L'abbé Marin, comme à deux ans de là, son ami et quasi-compatriote, l'abbé Barthélemy, subit cette séduction. Tous les biographes fixent à 1712 la date du départ de Marin pour la capitale. On était au mois d'avril, à ce moment de l'année où le terroir ensoleillé de son pays natal se couvre d'une flore charmante, inconnue sur le reste du littoral de Provence, et qui n'a de similaire, disent les botanistes, qu'en Judée et sur les rivages d'Afrique. Le jeune ecclésiastique revint à la Ciotat, dire adieu à ces horizons que son œil avait vus en s'ouvrant à la vie et qu'on n'oublie plus quand on les a aimés d'enfance. Il parcourut, pour se consoler des tristesses de la maison natale, les sites sauvages, où la mer et la solitude consolent de l'injustice des hommes. Il s'arrêta devant « l'apparition d'une petite fleur bleue que l'on rencontre, aux plus beaux jours de l'année, dans les ravins les plus rocailleux et les plus déserts de mon pays ; charmante fleur qui, souvent, passe toute une saison sans qu'un œil humain la contemple et vienne rendre jaloux le rayon de soleil qui la colore et les brises timides qui se glissent à l'envi dans les plus profondes et les plus âpres solitudes pour caresser sa tige flexible et la faire ondoyer avec un doux et ravissant murmure (1). »

Les parents de notre jeune ecclésiastique se refu-

____

(1) Masse (de la Ciotat), *Du romancium occidental*, t. 1er, p. 8.

sèrent à lui fournir aucun secours (1), et, sans la charitable intervention d'un généreux bienfaiteur, le voyageur se fut vu contraint de parcourir à pied le long chemin qui devait, pensait-il, le conduire à la gloire.

Avant de le laisser partir, le curé Fabre voulut lui faire entendre la grave voix de son expérience de la vie, le prémunir contre cette hérésie dont il lui avait inspiré une sainte horreur, le mettre en garde contre le philosophisme triomphant et prémunir des mœurs jusque-là chastes contre les périls de la grande ville. Ces conseils, Marin s'en souvint toujours, s'il n'y fut point toujours fidèle. Nous le constaterons plus d'une fois dans le cours de ce récit.

Pour les mieux graver dans son esprit, le zélé pasteur, qui connaissait l'impressionnabilité de son jeune ami, voulut les lui faire entendre, dans une de ces baies ravissantes qui découpent le littoral ciotaden, là même où Marin aimait à rêver et à étudier. On nous pardonnera d'en faire passer la vision sous les yeux du lecteur : la plume ou mieux le pinceau qui a décrit cette merveille de la nature nous servirait au besoin d'excuse, s'il en fallait à cette page, qui n'est pas étrangère à l'étude morale de notre héros.

« A un mille à l'ouest, sur la côte, les montagnes sont cassées comme à coups de massue ; les fragments énormes sont tombés, çà et là, sur les pieds

(1) *Lettre de l'homme civil*, etc., p. 63.

des montagnes ou sous les flots bleus et verdâtres
de la mer qui les baigne. La mer y brise sans cesse ;
et de la lame qui arrive avec un bruit alternatif et
sourd contre les rochers, s'élancent comme des lan-
gues d'écume blanche qui vont lécher les bords
salés. Ces morceaux entassés de montagnes, car ils
sont trop grands pour qu'on les appelle rochers, sont
jetés et pilés avec une telle confusion les uns sur les
autres, qu'ils forment une quantité innombrable
d'anses étroites, de voûtes profondes, de grottes
sonores, de cavités sombres, dont les enfants de deux
ou trois cabanes de pêcheurs du voisinage connaissent seuls les routes, les sinuosités et les issues.
Une de ces cavernes, dans laquelle on pénètre par
l'arche surbaissée d'un pont naturel, couvert d'un
énorme bloc de granit, donne accès à la mer et
s'ouvre ensuite sur une étroite et obscure vallée que
la mer remplit tout entière de ses flots limpides et
aplanis comme le firmament dans une belle nuit.
C'est une calanque, connue des pêcheurs, où, pendant
que la vague mugit et écume au dehors, en ébranlant
de son choc les flancs de la côte, les plus petites
barques sont à l'abri ; on y aperçoit à peine ce léger
bouillonnement d'une source qui tombe dans une
nappe d'eau. La mer y conserve cette belle couleur
d'un jaune verdâtre et moiré, que voit si bien l'œil
des peintres de marine, mais qu'ils ne peuvent jamais

rendre exactement, car l'œil voit plus que la main ne peut imiter (1).

« Sur les deux flancs de cette vallée marine, montent à perte de vue deux murailles de rochers presque à pic, sombres et d'une couleur uniforme, pareille à celle du mâchefer, quelque temps après qu'il est tombé dans la fournaise. Aucune plante, aucune mousse n'y trouve même une fente pour se suspendre et s'enraciner, pour y faire flotter ces guirlandes de lianes et ces fleurs que l'on voit si souvent onduler sur les parois des rochers de la Savoie où Dieu seul peut les respirer; nues, droites, noires, repoussant l'œil, elles ne sont là que pour défendre de l'air de la mer les collines de vignes et d'oliviers qui végètent sous leur abri, images de ces hommes dominant une époque ou une nation, exposés à toutes les injures du temps et des tempêtes pour protéger des hommes plus faibles et plus heureux. Au fond de la calanque, la mer s'élargit un peu, serpente, prend une teinte plus claire à mesure qu'elle découvre plus de ciel et finit enfin par une belle nappe d'eau dormante sur un lit de petits coquillages violets concassés et serrés comme du sable. Si vous mettez le pied hors de la chaloupe qui vous a porté jusque-là, vous trouvez à gauche, dans le creux d'un ravin, une source d'eau douce, fraîche et pure; puis, en tournant à droite, un sentier de chèvres pierreux, rapide, inégal, ombragé de figuiers sauvages et d'azeroliers,

(1) Lamartine, *op. cit.*, juillet 1832.

qui descend des terres cultivées vers cette solitude des flots.

« Peu de sites, conclut Lamartine, m'ont autant frappé, autant attaché dans mes voyages » que cette baie de Fugairolles, tout auprès de la Ciotat.

C'est là que M. Fabre conduisit son cher élève et lui fit entendre ses conseils austères, tempérés par une tendresse pastorale, justement alarmée par les périls auxquels s'allait livrer cette nature impressionnable, affectueuse, légère et mobile, que fut Marin. Ils se dirigèrent ensuite, par le sentier pierreux, sur la colline d'où la patronne des nautonniers domine et protège la Ciotat, et, après l'avoir béni avec une émotion paternelle, le bon curé dit adieu au jeune lévite qui, le lendemain de cette scène émouvante, dont le souvenir lui revint bien souvent par la suite comme un rappel et parfois comme un remords, partit enfin pour Paris.

II

LES DÉBUTS DE MARIN

PRÉCEPTEUR ET AUTEUR

Sommaire : L'abbé Marin à Paris. — Il quitte le petit collet et se fait recevoir avocat au Parlement. — Précepteur chez les Rosen. — Les armes de Marin. — *Dissertation sur la Fable.* — Au château de Bollwiller. — *Eglogue pour la fête de la comtesse de Rosen — Ode aux mânes de la comtesse de Rosen.* — Principes d'éducation tracés dans un ouvrage dédié à son élève. — Marin traduit en vers les églogues de Virgile. — Ce qu'en disaient les journalistes et ce qu'en pensa le public. — Le chevalier de Solignac. — Marin est reçu académicien de Nancy. — Il publie les œuvres du roi Stanislas. — Son principal ouvrage. — Défauts et qualités de l'*Histoire de Saladin.* — Comment cet ouvrage fut reçu du public et des critiques. — La dédicace à M. de Saint-Florentin.

« Je vins dans cette capitale, où mes parents me
« refusèrent tout secours. Après plusieurs années
« passées dans l'amertume, je me fis une petite
« réputation littéraire, je produisis des ouvrages,
« non aussi célèbres que les vôtres, mais estimés, et
« je me vis des amis et des protecteurs (1) ».

I

Les débuts de Marin à Paris furent, en effet, plus que modestes. Observateur comme il l'était, malgré ses velléités de vocation ecclésiastique et l'extrême médiocrité de sa situation, il se rendit bien vite

(1) *Lettre à J.-J. Rousseau*, p. 65.

compte du véritable état des choses en politique et en littérature. Le vieux cardinal de Fleury se mourait, laissant en apparence la monarchie ce qu'elle était à la mort du grand roi. C'était, dit Villemain (1), le même train des choses, une cour brillante, un premier ministre économe et modeste, qui gouvernait despotiquement et distribuait en douceur des milliers de lettres de cachet ; une grande ville où le goût des plaisirs de l'esprit et du luxe allait croissant, et n'attendait plus l'exemple de la cour ; une noblesse oisive, hors du champ de bataille, et dont la vanité, comme le bon goût, se plaisait aux lettres.

A côté de Fleury, vrai roi en politique, s'était levée une autre royauté, bien autrement obéie et redoutée, celle de Voltaire. La littérature française et la critique philosophique étaient la grande tribune de l'Europe, à ce moment-là surtout : elles se faisaient entendre des rois et des peuples, et toutes deux reconnaissaient Voltaire pour maître.

Loin de toute direction, livré à lui-même, notre jeune ecclésiastique provençal ne tarda pas à se laisser aller au courant.« L'aversion que j'ai toujours « eue pour tout engagement solennel, qui lie à jamais « la liberté, écrit-il, me fit quitter un état dont je « n'avais point les vertus (2). » L'avenir d'ailleurs donne raison à la détermination de l'abbé : sa vo-

(1) *Tableau de la littérature française au* 18e *siècle.*
2) *Op. cit.*, p. 65.

cation, éclose sous le sentiment fort peu surnaturel du désir d'échapper à la carrière navale pour laquelle il n'avait aucun goût, s'évanouit bien vite au contact des séductions de la vie parisienne. Musicien passionné, il rêvait d'opéra et de théâtre, et, quelle que fût la facilité des mœurs à cette époque, le petit collet était toujours gênant.

Nous ne savons ce qu'en pensa le curé Fabre, mais, à la distance où nous sommes des événements, nous ne pouvons qu'applaudir à la résolution de Marin : mieux valut cent fois renoncer à tout bénéfice, que de traîner l'habit ecclésiastique dans les ruelles et les théâtres, comme tant d'autres bénéficiers indignes en ce malheureux temps.

Avant de quitter le petit collet, Marin s'était présenté dans quelques familles nobles, pour lesquelles Belsunce lui avait donné des lettres de recommandation, et y avait commencé, pour vivre, cette existence de précepteur qu'on lui a tant reprochée depuis, comme s'il y avait eu pour le futur censeur un déshonneur quelconque à n'avoir ainsi dû qu'à lui-même sa petite fortune, en un temps où le plus ordinaire mérite consistait à s'être donné la peine de naître au sein d'une caste privilégiée.

Pour se mettre en état de fournir la carrière ambitionnée, il se mit au travail, travail acharné, menant de front le préceptorat, les recherches de critique historique ou littéraire, et l'étude du droit. Six ans après son arrivée à Paris, nous le trouvons,

en 1748 (1), qualifié du titre d'avocat au parlement
de Paris.

Dans l'intervalle, il avait publié une *Dissertation
sur la Fable*, brochure in-4°, parue en 1745, à
laquelle peut s'appliquer en toute vérité l'observation de Villemain : « L'art était dégénéré ; le goût
se perdait au milieu des analyses de la critique, et
la critique elle-même, plus attentive à des conven-
tions et à des formes qu'à la philosophi des lettres,
ne paraissait pas s'appuyer sur des recherches assez
étendues (2) ». Nous y reviendrons.

II

Lorsqu'il publia sa dissertation, Marin était précepteur chez les Rosen.

Il était entré là sous des auspices vénérés, sa
réputation naissante en fit bientôt l'ami de la maison,
mais, tout parfaits qu'ils fussent pour l'aimable et
spirituel précepteur, les Rosen étaient de trop haute
naissance pour ne pas le faire sentir au jeune avocat.
Souvent, en effet, observe encore Villemain (3),
souvent, au milieu d'une familiarité libre, affectueuse, que le goût des lettres avait fait naître,

---

(1) Et non point 1850, comme le copient tous les dictionnaires biographiques sur un premier document fautif. L'Eglogue, imprimée à Colmar
en 1749, porte en effet la mention du nouveau titre de Marin. Celle qui fut
imprimée en 1748 la porte également.

(2) *Op. cit.*, t. I, p. 22.

(3) *Ibid.* p. 305.

un mot dur et blessant vous avertissait d'une inéga-
lité, que rien ne pouvait détruire.

Sensible à ces humiliations, le précepteur se
ressouvint de ses ancêtres, et dès lors fit graver
pour son usage les armes de la famille à laquelle
il appartenait : d'argent à un cheval marin sur des
ondes, au chef d'azur chargé de trois étoiles d'argent,
l'écu sommé d'une couronne de comte.

Les Rosen, eux, portaient un écu d'or à trois roses
de gueules (1).

L'élève de Marin, Eugène-Octave-Augustin, comte
de Rosen, était le fils unique du marquis Aimé-Ar-
mand et de Jeanne-Octavie de Vaudrey de Saint-
Remy, riche héritière qui, par l'apport d'une dot
énorme, avait fait de son mari l'un des plus puissants
seigneurs d'Alsace.

Elevé sous les yeux de sa grand'mère, qui était
une Grammont, Eugène, tandis que ses parents sui-
vaient la cour ou l'armée, vivait le plus souvent à la
campagne, à Bollwiller, où la famille possédait une
riche baronnie, érigée en marquisat dès 1739.

Le château, bâti vers le milieu du XIIIᵉ siècle,
dominait et domine encore une plaine charmante,
protégeant un beau village populeux et riant, à une
lieue de la montagne, en façade sur le vallon de
Guebwiller.

(1) Nous devons tous les renseignements qui vont suivre sur la famille
qui protégea les débuts de Marin, à l'obligeance et aux recherches de
M. l'abbé Aug. Soltner, jeune et savant ecclésiastique alsacien, natif de
Bollwiller.

Ce n'étaient plus les sites sévères et mélancoliques des rives natales, c'était une nature toute verdoyante, bien faite pour tenter l'imagination du jeune précepteur. L'aïeule, avec sa bonté et ses vertus, veillait aussi bien sur l'élève que sur le maître, le recommandé de l'héroïque Evêque de Marseille. Marin voulut lui prouver qu'elle n'obligeait point un ingrat. Il écrivit, dans le goût du temps, une églogue ou pastorale en vers bucoliques, pour célébrer la fête de la grande et vertueuse dame, sa bienfaitrice.

C'est un dialogue pastoral entre Palémon, Doris et Licidas.

Palémon, c'est Marin ; et il dit :

> Je dois tout à Rosen....
> Elle connut mes maux et sa faveur puissante
> Vint au secours d'un malheureux ;
> Je languirais encore dans cet état affreux,
> Si sa main bienfaisante
> Ne m'avait relevé par ses soins généreux.
> Je vais lui présenter une rose nouvelle
> Dans mon jardin j'ai choisi la plus belle :
> Admirez ses vives couleurs...
> D'ailleurs la Rose est la reine des fleurs...

Les vers ne sont pas tous d'une riche venue, il y a beaucoup de prose dans cette poésie et le souffle en est court. Mais, le naturel affectueux du poète s'y montre sous un jour qui lui fait honneur et Madame de Rosen dut en être flattée. Quand elle mourut, à deux ans de là, en 1751, le même sentiment lui dicta son *Ode aux mânes de la Comtesse de Rosen*, à laquelle peut s'appliquer ce que nous venons de dire de l'Eglogue.

L'élève de Marin perdit son père en 1749 et resta de plus en plus sous la tutelle de sa grand'mère. Lui-même devait mourir dans un âge peu avancé, en 1776, brigadier des armées du Roi, marié à Mlle de Harville de Tresnell, dont il n'eut qu'une fille (1).

Sa valeur en diverses rencontres et ses aimables qualités faisaient honneur à l'éducation qu'il avait reçue. Les principes qui la dirigèrent ont été consignés par son précepteur dans un livre aujourd'hui parfaitement oublié, où l'auteur, disent les contemporains, s'était peint lui-même.

III

Les *Mémoires de Trévoux* n'hésitent pas à louer fort ce petit ouvrage, dont on supporterait diffici-

(1) Sophie-Rose de Rosen, marquise de Bollwiller, comtesse de Dettwiller (Bas-Rhin) et de Grammont, baronne de Massevaux, St-Remy, Colfandey, etc., qui épousa, en 1779, Charles-Louis-Victor duc de Broglie, prince du Saint Empire ; et après que son premier mari eut péri sous la hache révolutionnaire en 1794, elle se maria avec le marquis René-Voyer d'Argenson, député sous la Restauration et Louis-Philippe. Sophie de Rosen a eu des enfants des deux mariages : en 1785, elle eut Achille-Charles-Léonce-Victor duc, père du chef actuel de la maison de Broglie ; en 1796, elle eut Charles-Marc-René-Voyer d'Argenson ; elle mourut en 1828, et avec elle finit la branche française de Rosen.

lement aujourd'hui la lecture. Voici, en effet, ce que nous y lisons à l'année 1751 (1) :

« L'auteur de ce livre expose les qualités qui rendent un homme aimable et les défauts qui sont incompatibles avec ce caractère. Cela est d'un goût et d'un style philosophique, sans mélange d'idées abstraites, sans étalage de documents et de pédanterie. Le fond, comme on en avertit, est emprunté de l'anglais, en quoi nous croirions assez que l'auteur s'est gêné. Il est fort capable de penser, d'écrire, d'instruire de lui-même et nous pourrions peut-être deviner les endroits qui sont uniquement à lui. Ils ont un degré de supériorité sur ceux que lui fournit son modèle, c'est-à-dire qu'on remarque dans les premiers une sorte d'aisance qui n'est pas frappante dans les seconds ; mais, à tout prendre, celui-ci est une composition estimable, et qui nous autorise à en espérer d'autres de la même plume déjà connue par ses productions en vers qui ont réussi.

« Les réflexions et les pensées diverses qui sont à la suite de l'*Homme aimable* ne déparent point le volume ; elles supposent dans l'auteur beaucoup de facilité à réfléchir sur les hommes et sur le spectacle continuel qu'ils donnent de leurs bonnes qualités et de leurs travers. »

Trois ans auparavant, en octobre 1748, le même recueil avait salué en ces termes l'une des premières

(1) Août, p. 218.

productions du précepteur des Rosen, la *traduction libre en vers de la 6° églogue de Virgile*, parue recemment à Paris :

« Cet ouvrage mérite d'être lu, d'être préféré à plusieurs autres traductions de la même églogue. Qu'on se souvienne du *Namque canebat uti*, etc. Voici comment M. Marin le traduit :

> Il expliquait comment tout ce vaste univers
> Fut formé du concours des atomes divers,
> Qui, se choquant entr'eux dans une nuit profonde,
> Firent naître le feu, le ciel, la terre et l'onde.
> Par les êtres créés, le néant est détruit,
> Tout sort, tout sort enfin de l'éternelle nuit,
> Et sur ses fondements l'Univers se repose.
> Des ombres du chaos nouvellement éclose,
> La Terre fut surprise à son premier réveil
> De voir luire sur elle un éclatant soleil.
> Tout tremble devant lui : la nature en silence
> L'adore et reconnaît sa suprême puissance.

Suivent quelques critiques de détail, que l'auteur du compte-rendu termine en conseillant au traducteur de donner bientôt dans le même goût toutes les autres églogues de Virgile, conseil que Marin suivit en partie (1), mais, confessons-le, il y fut peu récom-

---

(1) Il en publia quatre. Son insuccès d'ailleurs ne saurait être attribué à un défaut de modestie : « Un jeune homme qui débute, dit-il dans la courte préface dont il a fait précéder la traduction de la 6° églogue, a droit d'attendre du public quelque indulgence, et je ne dissimule point que cet essai n'en ait besoin... Si cet essai est reçu favorablement, je continuerai mon travail et donnerai toutes les églogues. »

pensé par la faveur du public, qui se refusa toujours, malgré les journalistes de Trévoux et l'*Année littéraire,* à saluer en lui un poète digne d'être encouragé.

IV

Chez les Rosen d'ailleurs, Marin ne se livrait point exclusivement à la poésie, à la littérature, au droit, ni même à l'éducation de son Télémaque. Il songeait à son petit avenir et le soignait.

Profitant de ses fréquents séjours à Bollwiller, il aimait à rayonner sur les pays environnants, voyageait avec ou sans son élève, et se fit ainsi des relations précieuses pour sa fortune littéraire et sociale.

L'une des plus appréciées fut celle du chevalier de Solignac, à qui il dut de pouvoir présenter à la France les œuvres du roi Stanislas et de se créer à Nancy de puissants protecteurs.

Pierre de Solignac, méridional comme Marin, était devenu le secrétaire et l'ami du roi Stanislas, qui le ramena de Pologne en France, lorsqu'il vint prendre possession de la Lorraine. Les Rosen étant venus faire leur cour au roi, à Nancy, le précepteur y connut le secrétaire, et ils se lièrent d'une étroite amitié.

Solignac était secrétaire perpétuel de l'Académie de Nancy. Il proposa à ses confrères l'admission de son ami, « fort connu, dit le Registre des Délibérations (1), de plusieurs membres de l'Académie. »

Le 20 octobre 1759, Marin prononçait son discours de réception, « écrit avec élégance ». Ces sortes de harangues abondent en compliments. La difficulté est de les tourner avec esprit. Marin s'en tira bien :

« Messieurs, dit-il, la grâce que vous m'avez accor-
« dée me fait entrer dans une société, où le goût se
« réunit au savoir, où les talents les plus opposés en
« apparence concourent par un effort commun aux
« progrès de l'esprit humain. En me donnant une
« place parmi vous, vous me faites partager la gloire
« attachée à vos personnes et à vos écrits. Je connais
« tout le prix de cette faveur et les obligations qu'elle
« m'impose. Pour vous marquer ma reconnaissance,
« je ne me bornerais pas à vous rappeler vos bien-
« faits, s'il était vrai qu'on exprimât toujours avec
« force les sentiments dont on est pénétré. Rassuré
« par votre indulgence, désormais animé de vos
« regards et soutenu par vos leçons, j'oserai, Mes-
« sieurs, rentrer avec un nouveau courage dans la
« carrière des lettres, imiter les modèles que vous
« m'offrez dans tous les genres, suivre de loin la
« route que vous parcourez avec tant d'éclat, et
« ajouter aux faibles essais que vous avez couron-
« nés, des productions peut-être plus heureuses et
« dignes de vous. Celle que vous avez daigné

(1) Séance du 22 mai 1759. Nous devons la connaissance de ces détails à M. l'abbé Mathieu, docteur ès-lettres, membre de l'Académie de Nancy, un docte et aimable érudit, qui nous a rendu plus d'un autre service.

« approuver a fait naître dans mon esprit quelques
« observations générales sur l'histoire que j'ose sou-
« mettre à vos lumières. »

Suit une revue des historiens grecs, latins, du
Bas-Empire, français, etc., terminée par l'éloge de
l'histoire, telle que l'entendait le XVIII⁰ siècle et par
un compliment délicat au roi Stanislas, fondateur de
l'Académie. Nous ne résistons pas au plaisir de la
reproduire, d'autant qu'il révèle chez son auteur
des sentiments où revit le souvenir des croyances et
des leçons de sa jeunesse :

« Plus un siècle est éclairé, plus le témoignage
« des auteurs contemporains a de poids. Oui, Mes-
« sieurs, vous en serez crus, lorsque nos derniers
« neveux apprendront de vous ce que vous ad-
« mirez aujourd'hui, lorsque vous leur représen-
« terez un Prince dont l'âme ferme et vigoureuse
« ne fut jamais enorgueillie par les succès, ne fut
« jamais ébranlée par les revers, que le ciel n'a fait
« régner successivement sur des nations différentes
« que pour partager entre elles le bonheur de vivre
« sous ses lois, qui aime les arts et les cultive, qui
« protège les sciences et les possède. Eh ! pour-
« raient-ils vous soupçonner d'erreur et de men-
« songe, lorsqu'ils jetteront les yeux sur ces ou-
« vrages immortels, fruit de son génie ; lorsqu'ils
« verront cette ville embellie par ses soins, cette
« place, monument éternel de sa magnificence et de
« son amour pour le Roi le plus digne d'être aimé,

« ces palais superbes répandus aux environs de la
« capitale, où l'art a déployé toutes ses richesses,
« ce boulevard opposé aux entreprises de la fraude
« et de la chicane, cet édifice élevé à la gloire de la
« Religion, où des hommes évangéliques sont char-
« gés de veiller sans cesse pour arrêter les progrès
« du vice et repousser les attaques de l'impiété, cet
« asile ouvert à la jeune noblesse indigente, ce
« lycée d'où s'élèveront dans tous les temps mille
« voix éloquentes pour chanter la gloire du fon-
« dateur, tant d'établissements qui attestent ses
« bienfaits, tant de grandes choses exécutées dans
« un si petit espace, dans un si court intervalle de
« temps ! Enfin, Messieurs, l'historien de Stanislas
« le Bienfaisant, forcé de prendre le ton d'un pané-
« gyriste, parce qu'il n'aura que des vertus à célé-
« brer, aucun reproche à faire à sa mémoire, jouira
« d'un avantage unique : celui de n'être point accusé
« d'avoir trahi la vérité. »

Cet hommage délicat aux vertus de Stanislas explique comment, à quelques années de là, Marin, en
collaboration avec son ami de Solignac, donna au
public la belle édition des ouvrages de ce Roi,
publiée en 1764 et précédée d'une préface justement
enthousiaste, où Marin n'hésite pas à dire, à un moment où cette profession de foi pouvait ne pas être
sans péril :

« Je me suis proposé de donner au public tout ce
« que j'ai pu recueillir des ouvrages du roi Stanislas;

« j'ose les mettre au jour sans son aveu, mais avec
« d'autant plus de confiance qu'il n'en est aucun qui
« ne puisse contribuer à sa gloire, et, à ce qu'il aime
« sûrement plus que sa gloire, au progrès de la
« Religion et des mœurs (1). »

V

Dans son discours d'académicien, Marin fait allusion à un ouvrage de lui alors récemment paru, à
coup sûr le plus considérable à tous egards parmi
tous ceux qui composent son abondante bibliogra-
phie. Les biographes et les critiques s'accordent à lui
promettre l'immortalité. Le lecteur atténuera facile-

(1) Lorsque parurent ces 4 volumes, intitulés *Œuvres du philosophe
bienfaisant* l'*Année littéraire* les annonça en ces termes :

« Nous sommes redevables de cet excellent recueil à M. le chevalier
« de Solignac, secrétaire du cabinet et des commandements du Roi de
« Pologne. Attaché à ce grand Prince depuis un très-grand nombre d'années,
« témoin de ses actions d'éclat, de ses qualités éminentes, et de ses vertus
« les plus secrètes, digne confident de ses pensées et de ses travaux
« littéraires, il n'appartenait qu'à lui de le peindre avec ces couleurs
« heureuses qu'on admire dans sa préface ; on peut ajouter qu'il était, en
« quelque sorte, de son devoir de rassembler tous les ouvrages de son
« illustre Maître, et de faire ce présent à la Littérature, à la Religion et
« à l'Humanité. M. de Solignac a envoyé le manuscrit à un de ses amis,
« M. Marin, censeur royal et de police, membre de l'Académie, etc. c'est
« lui qui a composé les vers agréables qu'on lit sous le portrait du Roi
« de Pologne ; il a présidé à l'édition des œuvres de ce grand Prince, et
« l'a fait exécuter avec goût. (1763, t. VII, p. 236). »

Voici le quatrain qualifié d'*agréable* par l'auteur de ce compte-rendu :

> Son nom vivra dans tous les âges
> Il fut grand dans la gloire et grand dans les revers
> Ses vertus, ses bienfaits ont charmé l'univers,
> Il l'éclaire par ses ouvrages.

ment le prophétique éloge. Néanmoins, il mérite d'attirer notre attention, parce que l'auteur y donne sa mesure et aussi parce qu'à côté du vice radical qui l'entache, cet ouvrage est loin d'être sans valeur. Nous voulons parler de l'*Histoire de Saladin*, réimprimée deux fois, en 1758 et en 1763, traduite en allemand en 1761, et toujours rapidement épuisée

Pour juger plus sainement cet ouvrage, il faut se reporter au temps où Marin l'écrivit. On était au milieu du XVIIIe siècle, à cette heure où Voltaire régnait seul sur l'histoire comme sur le goût. Sa critique ou plutôt sa plaisanterie faisait loi. Marin n'était point homme à secouer ce joug ni à dominer son siècle (1).

L'œuvre est intitulée : *Histoire de Saladin, sulthan d'Egypte et de Syrie, avec une introduction, une*

(1) Fidèle aux enseignements de son courageux curé, l'ennemi déclaré des jansénistes ciotadens, Marin, en plus d'un endroit de ses écrits et en plus d'une occasion de sa vie, se rangea parmi les partisans de l'orthodoxie. Les *Nouvelles ecclésiastiques* du 4 juin 1756 en ont conservé un souvenir, Nous y lisons : « M. Marin, avocat, figure avec M. Robethen, correc-« teur des Comptes, et Avril, conseiller au Parlement, comme témoin dans « l'affaire Coquelin. Le dit Coquelin, prêtre, étant près de mourir et n'ayant « plus que 30 heures à vivre, au dire de son médecin, envoya chercher « le prêtre desservant de sa paroisse ; mais, comme il avait été condamné « depuis peu par la Cour pour son esprit d'indépendance et ses opinions « religieuses, qui s'écartaient sensiblement de la doctrine enseignée par « le Souverain Pontife, on refusa de lui administrer les sacrements. « Cependant, depuis cette condamnation, il s'était soumis à l'autorité « spirituelle et avait donné des marques de son amour pour la paix. Ses « amis intentèrent immédiatement un procès aux prêtres de la paroisse et « eurent gain de cause. Pendant ce temps, le malheureux mourant reçut « l'Extrême-Onction par les mains d'un autre prêtre nommé Petit. « M. Marin avait déposé contre un portier nommé Cassette. »

histoire abrégée de la dynastie des Ayoubites, fondée par Saladin, des notes critiques, historiques, géographiques et quelques pièces justificatives, avec cette exergue, tirée du livre *de l'Orateur*, de Cicéron : *Quis nescit primam esse historiæ legem, ne quid falsi dicere audeat, deinde ne quid veri non audeat?*

Malgré l'exergue, nous n'hésitons pas à dire que la donnée du livre est fausse. Marin, comme Voltaire, se prononça contre les Croisades. Les préjugés de son époque à cet égard éclatent à chaque page du livre et, après avoir constaté qu'il a lu non seulement les ouvrages qu'il cite, mais encore tout ce qu'on avait écrit de son temps sur le XIIe siècle, il le confesse naïvement dans l'introduction :

« Ce n'a pas été un travail médiocre de concilier les
« contradictions et surtout de chercher la vérité à
« travers les brouillards dont ils l'ont enveloppée.
« En parcourant les fastes de ces temps barbares,
« l'humanité est bien humiliée de n'y rencontrer que
« des Fables. La philosophie, dont on ne connaissait
« alors que le nom (!), n'avait pas encore introduit
« cette critique, qui apprend à douter et qui rejette
« *tout* ce qui s'oppose à la *raison*. Le monde, qu'un
« cardinal disait être si ancien, est peut-être encore
« bien nouveau. Il y avait loin des lumières du
« XIIe siècle à celles qui éclairent le nôtre, et qui
« sçait si de nouvelles clartés n'absorberont pas un
« jour les faibles lueurs dont nous sommes tant
« enorgueillis ? »

« Des hommes, qui se sont interdit la faculté de
« penser, blâmeront peut-être la liberté avec la-
« quelle je me suis récrié contre les mœurs corrom-
« pues des Francs. Eh, qu'importe à la plus sainte
« des religions la vie dissolue de quelques scélé-
« rats ? C'est avoir une idée bien faible de cette
« Religion, que d'en croire la Divinité altérée,
« lorsqu'on en viole les préceptes. Les vols, les
« brigandages, les meurtres détruisent-ils la sagesse
« des lois ?... »

La censure s'offusqua cependant de ces diatribes
et chercha à les pallier :

« L'auteur, lisons-nous dans l'*Approbation* du
« censeur Depasse, ne pouvait faire connaître ce
« Prince sans rappeler, pour ainsi dire, toute l'his-
« toire de nos Croisades. Les détails où il entre sur
« cet objet, donnent une idée peu avantageuse des
« mœurs des Croisés. Mais il en parle comme tous
« les historiens du temps en ont parlé ; et son ou-
« vrage m'a paru très digne de l'impression. »

Marin renvoie d'ailleurs à chacun son dû, quand
il rend hommage à ses collaborateurs :

« On doit me permettre, dit-il, de témoigner ici
« ma reconnaissance aux sçavants qui ont bien voulu
« m'aider dans mon travail, tels que MM. l'abbé
« Barthélemy, Falconnet et de Guigues. Les conseils,
« le goût, l'érudition du premier, ne m'ont pas moins
« été utiles, que son amitié m'est précieuse : le
« second, non content de m'ouvrir, avec cette bonté

« que tous les gens de lettres épr6uvent, les trésors
« d'une bibliothèque nombreuse et choisie, m'a
« indiqué encore toutes les sources où je devais
« puiser ; le troisième m'a soulagé dans mes re-
« cherches, en me communiquant les extraits des
« manuscrits orientaux qu'il avait dépouillés pour
« composer sa grande histoire des Huns. »
Cependant, cette crainte de déplaire aux croyants
le poursuit. Il y revient à plusieurs reprises :

« Triste contrainte, écrit-il, où se trouvent les
« auteurs contemporains ; la politique les force de
« ne point parler de ce qu'ils savent le mieux, ou
« d'altérer les faits sous le voile du déguisement.
« Le tems déchire ce voile et découvre la vérité.
« Les Princes qui en redoutent l'éclat sont des
« tyrans ; ils méritent le blâme dès qu'ils le crai-
« gnent. Les Rois justes et bienfaisants savent que
« l'Histoire ne leur doit que des éloges (t. i, p. 255). »

Et encore :

« Les libertins et les impies ne doivent pas
« s'autoriser des exemples qu'un historien, indigné
« et obligé de dire la vérité, propose à l'exécration
« publique. Les citoyens rebelles aux lois n'en
« détruisent point la sagesse, et ceux qui violent les
« maximes de la religion la plus sainte ne méritent
« une attention particulière, que parce qu'ils sortent
« de l'ordre commun et des règles prescrites par
« cette religion ; principes qu'il faut surtout avoir

« toujours présents à l'esprit, en lisant cet ouvrage.
« (t. i, p. 415.) »

D'ailleurs, s'il attaque avec une certaine violence les ecclésiastiques croisés et s'il ne sait point se priver du plaisir de sacrifier à l'idole en lançant quelques plaisanteries de mauvais goût aux événements prodigieux qui accompagnèrent les Croisades, il sait, à l'occasion, rendre un éloquent hommage à la valeur des croisés, témoin cette page vivante qu'il consacre à raconter un de ces glorieux épisodes :

« On vit ces religieux militaires accablés par le
« nombre, privés de leurs chefs, n'obéissant qu'à
« l'impétuosité de leur courage, repousser plusieurs
« fois les mahométans. On les vit, après avoir épuisé
« leurs flèches, s'arracher celles dont ils étaient
« percés pour les renvoyer aux ennemis, donnant
« ainsi la mort par le trait dont il l'avait reçue.
« On les vit, altérés par la chaleur et par la fatigue,
« s'abreuver de leur propre sang, et reprendre de
« nouvelles forces par les voies qui les épuisaient.
« On les vit enfin tels qu'on nous dépeint les héros
« d'Homère, ayant brisé les lances, les épées, se
« battre avec les tronçons, avec les poignards,
« s'élancer par un dernier effort sur leurs adver-
« saires, s'ébranler, tomber, les entraîner dans leur
« chute, se rouler avec eux dans la poussière, les
« mordre, les déchirer, et ne descendre au tombeau
« qu'en y précipitant leurs victimes. (t. i, p. 459.) »

L'*Histoire de Saladin* fit grand bruit dans le monde philosophique et littéraire. Les *Mémoires de Trévoux* lui consacrent une très longue étude et enguirlandent d'éloges sans fin les réserves et les critiques qu'elles finissent par diriger contre la donnée générale de cette histoire. L'*Année littéraire*, à laquelle, il est vrai, Marin collaborait depuis deux ans, embouche la trompette et, une fois en train, ne tarit plus.

« M. Marin, y lisons-nous (1), excité par des
« essais bien reçus du public à des entreprises
« plus considérables, s'est chargé de faire reverdir
« les lauriers de ce grand homme, flétris par le
« souffle impur de la haine et de la prévention. Il
« s'est livré tout entier à ce travail, avec cette
« ambition de réussir, l'augure du succès, lorsqu'elle
« anime un esprit vif, ardent, néanmoins judicieux,
« solide et versé dans la connaissance des temps,
« des cœurs et des livres. M. Marin mérite cet
« éloge, et vous le ratifierez, Monsieur, après que
« vous aurez lu son *Histoire de Saladin.* »

« Lisez, Monsieur, dans l'ouvrage, les détails
« curieux de ces actions; vous en serez extrêmement
« satisfait. M. Marin les développe avec un ordre et
« une intelligence que peu d'historiens modernes
« ont en partage. Vous l'admirerez surtout lorsqu'il
« débrouille le chaos de toutes ces dynasties qui se
« disputent des parcelles de l'empire des Khalifes.

(1) T. ıı de 1758, p. 217-242.

« C'est sans contredit la partie de son livre qui lui a
« coûté le plus de peine, et qui doit lui faire autant
« d'honneur que son style vif et rapide, ses descrip-
« tions animées, ses récits pleins de vie et de
« chaleur, ses réflexions toutes puisées dans un
« cœur droit et un esprit éclairé, son zèle pour le
« vrai culte, son attention à le séparer de ceux qui
« le déshonorent, sa neutralité entre les vainqueurs
« et les vaincus, les chrétiens et les musulmans.
« On peut compter sur tout ce qu'il avance, il cite
« ses garants. Que de livres il lui a fallu lire avec
« dégoût pour faire lire le sien avec plaisir ! La liste
« qu'il en donne est effrayante. Ce ne serait rien,
« s'il n'y avait qu'à copier çà et là ce qu'ils peuvent
« avoir de bon. Mais quelle patience, quelle étude,
« quelle sagacité pour démêler le vrai toujours con-
« fondu avec le faux. Son livre est bien digéré, bien
« raisonné, bien écrit. C'est un grand tableau du XIIe
« siècle. »

Nous nous sommes attardé sur ce livre, parce
qu'il est le plus considérable de l'œuvre littéraire de
Marin et aussi parce qu'il fut l'origine de sa fortune.

En tête, on peut lire une *Dédicace* pompeuse « à
« Mgr le comte de Saint-Florentin, ministre et
« secrétaire d'Etat, commandeur, chancelier, garde
« des sceaux et sous-intendant des ordres du Roi,
« chancelier de la Reine, gérant et administrateur
« des ordres royaux, militaires et hospitaliers de

« Notre-Dame du Mont-Carmel et de Saint-Lazare
« de Jérusalem. »

Marin savait manier l'encensoir, qu'on en juge :

« Ce n'est point aux honneurs que vous réunissez,
« c'est aux vertus qui vous en rendent vraiment
« digne que je présente cet hommage. Par la
« protection distinguée que vous accordez aux
« sciences et aux arts, il est aisé de juger que
« vous les regardez comme la gloire du Prince et
« de l'Etat, la source des bonnes mœurs, le lien de
« la société et le gage de la félicité publique.
« Ces vues qui, chez toutes les nations policées,
« ont toujours fixé l'attention des ministres les plus
« éclairés, vous ont été transmises par cette foule
« d'hommes illustres que vous comptez au nombre
« de vos ancêtres, et dont la mémoire est aussi pré-
« cieuse à l'Etat qu'aux Lettres.

« Ce sont là, Monseigneur, les seuls (?) motifs
« qui m'ont fait solliciter la permission de mettre
« votre nom à la tête de cet ouvrage. La bonté que
« vous avez eue à me l'accorder est la récompense
« la plus flatteuse de mon travail, et le garant le
« plus assuré du succès que je puis en attendre. »

Il y a toujours eu, il y aura toujours des gens qui
se laisseront prendre à ces grossiers encensements,
M. de Saint-Florentin comme les autres.

La dédicace plut au tout-puissant ministre et l'auteur fut élevé aux honneurs, où nous l'allons suivre,
après avoir repris la chose de plus haut.

III

UN CENSEUR ROYAL AU XVIIIe SIÈCLE

SOMMAIRE : La censure et la police des livres sous l'ancien régime. — Histoire et anecdotes. — Les censeurs royaux sous Louis XV. — Marin est nommé censeur royal. — Les Ciotadens chez lui. —Ser-vices qu'il rend à son pays natal. — Nature trop obligeante. — Ses faiblesses pour Voltaire et les Encyclopédistes. — Lettres de Voltaire. — Relations avec le plus grand monde. — Un projet qui intéresse l'humanité.

I

La Censure, comme institution, ne date réellement que de l'invention de l'imprimerie au XVe siècle (1).

L'immense impulsion que l'imprimerie vint donner à la propagation des idées et au commerce des livres devait naturellement inspirer des craintes de plusieurs sortes, et, dès 1480, on voit Mérula, dans une lettre à son ami Politien, rêver d'une censure semblable à celle que projetait Platon. La première ordonnance portant création de censeurs est due à

(1) Plusieurs auteurs en France se sont occupés de cette question, mais chacun d'eux à un point de vue plus ou moins restreint. L'Encyclopédie de Diderot (v° *Censeur*), ne s'occupe guère que de la censure sorbonnique. M. Andrieu, d'Agen, a patiemment recueilli les données de ces diverses études, et, recourant lui-même aux sources, il a publié, dans la *Revue de l'Agenais*, une série d'articles d'un véritable mérite sur la censure et la police des livres en France sous l'ancien régime. Nous lui avons fait de larges emprunts. Ce n'est pas, d'ailleurs, le seul service que ce trop modeste érudit aura rendu à cette étude.

Berthold, archevêque de Mayence, et date de 1486.

Le contrôle fut, en principe, exclusivement religieux, visant les points d'orthodoxie. Il fut d'abord exercé en France par la Faculté de théologie de Paris (1).

Nos libraires faisaient partie de l'Université ; ils en avaient les privilèges que, par un édit donné à Blois le 9 août 1513, Louis XI vint confirmer. Mais les abus se multipliaient, les écrits interlopes eurent toutes les audaces, et François Iᵉʳ outragé, obéissant à des inspirations violentes, à une exaspération personnelle, alla jusqu'à ordonner, en 1535, la fermeture de toutes les librairies de son royaume sous peine de mort. Des actes royaux de 1547, 1551, 1552, 27 juin 1553 et septembre 1557, vinrent régle-

(1) Le droit de juger des livres concernant la religion et la police ecclésiastique a toujours été attaché, en France, à l'autorité épiscopale ; maiss depuis l'établissement de la Faculté de théologie, il semble que les évêques aient bien voulu se décharger de ce soin sur les docteurs, sans, néanmoins, rien diminuer de leur autorité sur ce point. Ce droit de juger les livre, concernant la foi et l'Ecriture Sainte, a été plusieurs fois confirmé à la Faculté de théologie, par l'arrêt du Parlement de Paris, et singulièrement à l'occasion des hérésies de Luther et de Calvin, qui produisirent une quantité prodigieuse de livres contraires à la religion catholique. Ce jugement devait être porté non par quelques docteurs en particulier, mais par la Faculté assemblée. L'usage était de présenter à la Faculté ce qu'on voulait rendre public ; elle nommait deux docteurs pour l'examiner, et, sur le rapport qu'ils en faisaient dans une assemblée, la Faculté, après un mûr examen des raisons pour ou contre, donnait son approbation à l'ouvrage ou le rejetait. Les prélats même n'étaient point dispensés de présenter leurs ouvrages à la Faculté de théologie qui, en 1534, refusa son approbation au commentaire du cardinal Sadolet, évêque de Carpentras, sur l'épître de saint Paul aux Romains, et qui, en 1542, censura le bréviaire du cardinal Sanguin, évêque d'Orléans. (*Encyclopédie*, vᵒ *Censure*.)

menter étroitement l'imprimerie et la librairie françaises. Outre le nom de l'auteur, tout écrit devait porter le nom de l'imprimeur, son domicile, sa marque et la date du tirage. Une copie signée des ouvrages autorisés restait entre les mains des censeurs qui examinaient encore après l'impression. Le libraire ne pouvait vendre que les articles portés sur les deux catalogues de son magasin, dont l'un se composait uniquement de livres approuvés par l'Eglise. Il lui était formellement interdit de rien recevoir des contrées hétérodoxes, et l'autorité ecclésiastique assistait à l'ouverture des paquets arrivant de pays catholiques. Alors la publication et la vente de livres ou gravures non autorisés étaient passibles de la peine de mort.

Charles IX renouvela ces prescriptions sévères le 10 septembre 1563 et encore en 1566 et 1571.

Henri IV, à son avènement, apporta quelque adoucissement à ce régime draconien. L'Université ne fut plus chargée que de l'examen des écrits religieux, les autres restant justiciables du maître des requêtes d'abord et jusqu'en 1624, puis de quatre docteurs choisis par le roi dans la Faculté de théologie. Plus tard, le chancelier fut libre de choisir lui-même les censeurs.

On sait que le nombre des imprimeurs et des libraires était très limité et qu'aucun ouvrage ne pouvait paraître alors sans cette formule bien connue, signée par un des censeurs : « J'ai lu, par ordre de

Mgr le Chancelier, un manuscrit qui a pour titre : . . . . .
— Je n'y ai rien trouvé qui puisse en empêcher
l'impression. »

Richelieu, si faible pour les œuvres dramatiques,
se montra terrible pour les livres. En 1626, la peine
de mort fut à nouveau édictée, à son instigation,
contre les auteurs et distributeurs d'écrits contraires
à la religion où à l'autorité royale. C'était une addition
au règlement promulgué en 1618 et que devait
reprendre et munitieusement codifier Louis XIV en
1686 et 1688.

Mais l'on parvenait à éluder ces difficultés formi-
dables, et, en dépit des ordonnances et des censeurs,
les écrits les plus audacieux, les satires les plus
piquantes, les libelles les plus virulents circulaient
en France sous le manteau. Les auteurs demandaient
aux presses étrangères l'impression de leurs œuvres
qui se répandaient ensuite clandestinement d'un bout
à l'autre du pays.

Cette supercherie prit peu à peu une extension
singulière. Elle était vraiment trop préjudiciable
aux intérêts de l'industrie nationale pour que celle-ci
ne la considérât pas avec regret ; aussi ne tarde-t-on
pas à la voir participer à la fraude, en exécutant
secrètement des impressions affublées de noms de
lieux fantaisistes ou supposés.

Malgré tout, la librairie française sut acquérir
une réputation considérable dès le XVIᵉ siècle.
Cette notoriété fut-elle due aux prescriptions spéciales

visant les conditions matérielles des éditions ? On serait presque tenté de le croire.

L'article 3, titre II, de l'édit de 1686, s'exprime ainsi : « Tous les libraires et imprimeurs imprimeront ou feront imprimer les livres en beaux caractères, sur de bons papiers et bien corrects.

L'article 40, titre VI, du même édit, ajoute : « Aucun ne pourra, à l'avenir, tenir imprimerie ou boutique de librairie à Paris, qu'il ne soit congru en langue latine et ne sache lire le grec. »

Voilà certes de sages dispositions, dont la liberté moderne a par trop complètement exonéré l'industrie du livre.

L'histoire de la censure en France pendant le XVIIIe siècle est particulièrement curieuse.

L'arrêt du Conseil du 6 décembre 1700 venait de règlementer à outrance contre ce qu'il qualifiait de *mauvais livres*, désignation assez élastique pour légitimer tous les abus. Il rappelait notamment la prescription antérieure renouvelée par l'édit de juillet 1688, relative au nombre des libraires, prescription reproduite encore par l'édit du 21 juillet 1704. On voulait surtout empêcher l'introduction en France des innombrables impressions étrangères; mais, en dépit de toutes les mesures répressives, ce but n'avait jamais été atteint.

Une ordonnance de 1723 due au chancelier d'Aguesseau resta en vigueur jusqu'en 1789, mais non sans avoir été bien des fois modifiée, notamment en 1757, et par une foule d'arrêts du Conseil dont les plus importants sont ceux de 1777.

Le nombre des libraires devint peu à peu illimité, mais leur admission restait soumise à diverses conditions de religion, de mœurs et de savoir. En dernier lieu, les priviléges étaient fixés à 1,000 livres et le brevet d'imprimeur à 1,500 livres.

Ces dispositions, que l'Assemblée nationale abrogea en 1791, en décrétant la libre concurrence, n'avaient guère transformé le régime d'arbitraire existant depuis l'origine. L'obligation de l'autorisation préalable restait maintenue et conduisait plus que jamais les auteurs à la dissimulation et aux supercheries. Malesherbes, complice bienveillant de cette fraude, était tellement persuadé de l'inefficacité de la censure, qu'il présenta au roi un projet d'ordonnance très libérale sur l'imprimerie.

La quantité des ouvrages affublés de noms de lieux mensongers ou inventés devint prodigieuse. La censure fermait quelque peu les yeux sur cette pratique ou ébauchait mollement une action tardive: c'était là comme une sorte de tolérance tacite dont profitait notre industrie. Un incident vint tout compromettre.

En 1758, le censeur Mercier laissa passer l'*Esprit* d'Helvétius. L'ouvrage souleva un *tolle* général, déchaîna une véritable tempête; il dut être supprimé par un arrêt du Conseil, et la sévérité, un moment écartée, fut remise à l'ordre du jour.

Dès l'année 1741, les censeurs royaux, alors au nombre de 79, avaient été classés en commissions spéciales. Le groupe le plus nombreux, composé de 35 membres, était chargé des belles-lettres. Or, le vice principal de cette organisation qui resta invariable jusqu'à la Révolution fut certainement le mode de recrutement des titulaires, lesquels n'offraient souvent ni la surface, ni la moralité, ni la garantie de savoir qu'impliquait un tel rôle.

Crébillon fils fut censeur. L'auteur du *Sopha* devint un jour le gardien des mœurs publiques, et la plume qui venait d'écrire les grivoiseries que l'on sait délivrait bravement des certificats de morale.

Celui-là et bien d'autres ne semblent pas avoir pris trop au sérieux le mandat dont ils étaient investis. Ils ne touchaient souvent aux manuscrits présentés que pour rédiger l'approbation, ou n'hésitaient pas à se reposer sur un comparse quelconque du soin de les suppléer dans leur examen. Les preuves en sont nombreuses et piquantes. J'ai parlé plus haut du livre d'Helvétius ; qu'il me suffise de rappeler l'*Imprimatur* épique rédigé par Crébillon lui-même sur une traduction française du Coran :

« J'ai lu, par ordre de Mgr le Chancelier, l'ouvrage intitulé : *Coran*, par le sieur Mahomet, et n'y ai rien trouvé de contraire à la religion et aux bonnes mœurs. »

En 1744, Saugrain, syndic de la Librairie parisienne, publia un recueil toujours curieux à consulter, sur les conditions successives de la censure française depuis son origine : *Code de la librairie et imprimerie de Paris, ou Conférence du Règlement arrêté au Conseil d'Etat du Roi avec les anciennes ordonnances, édits, déclarations, arrêts, règlements et jugements rendus au sujet de la librairie et de l'imprimerie depuis l'an 1332 jusqu'à présent.*

Les cahiers de 1789 réclamaient la liberté de la presse. L'Assemblée constituante en formula le principe écrit dans la Constitution de 1791 et reproduit dans celle du 5 fructidor, an III; mais le Conseil des Cinq-Cents rétablit la censure après le coup d'Etat du 5 septembre 1797, et l'Empire se montra plus sévère encore par le décret du 5 février 1810, dont les dispositions furent surtout exagérées vers son déclin.

Cette digression ne nous a point éloigné de notre sujet. Elle était indispensable pour faire entendre de quelle importance apparut à ses compatriotes l'élévation de Marin aux fonctions de censeur royal et, deux ans plus tard, en 1762, de secrétaire-général de la librairie en France.

II

Dès 1760, lorsque la faveur du comte de Saint-Florentin eut élevé leur concitoyen aux honneurs, ceux de la Ciotat, estimant, comme Voltaire, qu' « il vaut mieux s'adresser à ceux qui sont à portée de parler aux gens en place », apprirent le chemin de la rue des 4-Vents, où le nouveau censeur avait élu domicile, près de la porte de la Foire. Quelques années après, c'était à l'Hôtel Munster, dans la rue Mazarine. Le coche de Provence y débarquait souvent des ciotadens, venus en solliciteurs, et pas un des deux courriers hebdomadaires, de la Ciotat à Paris, ne manquait d'apporter à Marin quelque supplique. Hâtons-nous de le dire d'ailleurs : obligeant par nature, loin de s'enorgueillir et de traiter de haut ses anciens compagnons d'école, le ciotaden, parvenu à la faveur, se plut toujours à en faire profiter ses compatriotes.

Aussi, son nom était-il béni universellement dans sa ville natale. « Cette ville, lui écrit-on de la « Ciotat (1), à qui votre mémoire fut et sera toujours « chère, si bien vous avez mérité l'estime, l'attache- « ment et la reconnaissance de votre patrie... Vos « bienfaits y sont connus et avoués de tout le « monde. » On y loue « cette effusion de bonté qui « lui est naturelle, dont sa patrie se ressent, « depuis que la faveur a couronné son mérite, « jusqu'à l'appeler son principal bienfaiteur, comme « de raison (2). »

(1) Lettre de M. Reboul (de la Ciotat), le 23 décembre 1773.

(2) *Ibid.*

Un autre, M. Gaufridy (1), emploie le ton lyrique :
« ... Vous, s'écrie-t-il, qui avez continuellement
« rendu service à vos concitoyens, qui avez employé
« continuellement vos peines et vos soins à leur
« procurer toute sorte de biens ! Combien de
« personnes, misérables, sans abri, sans protection,
« seraient réduites à la dernière misère, si vous
« n'aviez pas eu pitié de leur état !... Combien de
« familles vous doivent leur bien-être, pour avoir
« mis leurs pères à même de leur procurer une
« fortune aisée... Enfin, Monsieur, j'ose le dire, il n'y
« a personne de nous à qui vous n'ayez rendu ou
« voulu rendre service ! »
Cette disposition d'âme chez le nouveau censeur
l'inclinait aux mesures de conciliation. Voltaire, qui
avait le flair délicat pour découvrir qui pourrait le
servir, ne tarda pas à utiliser cette inclination, souvent dégénérée en faiblesse inexcusable.

III

Dès son arrivée à Paris, Marin avait été présenté
au roi Voltaire. Celui-ci l'avait accueilli avec cette
bienveillance banale et affectée qu'il prodiguait aux
jeunes. Mais, lorsque la faveur de M. de Saint-
Florentin l'eut rendu utile, Voltaire en fut bien vite
aux petits soins pour son cher censeur, pour celui
qu'il n'appela plus bientôt que son « frère », sauf à

____

(1) Lettre du 19 décembre 1773.

le ridiculiser amèrement, le jour où Marin fut tombé en disgrâce.

Nous avons recueilli, dans l'immense correspondance de Voltaire, toutes les lettres du patriarche de Ferney, où les services de Marin sont implorés ou constatés. Ce serait une curieuse annexe à donner à ce chapitre que de reproduire intégralement ces lettres où l'égoïste duplicité du maître le dispute à la trop complaisante faiblesse du secrétaire-général. Mais, cette réédition de cent et quelques épîtres nous entraînerait bien loin au-delà des bornes de notre étude. Qu'il nous suffise de l'effleurer.

Comme on lui attribue le *Saül et David*, et ne veut pas être martyr, il supplie son cher frère Damilaville, au nom de l'amour de la vérité qui les unit, de faire parvenir une lettre à M. Marin, parce qu'il vaut mieux s'adresser à ceux qui sont à portée de parler aux gens qui sont en place que de fatiguer, par des désaveux, dans des journaux, un public qui ne vous croit pas (1).

Lorsque paraît le *Dictionnaire philosophique portatif*, rempli de vérités hardies qu'il serait bien fâché d'avoir écrites, il envoie son ami d'Argental chez Marin, qui peut aisément empêcher que ce diabolique ouvrage n'entre chez les Velches (2). Il en écrit sur ce ton au secrétaire lui-même (3),

(1) Lettre du 21 janvier 1764.
(2) Lettre du 14 décembre 1764.
(3) Lettre à M. Damilaville, du 19 septembre 1764.

qui ne répond pas. Ce silence l'inquiète et le voilà qui essaie de la clef d'or pour forcer cette porte : « Si frère Marin n'était pas riche, si on pouvait lui « proposer de tirer quelque avantage de l'impression « du *portatif*, par l'auteur modifié, raisonnable, « décent, irréprochable, et même un peu pédan- « tesque, cela ne serait peut-être pas mal avisé! (1) » Il y revient à quelques jours de là (2). Si on n'ose pas proposer à frère Marin cette rétribution, il peut en gratifier quelque ami.

A propos d'une réponse à M. de Foncemagne qu'il va publier, il supplie son ami d'Argental de vouloir bien faciliter et approuver la bienveillance de M. Marin, à qui il renouvelle ses instances de laisser imprimer l'ouvrage tel qu'il l'a envoyé (3). Marin cède, et Voltaire l'assure de sa très vive reconnais- sance, « ses divins anges (4) » lui feraient grand plaisir de lui dire comment il pourrait s'y prendre pour la lui marquer.

Publie-t-on ses *lettres secrètes*, il prie instamment M. Marin de renvoyer ces rogatons en Hollande, d'où elles sont venues, car il est las d'être l'homme public et de se voir condamné aux bêtes comme les anciens

(1) Lettre à M. le comte d'Argental, du 1ᵉʳ octobre 1764.

(2) Au même, du 3 octobre 1764.

(3) Au même, du 14 novembre 1764.

(4) Damilaville et d'Argental, lettre du 17 novembre 1764

gladiateurs et les anciens chrétiens (1). Marin obéit et il lui en rend grâces (2).

Il faut engager frère Marin à favoriser le débit de son *Histoire ancienne*, où il y a des chapitres fort scientifiques, et le scientifique n'est jamais scandaleux (3).

Marin lui ayant écrit qu'il se conduira, à son ordinaire, comme son ami et comme un homme qui veut de la décence dans la littérature (4), Voltaire s'enhardit et le prend pour commis de sa petite poste. Désormais, c'est par cette voie qu'il enverra des livres aux amis, car on suppose, avec raison (!), que ces livres envoyés au secrétaire de la librairie, lui sont adressés pour savoir si on en permettra l'introduction en France (5).

En voilà assez pour donner l'idée des services que Voltaire demandait à Marin (6). L'amitié qui

(1) A Damilaville, 12 janvier 1765.

(2) Au comte d'Argental, 27 février 1765.

(3) Au même, 17 mars 1765.

(4) A Damilaville, 12 mars 1765.

(5) A divers, de 1765 à 1767.

(6) Nous ne pouvons cependant nous dispenser de mentionner au moins les lettres qui sont adressées directement à Marin. Voltaire le flatte, le ménage, épuise ses séductions pour le gagner à sa cause. Il affecte de rire avec lui, comme avec un ami sûr: « Si jamais, lui écrit-il en 1764, « quelque homme de lettres vient vous dire que son métier n'est pas le « plus ridicule, le plus dangereux de tous les métiers, ayez la bonté de « m'envoyer ce pauvre homme... De toutes les républiques, celle des « lettres est la plus ridicule. » En 1767: « Vous devez être bien ennuyé, « Monsieur, des misérables tracasseries de la littérature. Vous êtes plus fait « pour les agréments de la société que pour les misères de ce tripot ». L'année suivante, faisant allusion aux aventures de jeunesse de l'auteur de

finit par les unir l'un à l'autre devint assez étroite pour que le gran1 distributeur des faveurs de l'Académie à cette époque, songea à faire admettre son complaisant messager au sein de l'illustre Compagnie. Il en écrivait à Duclos, le 24 décembre 1770 :

« Mon vertueux et illustre confrère, vous aimez
« la liberté : vous avez trois places à donner, et je
« vous en fournirai bientôt une quatrième. Je vous
« conjure de ne jamais laisser entrer un homme qui
« menace les gens de lettres d'être leur délateur. Les
« Gaillard, les Delille, les La Harpe sont sur les
« rangs, et ils ont des droits véritables ; mais, s'il
« est vrai qu'il y ait des difficultés pour l'un d'eux,
« je vous recommande très instamment M. Marin,
« qui joint à ses talents le mérite de rendre conti-
« nuellement service à tous les gens de lettres. Il

l'*Histoire de Saladin* : « Je vous aime une fois de plus, lui écrit-il, « depuis que je sais que vous avez été visiter les saints lieux. » Une autre fois, lui disant adieu, il ajoute : « Vous ne sauriez croire combien votre commerce m'enchante. » Dans d'autres circonstances, en 1769, il le prend pour correspondant public et lui adresse une lettre destinée à lui servir de protestation officielle. En 1772, au plus fort de la faveur de Marin, les expressions de Voltaire atteignent le superlatif : « On ne peut vous être « plus attaché que le vieux malade de Ferney. » Son « cher correspondant » lui a-t-il prédit l'échec d'un ouvrage auquel le vieux malade semblait tenir beaucoup, il s'incline devant le tout-puissant censeur : « Nous sommes ordinairement du même avis, » lui dit-il avec une obséquiosité beaucoup trop empressée pour être sincère. Bref, toute cette correspondance, qui dut flatter l'amour-propre un peu naïf de Marin, témoigne du prix que Voltaire attachait aux bonnes grâces du secrétaire-général de la librairie française, en attendant que les revers de 1774 lui fassent changer de ton et brûler sans vergogne ce qu'il a adoré.

« vaut beaucoup mieux avoir dans votre Académie
« un ami qu'un président ou un évêque. »

Quoiqu'on ait insinué dans les *Mémoires de
Bachaumont* et dans les dictionnaires qui ont copié
ces mémoires, Marin, censeur royal pour les belles-
lettres, s'efforçait de concilier les devoirs austères
de sa charge avec l'inclination de son naturel
conciliant et libéral.

Les Registres de la librairie sous Malesherbes et
la collection Anisson-Duperron, au département des
Manuscrits, à Paris, fourmillent de documents qui
prouvent surabondamment combien cette double
préoccupation était vive chez le jeune censeur.

Est-il chargé de censurer le *Journal des Dames*,
de Madame de Beauner, il s'évertue à concilier les
extravagances de *l'autrice*, comme il l'appelle, et
les justes exigences de la morale publique. Il n'y
parvient pas et conjure son chef hiérarchique de le
décharger de son mandat : « Cette femme, dit-il, et
son associé sont d'une étourderie et d'une imprudence
singulières, je verrais avec plaisir leur ouvrage
passer en d'autres mains que les miennes. »

Son rapport à M. de Malesherbes sur le livre des
Usages est très sévère (1).

Fréron, son ami Fréron, que Voltaire a souvent
essayé de lui faire sacrifier à un implacable ressenti-

____

(1) *Loc. cit.*, nᵒ 3,348

ment (1), lui cause de cruels embarras. La victime du patriarche de Ferney ne consent pas à se laisser égorger sans crier, et elle prétend donner grande publicité à la méchante parodie du *Te Vollarium*. Marin exige des corrections auxquelles le pamphlétaire se soumet d'assez mauvaise grâce (2). Puis, Marin lui semblant trop sévère, il réclame : « Vous m'avez donné un censeur qui me désole (3). »

Le métier décidément était fort dur. Toute la

(1) Jusqu'à lui écrire : « On dit qu'on ôte à Fréron ses feuilles ; mais, quand on saisit les poisons de la Voisin, on ne se contenta pas de cette cérémonie. » (Voltaire à Marin, 22 avril 1767.)

(2) *Loc. cit.*, 1ᵉʳ août 1760.

(3) *Ibid.*, 20 août 1760. M. Ferdinand Brunetière a publié, dans ses « nouvelles études critiques sur l'histoire de la littérature française », une étude intitulée la *Librairie sous Malesherbes*, qui nous paraît le dernier mot de la critique historique sur la question. Toutes nos recherches personnelles confirment les découvertes du savant rédacteur de la *Revue des Deux-Mondes*, et il ne reste plus qu'à glaner ou plutôt qu'à étudier les détails sur une donnée générale aussi sûre que bien présentée. Pour Fréron en particulier, l'impartial M. Brunetière écrit quelques pages de verve railleuse du meilleur aloi : « Trop heureux quand ces honnêtes gens (Malhesherbes, Sartine et Saint-Florentin) ne lui retiennent pas ces feuilles jusqu'à la veille du jour où l'*Année littéraire* doit paraître, de façon qu'il soit forcé, dans les vingt-quatre heures, sur un marbre d'imprimerie, de refaire son journal tout entier. Que les autres, s'ils le prennent à partie, le nomment tout au long, qu'ils l'attaquent outrageusement sur sa naissance, sur sa famille, sur sa femme, sur sa probité, sur son honneur, sur sa réputation, il n'importe. « Il y a dans ce livre, écrit « le censeur Marin, à propos de je ne sais quel pamphlet, quelques traits « un peu forts contre Fréron, mais cet auteur y est *accoutumé*. » Lui, « cependant, s'il veut répondre à son tour, c'est à la condition qu'il ne se « nommera seulement pas. Mais, ce sont les noms propres, écrit-il à « Malesherbes, qui font la moitié des plaisanteries de Voltaire; si l'on « avait ôté les noms propres des satires de Boileau, elles auraient perdu « la moitié de leur sel. — C'est possible, répond Malesherbes, mais il n'en « faut pas moins que M. Fréron trouve autre chose, etc. (P. 238 et suiv.) »

souplesse et l'inépuisable bienveillance du censeur n'y pouvait suffire. Vainement se montre-t-il lui-même d'une docilité d'écolier, quand ses confrères promènent leurs ciseaux et leurs crayons sur sa *Vie d'Abailard* et sur sa publica'ion d'un poème d'Ossian, *Carthon*, l'exemple ne touche guère les auteurs. Ils estiment, non sans quelque raison, que Marin a le devoir de ne pas se montrer difficile pour des publications aussi médiocres, et ne consentent à traiter avec indulgence qu'une lettre adressée à Madame la princesse de Talmont, curieuse au point de vue économique et où Marin, chose rare, a su devancer son temps. C'est intitulé : *Lettre concernant un projet qui intéresse l'humanité.*

« La lettre, dit l'*Année littéraire* (1), est l'ouvrage d'un sentiment éclairé. L'auteur s'élève d'abord contre « ces hommes, enivrés de leur rang, de leur « faste et de leur opulence, dont la plupart regardent « le reste de leurs semblables, comme des insectes « rampants qu'il leur est permis d'écraser, et que la « nature n'a répandus sur la surface de ce triste « globe que comme autant d'esclaves nés pour souf- « frir et pour se traîner à leurs pieds. » Cette dureté cependant, et M. Marin l'avoue lui-même, n'est pas générale parmi les personnes que l'ordre politique a distinguées des autres citoyens. La Princesse vertueuse et sensible, à qui sa brochure est dédiée, en

(1) T. 8 de 1762, pages 121 à 130.

est une preuve touchante : il y joint le spectacle de
la famille royale ; il en fait un éloge d'autant plus
heureux qu'il est en même temps la condamnation
des cœurs peu touchés des maux d'autrui. « Vous
« voyez dans cette famille auguste, à laquelle vous
« appartenez par le sang et dont vous partagez les
« vertus, ces exemples de sensibilité qui n'ont pu
« amollir encore le cœur de tant de courtisans atten-
« tifs à lui plaire par une adulation qu'elle hait, et
« non par l'exercice des vertus qu'elle chérit et dont
« elle est le modèle. »

« Madame la Princesse de *** avait chargé l'auteur
de porter ses bienfaits à une infortunée. Le tableau
qu'il trace de la situation affreuse de cette femme,
vous intéressera, M., vous attendrira, vous déchi-
rera. « J'ai longtemps erré dans cette rue où elle
« avait vécu dans une sorte d'opulence, sans avoir
« pu découvrir sa retraite. Les voisins qu'elle avait
« si souvent obligés ont oublié jusqu'à son nom. Je
« désespérais de réussir dans mes recherches, lors-
« qu'une jeune fille m'arrête et me tend la main en
« me cachant ses larmes. Je l'interroge, et par les
« réponses que je lui arrache, je comprends qu'elle
« sollicite la charité des passants pour cette femme
« que je cherche ; je me fais conduire ; elle me guide
« en tremblant ; je la suis dans un endroit obscur ;
« j'entre ; je vois, à la faible lueur d'une lampe, six
« enfants aux genoux de leur mère, lui demandant
« du pain ; je vois une femme, les yeux égarés,

« gardant le silence terrible du désespoir, se meur-
« trissant le sein d'une main, et soutenant de l'autre
« la tête de son mari, étendu sur la paille, brûlé
« par une fièvre ardente, expirant faute de nourri-
« ture. Comment vous peindre, Madame, l'expres-
« sion de leur reconnaissance, lorsque j'ai annoncé
« à ces infortunés que leur malheur était parvenu
« jusqu'à vous, et que vos mains s'étaient ouvertes
« à leur misère ! La mère étouffant de sanglots,
« embrassant ses enfants sans pouvoir proférer une
« parole ; le père agitant sa tête et prononçant des
« mots mal articulés, les enfants pressant mes genoux
« en larmes, m'ont fait pousser un cri de douleur et
« de joie, et m'ont plongé dans une espèce d'anéan-
« tissement, mes pieds chancelants se dérobaient
« sous moi, ma main cherchait un appui, mon cœur
« s'est gonflé, ma respiration, devenue plus rare et
« plus forte, étouffait ma voix, et je suis resté quel—
« que temps immobile. »

(C'est à la suite d'un procès, qui peut être examiné, mais qu'ils sont impuissants à poursuivre
faute de ressources).

« Ce n'est pas le seul exemple de gens réduits au
désespoir par l'impuissance de faire valoir leurs
droits. M. Marin a imaginé, en leur faveur, un
projet, qui, s'il était exécuté, honorerait ce siècle.
Il voudrait qu'on ouvrît une souscription pour les
pauvres, qui ne peuvent pas par eux-mêmes se faire
rendre les biens qui leur appartiennent, ni solliciter

du pouvoir des lois dans les procès qu'on leur intente, et dans ceux qu'ils sont en droit d'élever.

« L'auteur détaille le plan de cette souscription. Avec l'argent qui en proviendrait, et dont un Caissier général serait dépositaire, on établirait un conseil d'avocats qui s'assembleraient une ou deux fois la semaine dans un bureau acheté ou loué à cet effet. Ce bureau serait nommé *bureau de consultations des pauvres.* Tous les pauvres pourraient venir consulter ces avocats les jours d'assemblée ; ils leur expliqueraient leurs affaires, feraient valoir leurs prétentions, produiraient leurs titres, etc. Les avocats se distribueraient les pièces et l'examen de ces différentes affaires, et en rendraient compte aux parties à un des bureaux suivants, etc., etc. Lisez dans la brochure même, M., tout ce qui concerne cet établissement dont M. Marin fait sentir les avantages en ces termes : « Les pauvres verront avec attendris-
« sement s'élever un rempart contre la tyrannie des
« grands, ces hommes cruels qui retiennent le salaire
« des ouvriers, et qui se nourrissent de la substance
« de la veuve et de l'orphelin, trembleront à la vue
« d'une espèce de Tribunal où leur barbarie sera
« dévoilée et punie ; des larmes couleront des yeux
« des malheureuses victimes de l'indigence et de
« l'oppression, lorsqu'elles pourront combattre, sous
« ce bouclier, les tyrans qui les écrasaient du poids
« de leur grandeur ; cette famille, qui a donné occa-
« sion à cette Lettre, rentrera dans ses droits et

« deviendra utile à la Société dont ses malheurs
« l'avaient écartée ; ces tendres enfants qui man-
« quaient même de leur subsistance croîtront dans
« la vertu et le travail, et donneront des citoyens
« précieux à cette ville dont ils auraient surchargé
« les hôpitaux ; ces paysans arrachés à la charrue,
« et à qui on avait enlevé les instruments de labou-
« rage, seront rendus à l'agriculture et ouvriront de
« nouveau le sein fertile de la terre avec ces mains
« qu'ils tendaient aux passants à la porte du temple
« de Thémis fermé à leur misère ; ces vieux domes-
« tiques termineront, dans une honnêteté médiocre,
« des jours passés dans le dur esclavage de servir
« les caprices et le faste de leurs semblables, insen-
« sés qui se croient pétris d'un autre limon, tandis
« qu'ils gravitent ainsi que nous sur ce misérable
« tas de boue qu'ils doivent engraisser de leurs
« cadavres ; tant de jeunes filles, nées pour la vertu,
« seront enlevées au libertinage, et rentreront dans
« le sein des familles qui ne pouvaient les nourrir,
« et vous, Madame, dont l'oreille est toujours
« ouverte aux cris douloureux de la misère, vous
« jouirez de la gloire d'avoir contribué la première
« à un établissement si consolant pour l'humanité,
« et de l'avoir prévenu par vos bienfaits en faveur
« de cette pauvre famille dont vous allez défendre
« les intérêts. »

« Il est difficile, M., en lisant ce petit ouvrage,
de retenir ses larmes. C'est le suffrage le moins

équivoque et le plus honorable pour un écrivain. Cette Lettre, d'ailleurs, est fortement écrite dans les endroits qui demandent de l'énergie. (1) »

(1) T. VII de 1763, p. 236.

IV

CENSEUR DE LA POLICE

ET AUTEUR DRAMATIQUE

I

SOMMAIRE : Les censeurs royaux sous M. de Malesherbes. — Ce qu'était le censeur de la police. — La faveur de Marin lui attire beaucoup d'envieux. — Comment il en parle dans sa lettre à Jean-Jacques. — Difficultés inouies opposées au nouveau censeur. — A la Bastille. — Les allusions de Sauvigny. — Rigueurs contre Sedaine et Lemierre.— Les ambassadeurs interviennent. — La tragédie de Fontanelle. — Favart attire de grands ennuis à son ami Marin. — Difficultés avec Voltaire. — Le théâtre de Marin. — Les Marins ne furent pas heureux en 1765. — La *bibliothèque du théâtre français*. — Marin en est-il le véritable auteur ? — Marin écrit à Madame Folio.

Au début de l'administration de Malesherbes, en 1751, les censeurs royaux étaient au nombre de quatre-vingt-deux ; douze ans plus tard, ils n'étaient pas moins de cent vingt-et-un, dont cinquante-sept pour les belles-lettres. Parmi eux, il y en avait d'appointés, et Marin était de ceux-là. Ces traitements ou, comme on disait alors, ces pensions paraissent avoir été généralement imputées sur les bénéfices des journaux, le *Mercure de France* ou l'*Année littéraire* de Fréron. Marin touchait 600 livres de pension sur la feuille de Fréron. Le procédé était ingénieux, et, grâce à ce singulier système, le privilége de ce malheureux Fréron finit par être grevé de 5,400 livres de pension (1).

Or, parmi les censeurs royaux attachés à la grande chancellerie et chargés de l'examen des livres, le garde des sceaux choisissait un homme de confiance qui, tout en conservant sa position auprès de lui, en occupait une nouvelle à la lieutenance de police. Ce censeur était chargé de la surveillance des théâtres et prenait le titre de censeur de la police. Ces fonctions furent remplies, pendant vingt-sept ans, par Crébillon, fonctions difficiles, périlleuses, qui exposaient le censeur à être censuré à son tour et de tous côtés. Un jour, c'est le parlement qui s'effarouche d'une pièce de théâtre, un autre jour, l'Archevêché ou la Sorbonne. Tantôt, un ministre avait peur d'un scandale, et, tantôt, la Cour redoutait une allusion. Comme conséquence, des haines redoutables, des rancunes persistantes, la disgrâce toujours imminente. Crébillon l'apprit à ses dépens et ne dut qu'à sa souplesse de mourir en place (2). Il avait eu le soin habile de s'abriter, sur la fin de sa vie, derrière un aide, qui devait lui succéder. C'était Marin.

Déjà, les fonctions de censeur des livres lui avaient valu des envieux. Ces nouvelles faveurs du pouvoir, en juin 1762, et le choix que M. de Sartines fit de lui le 17 octobre de l'année suivante pour la charge

(1) F. Brunetière, op. cit. p. 178.

(2) Outre l'étude de M. Brunetière, on consultera utilement sur ce sujet l'*Histoire de la censure théâtrale en France*, par V. Hallays-Dabot (Dentu, éditeur).

délicate, mais fort jalousée, de secrétaire-général de la Librairie, lui créèrent sans retard une foule d'ennemis, acharnés dès lors à sa perte.

II

Ce que le cœur naturellement bon et obligeant de Marin dut souffrir des mauvais procédés de ses envieux, nous en avons le témoignage dans cette belle *lettre de l'homme civil à l'homme sauvage*, dont les Mémoires de Bachaumont n'ont pu s'empêcher de reconnaître le caractère courageux. Marin a lu les plaintes de Jean-Jacques, et, tout en enveloppant ses réfutations dans une expression de compatissante pitié mêlée d'éloges flatteurs, il entreprend de renverser les sophismes de Rousseau contre l'Eglise et la Monarchie. Il finit par se citer lui-même en exemple. On a lu plus haut ce qu'il raconte des malheurs de sa jeunesse à la Ciotat. Il en vient à son séjour dans la capitale :

« J'atteignais, dit-il dans le style toujours un peu
« emphatique de son temps, mon 8ᵉ lustre et j'ap-
« prochais de la vieillesse, non par le nombre des
« années, mais par les chagrins qui semblaient les
« avoir multipliées ; incapable d'obtenir des grâces
« par importunité ou par bassesse, sur les voies
« qui conduisent à la fortune, je me renfermais
« dans ma médiocrité, content d'avoir un peu au-
« *dessous* du nécessaire et de pourvoir à ma subsis-

« tance avec une somme infime et sans bien ;
« lorsqu'un homme de ma province, qui se disait
« mon ami, vint m'enlever tout ce que j'avais amassé
« par mes épargnes et mon économie, sous le
« prétexte d'augmenter ces fonds modiques par des
« négociations de commerce, auxquelles il se disait
« associé. Puisse ce coupable se reconnaître à ce
« tableau (et c'est la seule vengeance que je prétends
« tirer de son larcin), puisse-t-il, rougissant de son
« action, me restituer ce qu'il me doit ; et, s'il persiste
« dans son injustice, puisse-t-il n'en commettre point
« d'autres et n'être jamais puni que par ses remords.

« Ajoutez à cela des trahisons, des perfidies, des
« malheurs de toute espèce, de ceux qui affectent les
« cœurs, les plus sensibles de tous, et vous trouverez
« un enchaînement de faits plus singuliers que votre
« destinée ; mais en même temps le sort le plus uni,
« et le plus commun ; de dix hommes pris au hasard,
« il y en a neuf qui auront eu une vie plus malheu-
« reuse, plus agitée que la mienne, et je me console
« de n'avoir point à mes genoux des enfants
« manquant de pain, un père dans mes bras expirant
« dans la douleur et la misère......

« Pour être heureux, je me suis imposé la loi de
« ne jamais élever mes regards au-dessus de moi,
« mais de les baisser sur les états inférieurs à la
« classe que j'occupe. Si la fortune m'a refusé la
« consolation de remplir un des devoirs essentiels
« de la société, celui de lui donner des citoyens

« vertueux, la douceur d'embrasser des enfants
« produits de mon sang, de laisser à ma postérité
« mon nom et le souvenir de mon existence, je me
« vois au moins délivré des charges attachées à cet
« état ; et si, parmi la vermine qui dévore les fruits
« de la terre, d'autres insectes portaient les yeux
« sur moi, ils y trouveraient, non de grandes vertus
« et de grands talents, mais de l'amour pour les
« uns et pour les autres, et un exemple de cette
« modération et de ce patriotisme, que tous les
« hommes devraient imiter. »

III

Dans son étude sur le *Théâtre et la Philosophie
au XVIIIe siècle*, M. Léon Fontaine a mis en
lumière « la complicité de l'art dramatique et de
la philosophie ».

Jamais, le goût des spectacles n'avait été plus vif
ni plus répandu qu'à cette époque fiévreuse où tout
semblait contribuer à faire de la scène une tribune.
La mode étant alors de jouer pareillement la comédie
en société, « point de château, point de maison
riche qui n'eût son théâtre installé selon toutes les
règles, avec un public assidu, une troupe montée
et qui ne chômait guère ». La philosophie eut
donc beau jeu pour se glisser à l'aise dans un

milieu qu'on ne dédaignait pas toujours d'entre-bâiller à certaines hardiesses de langage (1). Prompte à saisir le puissant instrument de propagande que lui ménageait cette faveur des esprits, elle ne se fera pas faute de jeter, sous le couvert d'un rôle d'acteur en vogue, les semences de ces idées nouvelles d'où va sortir la Révolution (2).

Au moment où Marin recueillit l'héritage de Crébillon, le théâtre se montrait plus curieux que jamais des bruits et des scandales de la Cour et de la ville. La lutte des idées, engagée par les encyclopédistes, avait pris sur la scène un caractère d'acuité inouï jusqu'alors. Jamais, le rôle du censeur ne fut plus pénible et plus périlleux.

Le nouveau censeur ne tarda pas à l'apprendre à ses dépens.

Dorat avait donné sa tragédie, *Théagène et Chariclée*, où le sournois avait perfidement glissé quatre

---

(1) Hélas! trop souvent avec la complicité des plus augustes personnages. C'est à la Dauphine que Beaumarchais dut de pouvoir faire représenter, malgré l'opposition de Marin, le *Barbier de Séville*. Devenue reine, Marie-Antoinette se déclara ouvertement la protectrice des dramaturges qui travaillaient à sa perte. « Pauvre Reine, dit M. Hallays-Dabot, pour son esprit heureux et léger, tout était joie, tout était plaisir : la chanson du beau page, les tours du barbier philosophe, les mots d'un bel esprit du parterre. Beaumarchais l'amusait, Mercier l'attendrissait, elle se passionnait pour les querelles musicales du jour, et, à travers toutes ces fêtes de l'esprit, elle marchait insouciante, et aveugle, ne soupçonnant pas ce que cachaient de fiel, de haine, de colère vengeresse et le rire du poète comique, et les larmes du dramomane. »

(2) P. REGNAULT, *Christophe de Beaumont*, t. II, p. 167.

vers, d'ailleurs assez mauvais, dont le venin échappa au censeur :

> Au trône, du berceau ces monarques admis,
> Ont droit de végéter dans la pourpre endormis,
> Et, chargeant de son poids un ministre suprême,
> De garder pour eux seuls l'éclat du diadème.

Cette allusion à l'indolence de Louis XV, renouvelée des rois fainéants, fut soulignée par des tempêtes de bravos. Les courtisans, indignés, firent embastiller Marin. Il ne resta que vingt-quatre heures à la Bastille, parce qu'on sentit combien il était maladroit de le punir, affichant ainsi l'allusion qu'on voulait éviter. Les Bachaumont s'empressèrent de répandre la chose, ajoutant, avec une perfide bonhomie : « La suite justifiera ce bruit ; s'il est vrai, dans quelques mois, le sieur Marin, commis de la police, sera obligé d'abdiquer la censure (1) ».

Quelque temps auparavant, un jeune auteur, Sauvigny, avait trouvé, dans la condamnation solennelle de l'*Emile*, de Rousseau, fulminée par Christophe de Beaumont, l'occasion bonne pour traîner le parlement et l'archevêque sur la scène, dans une tragédie sur la *Mort de Socrate-Rousseau*. Marin l'avait lue, cette fois, de si près que la pièce fut arrêtée.

(1) *Mémoires secrets de Bachaumont*, 6 mars 1763.

Favart, son ami Favart, s'en plaint. Il écrit au comte de Durazzo, le 7 juillet 1762 : « Les comédiens « doivent donner *la Mort de Socrate*, tragédie par « M. de Sauvigny, garde du corps du roi Stanislas. « On a cru remarquer des allusions et des person- « nalités. M. Marin, qui succède à M. de Crébillon, « en qualité de censeur, a pris l'alarme un peu trop « chaudement. Il est vrai que, dans le 1ᵉʳ acte, l'au- « teur tombe fortement sur les prêtres de l'ancienne « Grèce dont le manège peut s'appliquer à celui de « toute religion.... Entr'autres personnalités, on a « saisi celles qui regardent Palissot. »

Sedaine éprouva, lui aussi, les rigueurs de Marin, qui ne se souciait plus de goûter au régime des pri- sonniers de la Bastille. M. de Sartines, moins sévère que son secrétaire-général, dut donner lui-même l'autorisation refusée par la censure au *Philosophe sans le savoir* (1). Ainsi désavoué par son chef immédiat, Marin ne sait plus à quel saint se vouer. Lemierre lui présente sa tragédie de *Barneveld*, envoyé à l'échafaud par le stathouder hollandais. L'ambassadeur de Hollande intervient, comme l'am- bassadeur d'Angleterre était intervenu contre l'*An-*

---

(1) « Arrêtée, par ordre de la police, au moment où elle allait être représentée à la Cour, Marin ayant exigé que l'auteur supprimât le conseil qu'un père y donne à son fils de se battre en duel. Sur quoi la *Corres- pondance littéraire* de Grimm observe que, « si le bon Pierre (Corneille) était venu porter son Cid à M. Marin, il l'aurait envoyé souper avec M. Sedaine, t. v, p. 57. »

glais à Bordeaux, de Favart, et celui de Danemarck, à l'encontre de l'*Ernelinde*, de Poinsinet.

Il fallait aussi compter, nous l'avons vu, avec la vigilance pastorale de l'Archevêque de Paris. Marin cherche à se tenir en garde de ce côté. Un M. de Fontanelle, — qui diffère de M. de Fontenelle par plus d'une voyelle (1) — parvient à faire accepter de son censeur une tragédie intitulée *Ericie ou la Vestale*, où l'auteur vise certaines vocations forcées, malheureusement trop communes sous ce régime de l'omnipotence du chef de famille. Marin sentit l'application immédiate qu'on pouvait faire de tous les discours d'Ericie aux cloîtres et à la vie religieuse en général, il ne voulut pas prendre sur lui d'en autoriser la représentation. Il en référa à Mgr de Beaumont, suivant ce principe que, quand des œuvres dramatiques soulevaient des questions religieuses, l'Archevêque déléguait un docteur en Sorbonne, avec mission d'examiner l'ouvrage à ce point de vue particulier. *Ericie* fut condamnée et ne parut sur la scène française qu'en 1789.

Ces expédients n'attiraient pas beaucoup d'amis à Marin dans le monde des lettres et des théâtres. On le taxait de duplicité, on le tournait en dérision dans les coulisses et dans les Nouvelles à la main. Il voulut se relever par un coup d'audace, en autorisant bruyamment la pièce nouvelle de son ami Favart. Par malheur, cette fois, il rencontre sur son chemin

(1) *Corresp. litt. philos. et critique*, t. v, p. 545.

les Jansénistes, qui ne lui pardonnent pas d'avoir laissé passer plus d'une pièce où ils sont ridiculisés et peut-être aussi sont bien aises de venger la querelle de leurs coreligionnaires de la Ciotat contre l'élève du curé Fabre. L'anecdote est piquante. Nous la laisserons raconter à un ennemi déclaré de notre infortuné censeur :

« Ce pauvre M. Marin aime apparemment les sentences et les moralités de M. Favart à la folie. Au lieu de mettre à son approbation des *Moissonneurs* la formule ordinaire : *Je n'y ai rien trouvé qui puisse en empêcher l'impression*, il s'avise de faire un grand et pompeux étalage en ces termes : *Si l'on n'avait représenté sur nos théâtres que des pièces de ce genre, il ne se serait jamais élevé de question sur le danger des spectacles, et les moralistes les plus sévères auraient mis autant de zèle à recommander de les fréquenter, qu'ils ont souvent déclamé avec chaleur pour détourner le public d'y assister.* La pièce ne parait pas sitôt avec ce magnifique passeport, que les Jansénistes font un bruit du diable. Le censeur, amateur de moralités, est obligé de supprimer son approbation, et d'y substituer la formule ordinaire. Malheureusement pour lui, on présente en ce moment-là (le tableau des pensions) à M. le Contrôleur-général, qui, en sa qualité de chrétien rigide, n'aime pas les spectacles, ni les gens qui les approuvent. Ce ministre trouve M. Marin couché sur son tableau pour une pension annuelle de deux mille livres (1) ; il le raye d'un trait de plume, pour lui apprendre à s'extasier sur les moralités d'un opéra-comique. L'infortuné amateur Marin sollicite actuellement le rétablissement de sa pension ; il espère l'obtenir par ses protections et par ses amis, mais il est certain que cela n'est pas fait encore. Si cette manière de perdre ses pensions est jugée conforme à l'équité, M. Marin doit trouver qu'il n'ya rien de si cher en France que le goût des sentences. (2) »

Mais voici Voltaire, avec sa tragédie des *Guèbres*, qui donna tant de mal à Marin. La tragédie tout entière n'est qu'une longue déclamation sur la liberté de conscience, et le poète affecte de la masquer en sous-titre du nom de *Tolérance*, pour mieux désigner

(1) Nous avons retrouvé, aux Archives Nationales, de curieux documents sur les pensions dont jouissait Marin (O¹x 266, f° 119v° n. 25,441). Le 25 septembre 1768, il s'expédie une ordonnance de 3,000 fr., sur laquelle le lieutenant général de police donne 2,000 fr. au sieur Marin, censeur de la police et secrétaire de la librairie, « considérant que ces deux places occasionnent au sieur Marin un travail très considérable, dont il s'acquitte avec beaucoup d'assiduité, de zèle et d'intelligence. » On propose à Sa Majesté de porter cette ordonnance à 5,000 fr., sur laquelle le lieutenant général de police donnerait 4,000 fr. au sieur Marin, les 1,000 fr. restant seraient employés comme ci-devant aux dépenses secrètes de la librairie dans le royaume. Si le sieur Marin était obligé de quitter ces deux places, il serait entendu qu'il conserverait, sa vie durant, 2,000 fr., dont l'ordonnance s'expédierait alors en son nom. Le lieutenant général de police, qui rend les meilleurs témoignages du sieur Marin, désire beaucoup cet arrangement. Au bas de ce document, est écrit, de la main du Roi, *bon*. Et, de fait, le 25 juillet 1773. Marin, se trouvant dans les conditions prévues, obtient la pension personnelle de 2,000 fr., « marque particulière des bontés de Sa Majesté, méritée par l'intelligence du censeur et son travail distingué en plus d'un genre. »
(2) *Correspondance*, etc., t. v, p. 556.

au gros public le prélat qui vient de frapper le *Béli-saire* de Marmontel : Christophe l'intolérant. La persécution s'y trouve mise en scène avec toutes ses horreurs. Les Guèbres représentaient des chrétiens, les prêtres de Pluton leurs persécuteurs. Au dénoûment, le grand prêtre, en punition de ses crimes, était assassiné. L'empereur, qui survenait, approuvait l'assassinat et prêchait la tolérance religieuse.

On reconnait bien là Voltaire, toujours habile à masquer son dessein, cherchant « à plaire aux philosophes, sans irriter leurs adversaires et enseignant l'incrédulité, alors même qu'il paraissait respecter la religion. » Dans les *Guèbres*, « le culte officiel, religion d'Etat, faisait une guerre atroce à la croyance plus douce, plus simple et presque rationnelle des Guèbres ; ceux-ci, humbles, soumis, excellents citoyens, ne demandant qu'à vivre en paix. (1)»

Pour échapper aux rigueurs de la censure, l'adroit vieillard cajôle Marin et lui tend toute espèce de piéges. Le censeur refuse d'autoriser la représentation. Vainement Voltaire la modifie, en change le titre, s'ingénie à dépister la police : l'Archevêque de Paris veille, et la pièce ne fut représentée ni à Paris, ni en province.

Sans se décourager, le poète reprend le sujet des Guèbres dans une nouvelle tragédie, qu'il intitule les *Lois de Minos* et présente au chancelier Maupeou

(1) MAYNARD, *Voltaire, sa vie et ses œuvres*, t. II, p. 546.

comme rempli d'allusions en son honneur. Il se cache cette fois de Marin, et s'adresse en très haut lieu pour l'autorisation, qui lui est refusée.

Toujours conciliant, Marin cherche à apaiser l'irascible évincé, en s'opposant, malgré le duc de Richelieu, à la représentation d'une tragédie de Palissot, le *Satirique ou l'homme dangereux*, lisez Voltaire. Marin savait son homme par cœur, il le savait « de ces ennemis de la censure qui, tout en criant bien haut, alors qu'ils sont frappés personnellement dans leurs œuvres, trouvent charmant de voir interdire tout ce qui pourrait leur être contraire, et ne reculent devant rien pour arriver à ce résultat. (1) »

En voilà assez pour donner une idée des difficultés inouies avec lesquelles notre censeur de police eut à se débattre. S'il ne parvint pas à contenter tout le monde, ses chefs et ses amis, du moins faut-il lui tenir compte de l'avoir essayé, au lieu de l'accabler de sarcasmes et d'injures, comme la tradition l'a voulu jusqu'à ce jour.

Autre circonstance atténuante. Marin, très engoué des choses du théâtre, rêvait, nous l'avons vu à propos des *Moissonneurs*, d'un théâtre moralisateur et innocent. Il le tenta, sans y réussir, mais l'entreprise vaut la peine d'être contée.

____

(1) V. HALLAYS-DABOT, *op. cit.*, p. 101.

IV

Marin en a narré lui-même la genèse :

« L'*Histoire de Saladin*, dit-il, fut bien accueillie
« des gens de lettres.... Elle fut répandue avec len-
« teur, parce que, ne voulant point m'exposer à
« l'humiliation de voir apprécier mes travaux par
« les libraires, je m'étais chargé des frais de l'édition,
« et je n'avais associé personne au succès de mon
« ouvrage.... Les éloges que je reçus et les dégoûts
« que j'essuyais animaient et refroidissaient mon
« zèle pour le genre d'études que j'avais embrassé.
« Au milieu de cette incertitude, un magistrat, dont
« le public connaît les talents et les lumières, dont
« ceux qui l'approchent connaissent seuls les vertus
« plus estimables encore, qui mérite d'avoir des
« amis et qui n'aura jamais de flatteurs, me chargea
« de l'examen des pièces de théâtre. L'homme
« célèbre à qui je succédais, et qui m'honora de sa
« confiance et de son amitié jusqu'aux derniers
« instants de sa vie, daigna approuver ce choix, et
« me donna les premières leçons pour un travail
« plus délicat et plus important qu'on ne pense.
« Cette nouvelle occupation me fit étudier plus par-
« ticulièrement le genre dramatique. Je montais,
« pour ainsi dire, derrière le théâtre, et j'examinais
« les ressorts qui font mouvoir cette machine mer-
« veilleuse. On a communément plus de goût que de

« talent, et il est prouvé qu'on peut très bien juger
« d'un ouvrage, sans être en état de faire mieux, et
« souvent de faire aussi mal. L'habitude de lire des
« pièces de théâtre et de réfléchir sur ce genre de
« littérature m'inspira la tentation de m'y exercer,
« et je composai quelques drames..... (1) »

Un seul fut mis sur la scène, et, malgré tout le
bon vouloir des comédiens, ne réussit point. Marin
ne s'en fâche pas, et, loin d'attribuer sa chute à la
cabale (2) comme ses autres confrères malheureux,
il en déduit les raisons fort paisiblement, et une de
ces raisons, c'est que la pièce était trop honnête (3).

Julie ou le triomphe de l'amitié, c'est le titre de la
comédie en 3 actes, qui eut l'honneur périlleux d'affronter les feux de la rampe. La pièce est médiocre
de tout point. Il fallut tout le talent des comédiens
pour en faire tolérer le premier acte. Marin prit cela
pour un succès. Il oubliait cette facétieuse remarque, qu'il s'appliqua plaisamment plus tard :

— Eh ! Madame, comment voulez-vous que l'on
siffle quand on baille (4) ?

(1) MARIN, *pièces de théâtre*. 1765. Préface.

(2) La cabale existe quelquefois, dit l'innocent dramaturge, mais
jamais elle ne sera victorieuse d'un drame excellent. Des gens payés pour
siffler ou pour applaudir se trouvent tout à coup entraînés par la foule et
cèdent au torrent. On n'a vu qu'une fois un homme planté au milieu du
parterre s'obstiner à battre des mains malgré les huées publiques, et crier
d'un ton douloureux : Hélas! Messieurs, vous me ruinez. C'était un misérable tailleur, qui habillait depuis six ans l'auteur sifflé et qui devait être
payé sur le profit de la pièce (*Ibid.*, p. 8).

(3) *Ibid.*, p. 68.

(4) *Ibid.*, IV.

Au troisième acte, pendant une scène d'attendrissement sur laquelle il comptait beaucoup, un plaisant, faisant allusion à la perte récente de Belle-Isle et des comptoirs français dans l'Inde, dit à son voisin :

— Les Marins ne sont pas heureux cette année !

Le calembourg passa de bouche en bouche et arriva à l'auteur, placé dans le parterre. Il en rit de si bon cœur que les critiques furent désarmés. D'ailleurs, il s'empressa de retirer sa pièce et fit bien.

Il eut encore mieux fait de la garder en portefeuille. La raison qu'il imagine pour l'en tirer est naïve :

« Un auteur célibataire (1), dit-il, et ils sont
« réduits par l'indigence à l'être presque tous, n'a de

(1) Bachaumont se plaint, non pas sans motif cette fois, des flatteries prodiguées fort à tort au théâtre de Marin : « M. Marin, écrit-il à la date « du 15 mars 1765, vient de faire imprimer son théâtre... Les journaux « s'efforcent d'encenser cet auteur ; on en découvre aisément la raison, en « apprenant qu'il est censeur de la police et secrétaire général de la Librairie « en France». En effet, nul homme de goût ne souscrira, par exemple, à ce dithyrambe de l'*Année littéraire* (1765, t. 2) : « Cette collection intéres« sante est présentée à Messieurs de la Comédie française. L'épître dédi« catoire annonce une délicatesse de sentiments dont je voudrais que les « exemples fussent moins rares parmi les écrivains. Il s'est trop bien « jugé pour que j'ajoute à ses critiques, il ne se pardonne pas des scènes « vuides, celles dans lesquelles les acteurs s'amusent à disserter sur des « objets étrangers. M. Marin a beaucoup d'esprit et de talent, du goût, « de la vérité dans le dialogue, et *il possède l'art du théâtre*. C'est « dommage qu'il se soit dégoûté sitôt et que ses occupations ne lui per« mettent pas de se livrer à ce genre dans lequel il pourrait certai« nement obtenir les succès les plus flatteurs !!!... »

« postérité que ses ouvrages, et il y aurait de la
« cruauté à lui refuser la consolation d'imaginer que,
« si son nom n'est pas transmis d'âge en âge par ses
« neveux, il vivra au moins après sa mort dans des
« écrits qui rappelleront sa mémoire. Ses produc-
« tions, fussent-elles très médiocres, il se trouvera
« dans les temps à venir des bibliographes qui les
« tireront de l'oubli, en les inscrivant dans leurs
« catalogues (1). »

On n'est pas plus naïf.

Les comédiens reçurent encore de lui une autre pièce : *La fleur d'Agathon*, mais ils ne la jouèrent pas. Une pièce héroïque en vers et en cinq actes, *Frédéric ou l'île inconnue*, n'eut pas un meilleur sort, et ne le méritait pas plus que l'*Amante ingénue*. Disons-en autant de la farce intitulée l'*Amant heureux par un mensonge* et de quelques parades pour les théâtres de la foire (2). Tout cela n'eut aucun succès, et l'auteur, qui avait annoncé une suite au volume où nous avons lu sans plaisir ces médiocres compositions, n'en a jamais donné aucune, encore une fois, il a bien fait. Ce n'est point par là qu'il méritait de passer à la postérité et d'occuper son futur biographe (3).

(1) *Ibid.*, v.

(2) Sous le titre de *Théâtre des Boulevards*, Marin a publié un recueil de parades ou facéties qui n'ajouteront rien à sa gloire d'auteur dramatique.

(3) Le théâtre porta souvent malheur au pauvre Marin. Nous en raconterons plus d'un trait Notons celui-ci au passage. Il est emprunté

V

Tout en s'essayant à l'art dramatique, Marin travaillait à en écrire l'histoire.

La Bibliothèque du théâtre français est une œuvre que nous n'hésitons pas à qualifier de remarquable. A un moment où la critique et l'érudition n'avaient ni les ressources, ni la faveur dont ces deux envahissantes jouissent de nos jours, ces trois volumes de recherches, d'analyses, de discussions, etc., constituent un appoint considérable à l'actif de Marin.

Mais, cet ouvrage est-il bien à lui ?

Dans sa lettre à la Convention, conservée aux Archives nationales et que nous donnerons en son lieu, Marin n'hésite pas à mentionner, en énumérant les ouvrages qu'il a produits : « *L'histoire de l'art dramatique, qu'il ne put faire paraître en son nom, à cause des hardiesses qui y sont répandues et dont le duc de la Vallière, pour se faire une réputation littéraire, permit qu'on l'en soupçonnât l'auteur.* »

Cette mention nous dispense de discuter les titres

aux Mémoires de Bachaumont, le 15 décembre 1766 : « La pièce d'hier (*Esope à Cythère*, critique violente de l'opéra et du théâtre français) fait un bruit de tous les diables, on était déjà prévenu que c'était une satyre, mais on ne s'attendait pas à quelque chose d'aussi vif. Les partisans de l'Opéra jettent les hauts cris. M. Marin, le censeur de la police, a pensé perdre sa place pour avoir, par une infidélité manifeste, communiqué le manuscrit à Rebel et à Francœur (les directeurs de l'Opéra) qui ont fait tout au monde pour en empêcher la représentation. »

du duc de la Vallière à la composition de cet ouvrage et réfute l'affirmation de 1765, alors que Marin écrivait : « On pourra juger de l'immense « collection de ces théâtres par *l'histoire abrégée du* « *poëme dramatique*, qu'il a rédigée lui-même (oh!!!) « et dans laquelle il joint, aux grâces du style, le « goût, la critique et l'érudition. »

La vérité est que la bibliothèque du duc fût largement ouverte aux recherches de Marin et de ses collaborateurs, car il en eut plusieurs, pour l'aider à corriger les documents nécessaires, entr'autres l'abbé de Saint-Léger, Capperonier, etc. (1).

(1) L'abbé de St-Léger (Mercier, Barthélemy) a écrit la note suivante sur le faux titre du tome premier de son exemplaire de cet ouvrage :

« Le duc de La Vallière, qui se croyait auteur de cette bibliothèque, faite « par Marin, Capperonier, moy et d'autres gens de lettres, vendit le « manuscrit au libraire Jean-Baptiste-Claude Bauche, qui le fit imprimer à ses frais avec une permission tacite. » *(Note du catalogue de la 2ᵉ vente Brunet 1869).*

Voici le titre complet et un extrait de la préface de ce recueil :

BIBLIOTHÈQUE DU THÉATRE FRANÇAIS DEPUIS SON ORIGINE ; contenant un extrait de tous les ouvrages composés pour ce théâtre, depuis les mystères, jusqu'aux pièces de Pierre Corneille ; une liste chronologique de celles composées depuis cette dernière époque jusqu'à présent ; avec deux tables alphabétiques, l'une des auteurs et l'autre des pièces. Trois volumes à Dresde chez Michel Groell, libraire, 1768.

Des recherches sur la véritable origine de notre théâtre seraient sans doute un objet très intéressant de critique et de curiosité, mais elles n'entrent point dans le plan que je me suis tracé ; je me bornerai seulement à donner une légère idée des pièces dramatiques françaises qui sont parvenues jusqu'à nous. J'ai d'abord examiné avec soin les prétendues comédies des troubadours ; j'ai lu avec beaucoup de soin différents ouvrages de ces poètes, et je n'y ai rien trouvé qui puisse avoir le moindre rapport avec le genre dramatique ; je crois donc pouvoir avancer que leurs poésies n'ont influé en rien sur les pièces représentées dans le quinzième siècle. Parmi ces dernières dont l'époque précise ne nous est pas bien connue, les plus anciennes sont les mystères, les moralités, les farces, les sottises.

Pour achever le chapitre des aventures théâtrales de notre Censeur-Auteur, il faut mentionner une lettre, d'ailleurs fort bien écrite, par laquelle il était intervenu, dès 1752, dans la querelle soulevée par *le Devin du village*. Tout Paris s'était partagé en deux camps, comme au temps du Cid et on échangeait de gros mots, quand parut une petite brochure intitulée : *Ce qu'on a dit* et *ce qu'on a voulu dire* qui mit de l'huile sur les plaies et de l'eau sur le feu, en faisant rire les deux factions belligérantes. Marin, alors tout jeune et peu connu, eut l'idée

Je n'entreprendrai point de donner une définition exacte du genre de poème qu'indiquait chacun de ses titres ; je me contenterai seulement de donner quelques vues générales qui pourront du moins donner une légère idée du caractère de ces différentes productions. Les mystères étaient la représentation des faits arrivés à des personnages qui avaient existé. L'Ancien et le Nouveau Testament, l'Histoire ecclésiastique devaient naturellement fournir la matière de ces pièces représentées par une société qu'un motif pieux avait rassemblée. Il serait encore, je crois, inutile d'entrer dans un plus long détail sur ces ouvrages informes où l'on ne trouve qu'une versification sans règle et sans principes, des dialogues sans chaleur, un tissu d'actions placées au hasard et sans liaison. Ces pièces faisaient cependant alors la réputation de leurs auteurs et l'amusement des spectateurs. Me serait-il permis d'observer à ce sujet que les arts, en se perfectionnant, ajoutent à nos connaissances sans rien ajouter à nos récréations, ou, pour parler plus exactement, qu'ils varient les objets de nos récréations, mais sans les rendre ni plus fortes ni plus vives. Le premier essai de l'art nous frappe et nous séduit peut-être plus que l'art perfectionné, quelqu'informe qu'il soit, il excite dans nos esprits plus d'admiration et de surprise que le chef-d'œuvre produit par des progrès lents et successifs. Raphaël, Corneille et Sully n'ont certainement pas obtenu de leur siècle des éloges aussi flatteurs, ni des applaudissements plus universels que n'en obtinrent de leurs contemporains Cimabué, Orland, Laruis et Godelle.

Les trois volumes sont ornés, chacun d'une gravure par Cochin fils, représentant le Goût 1° gémissant sous les lois de la folie ; 2° commençant à s'affranchir des liens de la sottise ; 3° triomphant avec Corneille, Racine, Molière et Voltaire.

facétieuse d'adresser sa lettre à Madame Folio.

D'autres, dit-il, écrivent à des princesses ou à des correspondantes imaginaires. Mais, Madame Folio existe, c'est même une fort plantureuse personne, pesamment assise dans sa boutique de libraire-bouquiniste, ou mieux de marchande de journaux et pamphlets. Elle reçoit beaucoup de visiteurs des deux camps et assiste souvent aux assauts entre Gluckistes et Piccinistes. Dorénavant, elle pourra apporter son témoignage dans la discussion, et sans quitter le fauteuil où s'étale sa corpulence, grâce à la lettre de Marin, Madame Folio pourra souvent terminer la querelle. (1)

(1) On lira avec plaisir l'entrée en matière de cette lettre, qui ne manque pas de piquant :

« Madame,... car c'est à vous que je veux écrire en dépit de l'usage qui « ne permet plus à nos Beaux Esprits d'adresser leurs lettres qu'à des « dames***, êtres imaginaires qu'ils ont établi leurs juges sur tous les « points de littérature. Pour vous, Madame, vous existez réellement. « J'en prends à témoin ces sièges antiques qui gémissent sous le poids de « votre corps ; cet antre obscur, où, semblable à la Sibylle, vous distribuez « sur des feuilles légères, les réponses à tant d'oracles modernes ; ces « ministres subalternes chargés de votre part de les répandre dans tous « les quartiers de Paris, enfin ces écrivains affamés qui viennent réguliè- « rement chaque semaine recevoir à votre bureau le salaire de l'ennui « qu'ils vous ont causé. A cette existence que je crois avoir démontrée, « on peut joindre la protection singulière que vous accordez aux lettres ; « éloge si souvent prodigué, et que personne ne mérite plus que vous. En « effet, sans vos soins généreux, combien d'auteurs seraient réduits à « passer tristement leur vie dans un café, où ils étourdiraient les nou- « vellistes de leurs déclamations continuelles contre le goût du siècle, « contre la frivolité de la nation, et surtout ils se plaindraient, Madame « Folio, du peu de cas que l'on fait de leur valeur. En faudrai-il davan- « tage pour être digne d'une dédicace ? Celle-ci sera sans doute la pre- « mière et la dernière qu'on vous adressera. Daignez la recevoir favora- « ment, et puisse-t-elle vous faire autant d'honneur qu'à moi. (page 1 et 2) ·

V

LE GAZETIER MARIN

Sommaire. — Marin est perdu ! — Les origines et le caractère de la *Gazette de France*. — Ce qu'il en coûte de rédiger un journal officiel. — L'hydroscope de Saint-Henri. — Dénombrement et arpentage de la France. — L'incendie de l'Hôtel-Dieu. — M. Guys à Versailles.

Dans les premiers jours d'octobre 1771, quelques bourgeois de la Ciotat devisaient, en promenant leurs loisirs sur la Tasse, quand, d'une rue avoisinant cette promenade chère aux ciotadens, arriva vivement vers le groupe des promeneurs un abonné de la *Gazette de France*, agitant d'un air triomphal le numéro arrivé du jour. On y lisait :

« Le Roi a chargé le sieur (1) Marin, censeur royal

(1) Depuis sa fondation, ce fut une règle constante pour la *Gazette* de ne jamais qualifier personne de *Monsieur*. En parlant des gens titrés, elle les désigne par leur titre: *le marquis, le comte,* etc.; toutes les autres personnes, si distinguées qu'elles fussent, sont dénommées *le sieur*. Cet usage était fondé, selon les rédacteurs, sur ce que la *Gazette de France* était celle du gouvernement, et rédigée sous son autorisation, à l'exclusion des autres. Voltaire dit à ce sujet *(Encyclopédie, vᵒ Gazette)*: « Les Gazettes de France ont toujours été revues par le ministère ; c'est pourquoi les auteurs ont toujours employé certaines formules qui ne paraissent pas être dans les bienséances de la société, ne donnant le titre de *Monsieur* qu'a certaines personnes, et celui de *sieur* aux autres. Ces auteurs ont oublié qu'ils ne parlaient pas au nom du roi ». Grimm, non plus, ne peut digérer cette formule. « M. l'abbé Arnaud et M. Suard, écrit-il à la date du 15 janvier 1769, composent depuis plusieurs années la *Gazette de France*, c'est-à-dire la plus insipide, la plus *impolie* et la plus

et de la police, de la direction et de la composition de la *Gazette de France*. C'est à lui qu'on s'adressera désormais pour les articles qu'on voudra y faire insérer (1) ».

Quand l'abonné eut fini de lire, ou plutôt de déclamer l'entrefilet, le plus âgé des promeneurs hocha la tête et dit tristement :

— Marin est perdu !

Et, comme la bande, un peu déconcertée, se taisait en regardant son Nestor :

— Messieurs, répondit-il à la muette interrogation, souvenez-vous qu'il n'y avait rien de plus innocent en apparence que ces trois lignes par lesquelles la *Gazette* annonçait, il y a un mois, je ne sais plus quel fait concernant la comtesse de Valdegrave, qu'elle qualifiait d' « épouse du duc de Glocester. » L'ambassadeur d'Angleterre s'est plaint d'une qualification, non reconnue par sa Cour, et Monseigneur le duc d'Aiguillon a saisi le prétexte au vol pour renverser les rédacteurs Arnaud et Suard, parce qu'il lui déplaisait de voir, à la tête du Journal du Roi, des créatures du duc de Choiseul. Marin

correctement écrite de toutes les gazettes. Je l'appelle impolie à cause de l'affectation ridicule qu'elle a de ne donner le titre de *Monsieur* à personne, et de traiter tout le monde de *sieur*. Il est très impertinent et fort plat d'imprimer deux fois par semaine le *sieur* Pitt, quand le sieur Pitt est l'arbitre de l'ancien et du nouveau continent (Eug. Hatin. *Histoire de la presse en France*, t. 1, p. 79, note).

(1) N° 77 du vendredi, 27 septembre 1771.

arrive aux honneurs et à la fortune (1) par la faveur du tout-puissant ministre, il tombera avec lui et sa chute sera lourde, souvenez-vous-en. Rien n'est dangereux comme de rédiger une gazette, surtout si l'auteur, à tort ou à raison, passe pour subir la censure et endosse devant le public la responsabilité des articles qu'on lui a dictés ou imposés. Marin y perdra tout, son honneur et sa fortune. Il est perdu !

L'oracle de la Ciotat ayant prononcé, l'abonné replia la *Gazette* et le groupe se dispersa.

La chose vaut la peine d'être reprise de plus haut.

(1) La *Gazette* avait rapporté aux prédécesseurs de Marin jusqu'à 20,000 francs par an. Du reste, cette feuille était une source de revenus pour bien des gens. Le duc de Luynes, dans ses *mémoires* (janvier 1756, t. XIV, p. 397), en rapporte un curieux témoignage, qui a été négligé par les historiographes de la presse : « J'appris hier, dit le noble duc, une anecdote sur la *Gazette de France*. J'ai marqué ci-devant dans mes mémoires que cette gazette, qui a été d'abord faite par M. l'abbé Renaudot, ensuite par M. R. Verneuil le père, son neveu, depuis par M. R. Verneuil le fils, a passé ensuite à M. de la Bruère, et est aujourd'hui à M. de Maslé ; elle vaut environ 8,000 livres de revenu. Il est aisé de juger que, pour faire cette gazette, il faut entretenir des correspondances dans les pays étrangers ; mais, comme il y a toujours un article du lieu où réside la Cour, la correspondance pour cet article est faite par un homme qui suit toujours la Cour, et cet homme est toujours un musicien du Roi. Cette correspondance vaut environ 600 livres à celui qui en est chargé ; c'est un établissement qu'a fait le feu roi en faveur de ses musiciens. C'est actuellement le sieur Godenèche, musicien de la chappelle et de la chambre, qui a cette correspondance. Mais, outre la correspondance, il y a encore une autre commission qui n'est point attachée aux musiciens, mais que le sieur Godenèche a aussi obtenue et qui rapporte plus que la correspondance ; c'est de présenter la *Gazette* au Roi, à la Reine, à la famille et à la maison royale. Le Roi donne pour cela 200 livres sur sa cassette ; la Reine donne 150 livres. En cette qualité, le sieur Godenèche est porté sur l'état de la maison de la Reine ».

I

Fondée, comme on sait, par Renaudot, la *Gazette* conquit, dès l'abord, une faveur inouïe, à telles enseignes, raconte un pamphlet du temps, que, sous la Fronde, dès les premiers jours de blocus, « les Parisiens, renfermés dans leurs murs, souffraient moins de la disette de pain que du manque de gazettes... Il semble que tout soit mort depuis que la *Gazette* n'existe plus ; l'on vit comme des bêtes, sans savoir ce qui se passe (1). » La feuille de Renaudot dut ce succès à son caractère particulier, vrai mérite en ce temps et en ce pays de fausses nouvelles : elle se piqua toujours de véracité, même lorsqu'elle fut devenue, en 1762, le journal de la Cour, rédigé sous les yeux du ministre. Mais, si véridique et si bien informée qu'elle fut, la *Gazette* ne fut jamais « un journal amusant, et il ne nous semble pas qu'elle ait jamais été propre à distraire des malades, même quand elle avait le mérite de la nouveauté. » Comme le disait Renaudot dans sa dédicace au roi, c'était, avant tout, « le journal des rois et des puissances de la terre, » ce qu'on a appelé depuis un journal officiel.

Or, rien n'est périlleux comme le titre d'histo-

(1) M. Hatin a très bien raconté les origines et les phases diverses de la création de Renaudot, dans son savant ouvrage sur la *Presse en France* (3 vol. in-8°, 1859.)

riographe officiel des puissants du jour : ils se servent de lui comme d'une plume mercenaire et l'entraînent dans leur chute, non sans se donner quelquefois le facile plaisir de rejeter sur le malheureux l'odieux des entrefilets qu'ils lui ont impudemment dictés ou impérieusement commandés.

Notre journaliste ciotaden allait l'apprendre à ses dépens.

En prenant la direction de la *Gazette de France*, le nouveau rédacteur en chef se rendit compte des difficultés de sa tâche : devançant l'avenir, il entrevit que cet avenir, en fait de presse, était au journalisme amusant, à ce qu'on a appelé depuis les journaux de genre. Le caractère grave et officiel de sa Gazette, il voulut l'égayer par quelques anecdotes. Mais, il faut bien le reconnaître, Marin n'avait pas la main assez légère pour enlever ces « Nouvelles à la main, » dont il tenta de saupoudrer l'ennuyeuse somnolence de sa feuille. Puis, l'ennemi veillait, et, au premier essai, les coups pleuvent dru sur le pauvre journaliste.

II

Cela commença à propos de l'histoire du provençal Parangue, de Saint-Henri.

Comme toujours, c'est Bachaumont qui ouvre le feu.

Dès le 24 juin 1772, il écrit :

« On a vu successivement, dans plusieurs Gazettes de France, des relations de plus en plus absurdes concernant un hydroscope prétendu, dont l'œil perçant découvrait l'eau à travers les entrailles de la terre. Malgré les autorités que citait le sieur Marin, le rédacteur de ce journal, le physicien révoquait en doute ces faits extraordinaires, ou, pour mieux dire, n'en croyait rien. Plusieurs curieux, et des membres de l'Académie des Sciences, ont écrit sur les lieux, et, par les informations qu'ils ont reçues, ce phénomène se réduit à très peu de chose. Des plaisants, à ce qu'il paraît, se sont engagés à se jouer de la crédulité du gazetier ; et voyant avec quelle bonhomie il citait les premières merveilles, ils en ont envoyé de plus surprenantes qu'il a également adoptées. On ne peut concevoir comment la *Gazette de France*, si grave, si sèche, si froide, est devenue entre ses mains un recueil de contes de vieilles et de fables de féeries. Des politiques qui raffinent sur tout, veulent que ce ne soit pas sans dessein : ils prétendent qu'on ne doit pas supposer raisonnablement que le ministère eût laissé passer tant d'absurdités dans ces annales qu'il revoit avec le plus grand soin, s'il n'eût voulu prêter ainsi aux spéculations des honnêtes citoyens de quoi se repaître, pour les détourner d'autant de matières politiques, à l'instar de ces relations fabuleuses, de ces chansons qu'on fait courir les rues par des gens gagés de la police pour amuser le peuple. On n'a pas été fâché de trouver dans le Marin un esprit simple qui se prêtât de lui-même aux vues du gouvernement. »

Le 5 septembre, il y revient :

« Un parent de feue Mme Doublet (1), cette virtuose si renommée parmi les poétiques, pour les mémoires manuscrits qui se rédigeaient chez elle des événements publics et particuliers, continue ce journal intéressant. Dans un de ses articles, il est tombé vertement sur le sieur Marin, et a fait sentir l'imbécillité de ce rédacteur de la *Gazette de France*, en adoptant les contes qu'on lui a envoyés sur le prétendu hydroscope, et les insérant avec la plus grande prétention, se vantant même d'être le premier auteur de nouvelles publiques qui en ait fait mention. On a renvoyé de Marseille au sieur Marin le jugement qu'on portait de lui sur cet objet : il en a été outré, il s'est plaint au Ministre des Affaires Etrangères, il lui a fait accroire qu'on dégradait la *Gazette de France*, en vilipendant son auteur, et comme il n'était guère possible d'attaquer le critique sur un travail aussi innocent, on a fait arrêter son laquais dont il

______

(1) « La société de Madame Doublet, dit Grimm, fut longtemps célèbre à Paris. On y était janséniste, ou, du moins, parlementaire ; mais on y était peu chrétien : jamais croyant ni dévot n'y fut admis ». Rien d'étonnant dès lors qu'on y fut si hostile à Marin. Il y avait une autre raison, c'est que Madame Doublet était elle même gazetière. Rivalité et jalousie de métier !

se servait pour envoyer les nouvelles à ses amis, et on l'a fait mettre au Fort-l'Evêque, au secret. On a pris pour prétexte qu'il trafiquait de ces nouvelles. Ce procédé indigne du sieur Marin donne encore plus mauvaise idée de son cœur et de son petit esprit. Il rappelle le principe du grand Colbert, qui, dans ses instructions pour la Marine, avait une si méchante opinion des Provençaux, qu'il recommanda expressément de n'en employer aucun dans les grandes places de l'Administration et du Gouvernement. »

Et le 29 octobre, pour achever le gazetier, il insistera :

« La fable de l'Hydroscope est de plus en plus la risée des gens éclairés et des vrais physiciens. Un membre de l'Académie des Sciences a bien voulu prendre la peine de disserter sur ce conte de vieille et d'en faire voir l'absurdité ; il a couvert du plus grand ridicule l'ineptie et la crédulité du sieur Marin ; l'amour propre de ce dernier a été piqué contre M. de Lande, son antagoniste, il a pris le nom d'un soi-disant marquis pour répondre et témoigner combien il était choqué du ton dogmatique de l'académicien, on ne doute pas que celui-ci ne riposte et ne pulvérise le nouveau marquis, dont il découvrira les oreilles d'âne. »

Après Bachaumont, c'est Grimm. Celui-ci est plus mordant, chaque coup emporte le morceau. Qu'on en juge :

« La *Gazette de France*, écrit-il en juillet 1772,

est, de tous les écrits périodiques, sans contredit et sans exempter les *Nouv. Eccl.*, le plus fécond en miracles. On se rappelle encore avec étonnement les prodiges de la bête de Gévaudan..... et elle était alors rédigée par deux philosophes, l'abbé Arnaud et M. Suard.... Le nouveau rédacteur, qu'on ne soupçonnera pas d'être philosophe, s'est retourné d'une autre façon. Il a suscité un enfant miraculeux en Provence, nommé Jean-Jacques Parangue, à qui il a député le don de découvrir les eaux et les sources souterraines à travers la terre, les rochers, la maçonnerie la plus épaisse : l'œil pénétrant du jeune paysan provençal perce à travers tous les obstacles, et voit les sources d'eau, à quelle profondeur qu'elles soient sous terre, comme si elles coulaient sur la surface. Le seul don que M. Marin lui ait refusé, c'est de voir à travers les planches et les madriers de bois, comme à travers les pierres et la terre : lorsque le jeune provençal rencontre du bois, il n'y est plus et ne voit pas plus que moi; mais son bienfaiteur Marin l'a doué assez richement pour ne pas lui reprocher cette petite réserve : d'ailleurs, ne sait-on pas que ce sorcier a son talon comme Achille. On est tenté de penser que M. Marin n'est que talon de la tête aux pieds. Il faut croire qu'il a voulu illustrer la Provence, sa patrie, par les dons surnaturels qu'il a accordés au jeune Parangue. C'est quelque chose de vraiment surprenant que les détails dont il a rempli plusieurs ordinaires de sa Gazette, sans être arrêté ni découragé par le concert unanime des philosophes et de la plus grande partie du public, qui a pris la liberté de se moquer du petit paysan provençal, et de bafouer son historien. Quand le miraculeux Marin s'est vu presser par ses opérations souterraines, il s'est fait écrire, dans sa Gazette, de Portugal et d'Autriche, qu'il y avait là des femmes qui avaient le même talent que son Parangue.

« M. le duc d'Orléans a été au fait : il a voulu faire venir le petit imposteur à Paris pour mettre ses talents merveilleux au grand jour : mais, lorsque le petit coquin a su les intentions du Prince, il a bien vite rebroussé chemin et repris la route de son village.

« Cette impertinence de M. Marin a donné lieu à quelques écrits. M. l'abbé Lauri, ancien professeur de philosophie à l'Université de Montpellier, qui est pénétré d'admiration pour la sagacité, la droiture et la prudence de l'auteur de la *Gazette de France*, a publié une brochure d'une cinquantaine de pages, intitulée : *L'hydroscope et le ventriloque, ouvrage dans lequel on explique d'une manière naturelle : 1° comment il peut se faire qu'un jeune Provençal voit à travers la terre ; 2° par quel artifice ceux qu'on nomme ventriloques peuvent parler de manière que la voix paraisse venir du côté qu'ils veulent.* Moi, je suis pénétré d'admiration pour ceux qui ont fait M. l'abbé Lauri professeur de philosophie à l'Université de Montpellier. Il conseille à M. Marin de se consoler des petits déboires que lui a procurés son Jean-Jacques Parangue. L'abbé de La Chapelle a été plus heureux avec son épicier ventriloque de Sainte-Geneviève, dont le talent a été constaté par nos princes et un grand nombre de personnes de distinction. Au reste, tous les miracles ne peuvent pas réussir, et comme il ne paraît presque pas de *Gazette de France* où il n'y ait, au défaut de nouvelles politiques, quelque prodige, quelque phénomène physique merveilleux, quelque effet de tonnerre dont la description surprenante suffit seule pour immortaliser un historien ; je ne doute pas que M. Marin aille à la postérité avec Mathieu Laensberg et le messager boîteux. »

Les journalistes contemporains seraient bien surpris qu'on leur cherchât noise pour semblable aventure. Si les monstrueux canards d'Amérique et les interminables serpents de mer qui s'alignent chaque matin dans nos journaux soulevaient à ce point les Bachaumont et les Grimm du XIXe siècle, les Mémoires du temps prépareraient aux bibliothèques de la postérité des amoncellements dangereux pour les rayons de la rue Richelieu.

Toute cette colère nous a rendu curieux et le lecteur ne le sera pas moins de voir passer sous ses yeux les récits tant moqués de la *Gazette* de 1772 :

III

Les voici donc, par ordre de dates :

De Paris, le 22 mai 1772 (n° 4i)

On nous a adressé de Grenoble la copie d'une lettre qu'on dit avoir été écrite de Montélimart, le 5 de ce mois, par le sieur de la Tour, Inspecteur des Ponts-et-Chaussées en Dauphiné. Elle contient un fait extraordinaire, qui mérite d'être éclairci.

« Le 27 du mois dernier, j'allai à la maison de campagne du sieur Palaprat, subdélégué de l'intendance, avec les sieurs Geoffre, colonel d'infanterie, de la Jonquière et Menuret, médecin de l'Hôpital Militaire, Nous y trouvâmes Jean-Jaques Parangue, âgé de quatorze ans, du village d'Auseome près Marseille. Cet enfant voit, à travers la terre, les sources et la conduite des eaux à telle profondeur qu'elles soient, il les voit, dis-je, comme nous voyons les rivières, en suit le cours sans se tromper, en indique le volume, et à peu près la profondeur. Il les aperçoit mieux à travers les terres, les vignes, les rochers et même la maçonnerie que dans les prés et les bois. Elles disparaissent à sa vue lorsqu'elles sont couvertes de planches et de madriers. Les 28 et 29, il a fait des expériences répétées et confirmées, en grand, dans trois domaines du sieur de la Jonquière, où il a découvert et suivi, pendant une lieue et demie, la source qui forme et entretient le petit lac de Gournier, à une lieue de Montélimart. Le 30 et le 1er de ce mois, il a fait les mêmes découvertes chez le sieur Geoffre, à Serre de Parc, et doit continuer ses recherches dans tout ce canton Cet enfant est accompagné d'un frère. On leur donne trois livres par jour.

On les nourrit, on les défraye. Ils sont attendus à
Toulouse et à Nismes, où les magistrats de ces deux
Villes les ont appelés.

De Paris, le 12 juin 1772 (n° 47)

Nous avons reçu de nouveaux éclaircissements sur
le phénomène annoncé dans nos feuilles précédentes.
Ce fait, qui sera toujours dans l'ordre des choses
invraisemblables, se trouve attesté par tant de personnes,
qu'après avoir été l'objet de la dérision des sçavants, il
commence à exciter leur surprise et va fixer de plus en
plus l'attention des Physiciens. Une lettre du sieur
Féraud, avocat de Marseille, contient ce qui suit : « Ce
« que rapporte la *Gazette de France* du nommé Jean-
« Jacques Parangue est un fait connu dans tout ce
« pays-ci. Cet enfant, qui est né au village de *Seon*, près
« Marseille, en provençal, *Eusen*, dont on a formé le
« nom d'*Auseome*, voit en effet l'eau dans les entrailles
« de la terre, mais on ne lui connaissait pas, dans sa
« patrie, la faculté d'en indiquer la profondeur. On a mis
« dans ce pays son talent à profit, et il a découvert
« plusieurs sources. La première épreuve qu'il donna
« de cette propriété singulière dont la nature l'a doué,
« c'est que, commençant à parler dans son enfance et
« étant assis auprès du feu, en hiver, dans sa chaumière,
« il s'écria tout à coup qu'il se noyait et quitta sa place
« comme pour se sauver ; et l'on a découvert ensuite
« qu'il coulait une source d'eau abondante sous le foyer
« de la cheminée. On remarquait encore qu'en revenant
« des champs, où il gardait des troupeaux, il se détournait
« souvent de la route ordinaire, disant qu'il ne voulait
« pas se mouiller. C'est d'après ces observations qu'on

« se hasarda de creuser dans les lieux qu'il indiquait, et
« dans sa chaumière même l'on trouva en effet de l'eau. »

La lettre du sieur Menuret, sçavant médecin, un des
coopérateurs de l'Encyclopédie, contient beaucoup plus
de détails. Elle est trop longue pour pouvoir être rapportée en entier, et nous n'en donnerons que l'extrait.
Elle est adressée de Montélimart au sieur Daumont,
professeur à l'Université de Valence :

« Je m'empresse de vous transmettre ma surprise et
mon admiration, et de vous dénoncer, en qualité de
naturaliste et de physicien, un phénomène véritablement
singulier en ce genre ; c'est un enfant de quatorze ans
qui a le talent merveilleux de porter dans l'intérieur de
la terre une vue assurée et d'y distinguer les eaux
renfermées ou coulantes : il les voit, dit-il, comme celles
qui sont sur sa surface. C'est en effet voir, ce qui
s'appelle voir, par rapport à lui, que d'éprouver, dans
l'organe de la vue, par la présence des eaux intérieures,
la même sensation qu'il éprouve par la présence des
eaux superficielles ; c'est voir, ce qui s'appelle voir, par
rapport à nous, que de nous décrire, avec exactitude,
avec précision, avec constance, les qualités visibles des
eaux souterraines, leur mouvement, leur volume, etc.
La renommée publiait ces faits : des gens dignes de foi
disaient, écrivaient que cela se passait à Marseille,
patrie de cet enfant, qui se nomme Jean-Jacques
Parangue, et dans plusieurs autres endroits où ce talent
l'a fait appeler. C'est d'après ces témoignages unanimes
qu'il a été appelé dans cette ville et qu'on y a exercé sa
vue à la recherche et à la découverte des fontaines. J'ai
suivi cet enfant *hydroscope* pendant plusieurs jours, dans
différentes campagnes. Je n'ai apporté dans mes observations que du doute, de la méfiance, de l'incrédulité,
et ces précautions n'ont servi qu'à faire éclater davantage

et à prouver plus authentiquement la pénétration
extraordinaire de la vue de cet enfant. Je ne vous
ennuierai pas des découvertes qu'il a faites, des expériences qu'il a multipliées, des piéges qu'on a essayé
de lui tendre. Il n'a jamais été trouvé en défaut. Son
extérieur annonce tant de franchise et de vérité, qu'au
défaut même de preuves, on pourrait presque l'en croire
sur son air ; son âge éloigne encore toute idée d'imposture
et de fraude ; son caractère et son esprit y répondent
parfaitement : il est étonné qu'on attache tant d'importance à une chose qui lui coûte si peu, et il lui semble
que tous les hommes devraient voir comme lui. Ignorant
comme ce talent lui est venu, il dit se rappeler, et son
frère beaucoup plus âgé, qui l'accompagne, confirme
son dire, qu'à l'âge d'environ quatre à cinq ans il en fit
les premiers essais et que, ne distinguant point les eaux
profondes et cachées d'avec celles qui étaient superficielles, il craignait souvent de se mouiller là où personne
ne voyait la moindre trace d'humidité et qu'insensi-
blement, rectifiant ses jugements sur l'habitude, il avait
fait la différence des eaux superficielles d'avec les
intérieures. Il a ajouté que ce n'était qu'à la longue qu'il
avait jugé la profondeur ; mais qu'il n'avait sur cet
article que des mesures approchantes et des connaissances imparfaites. Les yeux n'ont rien de particulier
que la couleur verdâtre de l'iris, qui a paru exciter
quelque attention par son rapport avec celle de l'eau ;
mais les teintes de l'iris sont indifférentes à la force et
à la vivacité de la vue ; d'ailleurs, cette même couleur
est remarquable dans les yeux de son frère, qui n'a pas
le même talent. Lorsque ce jeune hydroscope fait ses
courses, il a les yeux baissés, le chapeau abattu, regardant avec attention le sol qu'il foule aux pieds et ne
s'occupant aucunement des autres objets qui pourraient

servir d'indication, de secours, de points de ralliement dans ses recherches ; la croute de la terre frappe ses yeux à l'ordinaire et il ne voit rien au-delà lorsqu'il n'y a point d'eau, mais dès qu'il s'en rencontre dans l'intérieur sur son passage, la terre n'offre à ses yeux qu'un cristal à travers lequel il aperçoit le ruisseau ; il en indique le volume, il suit sa direction, n'éprouvant cependant et ne paraissant éprouver aucune émotion particulière, ni aucune sensation que la perception de l'eau. Il conduit le spectateur surpris jusqu'à l'endroit, souvent très éloigné, d'où la fontaine sort et se manifeste, à quelque distance que soit le point d'où il est parti, quoique caché par des arbres ou par d'autres obstacles, il y revient avec une exactitude étonnante. C'est en vain qu'en lui faisant faire des détours, en changeant les signaux, en éloignant les piquets, on cherche à lui faire prendre le change, il ne quitte point et ne perd pas de vue son fil d'eau et regagne l'endroit déterminé où il l'a pris. Quelquefois obligé de l'abandonner à travers des haies, des bâtiments, des massifs d'arbres trop épais, il en fait le tour et revient rattraper de l'autre côté le fil de l'eau. Vous le voyez quelquefois arriver d'une demi-lieue, attaché à une fontaine et la suivant jusqu'au terme que la nature ou l'art ont fixé pour son issue ; s'il en échappe quelques filets plus profonds ou latéraux, il les poursuit jusqu'à leur débouché, sans être arrêté par aucun obstacle, pas même par les ruisseaux qui coupent superficiellement ceux qu'il voit. Il n'y a que les cloisons intermédiaires en bois qui interceptent sa vue. Il ne voit point l'eau à travers le bois ; mais la croute de terre la plus compacte, les bancs de rochers les plus profonds, le rempart de pierre le plus épais n'arrêtent ni ne diminuent l'effet de sa vue pénétrante. Je dois ajouter que son frère, ainsi que lui, absolument étrangers dans ce Pays, n'ont et ne peuvent avoir aucune connaissance des lieux et des fontaines qui y existent. Tels sont les résultats d'un grand nombre d'expériences qu'on a faites ici. Je ne vous nommerai que les sieurs Geoffre, colonel d'infanterie, Bernard de la Jonquière, trésorier de France, Pallaprat, subdélégué, Paumier de la Tour, ingénieur, tous incapables de se laisser tromper, encore plus de vouloir en imposer. Quant à moi, j'ai dérobé des moments trop courts à mes occupations médicales pour les consacrer à ces observations si intéressantes par leur contraste avec les notions ordinaires de la Physique et de la Physiologie. Il faut admirer l'économique dispensation de la nature qui semble ne dévoiler que par degrés ses secrets et ses avantages et tenir toujours en réserve quelques faits pour renverser les systèmes les mieux étayés et contrarier l'ordre le plus généralement établi. »

Le sieur Daumont, médecin et professeur à Valence, répondit, le 14 mai, au sieur Menuret : « J'ai vu aussi hier, dans une maison de campagne où je me suis rendu, votre jeune homme. Il a suivi le trajet de plusieurs sources qui fournissent à des fontaines, connues des gens du pays, mais nullement de lui, comme on suit un ruisseau à découvert, sans biaiser, en approchant de l'issue où il aboutissait toujours avec toute la précision possible. Voilà ce qui est de fait. Quel est son moyen, je l'ignore. Pour dire comme il voit, il faudrait être lui-même. L'imposture serait aussi surprenante à son âge et avec son caractère, que le mystère même de l'organisation de ses yeux.

Dans une autre lettre du 18 mai, écrite de Valence, où l'on a fait venir cet enfant, on raconte à peu près les mêmes circonstances que nous avons rapportées précé-

demment. Jean-Jacques Parangue a été à plusieurs campagnes, entr'autres à celles du sieur de Real, du sieur la Roquette. Ce dernier avait fait cacher dans la terre deux urnes pleines d'eau, à quelque distance l'une de l'autre. Le hasard fit qu'on les plaça près d'une source ; cet enfant parut étonné ; il regarda beaucoup et finit par s'écrier : *N'en vesi que bouleguo et que bouleguo pas*, c'est-à-dire, je vois de l'eau qui remue et d'autre qui ne remue pas. Il ne sait pas un mot de Français. Il ne connaît point le prix de l'argent, dont il fait moins de cas que d'une fleur.

De Paris, le 29 juin 1772 (n° 52).

Notre *Gazette* est la première de toutes les feuilles périodiques qui ait parlé de cet enfant de Provence qui a la propriété de découvrir les sources d'eau. Nous avons cessé de rendre compte des différentes épreuves auxquelles on a mis sa perspicacité, quoique toutes les lettres qu'on nous a écrites et celles qu'on nous a communiquées s'accordent à dire que ce jeune homme aperçoit effectivement les eaux à travers la terre. Nous avons vu à Paris quelques personnes qui l'ont suivi dans ses opérations, entr'autres le sieur Abbé de la Roquette. Le comte d'Harambure, colonel de la Légion de Flandre, a écrit au sieur Dupont, intendant de l'Ecole-Royale-Militaire, qu'il a accompagné cet hydroscope dans ses recherches ; et que tout ce que nous avons rapporté, d'après le sieur Menuret, est dans la plus exacte vérité. Nous sçavons que Bayle a cité un phénomène semblable, dans sa *République des Lettres*. Nous avons entendu parler et de la femme de Bayonne et de celle de Lisbonne, à qui l'on attribuait la propriété de voir à travers le corps humain. Ce fait est cependant si extraordinaire, on est si éloigné de croire, que la vue puisse se porter aux lieux où la lumière ne peut pénétrer, que nous avons hasardé quelques conjectures sur ce phénomène. Elles ne sont pas absolument contredites par le récit du sieur Menuret, mais il est bien difficile, en même temps, de les concilier avec les faits qu'il rapporte et avec d'autres qu'on nous a cités. Le sieur Gautier Dagoty, père, nous a écrit, à ce sujet, une lettre trop longue pour être rapportée dans cette feuille, et qui sera insérée dans les autres papiers publics. Il dit qu'à l'âge de seize ou dix-huit ans il aperçut en Provence, où il est né, au lever du soleil, des vapeurs fines et déliées, qui s'élevaient à un pied ou environ de la surface de la terre, et qui se divisaient et se subdivisaient en plusieurs ramifications. Il avait seul la propriété de les distinguer. Il jugea qu'elles indiquaient des sources souterraines, fit creuser et les découvrit. Il infère de là que la terre tourne par l'impulsion du soleil et que sa rotation forme une électricité réelle et active, qui élève, dit-il, du centre à la circonférence, les particules de feu qui enchaînent celles d'eau et forment les vapeurs en question, etc. Mais il y a loin de ce fait à ceux racontés par le sieur Menuret qui assure, dans la partie de ses lettres que nous n'avons pas rapportée, que le temps et l'heure sont absolument indifférents ; que cet enfant voit les eaux dans les temps de pluie ou de grêle, lorsque le ciel est serein ou couvert. Nous ajouterons aux faits déjà cités que le sieur Abbé de la Roquette nous a dit que ce jeune homme n'avait pas besoin d'avoir le chapeau rabattu ni les yeux fixés à terre, pour découvrir les sources ; qu'il les voyait de trente à quarante pieds de distance ; qu'il jetait seulement un coup d'œil sur la surface de la terre et qu'il indiquait le lieu où la source est placée ; qu'il se détournait souvent du chemin et qu'il y revenait ensuite. Un fait qui contredirait le système des vapeurs qui sortent perpendiculairement de la terre, c'est qu'il aperçut, selon cet Abbé, dans un appartement, de l'eau qui coulait dans un aqueduc, au niveau du plafond, derrière une muraille fort épaisse. Nous avons dit qu'il avait deviné le lieu où l'on avait caché de l'eau ; le sieur Abbé de la Roquette nous a assuré qu'il avait été témoin du fait ; mais il nous a ajouté qu'ayant placé, dans un appartement, des vases couverts d'une pierre, dont les uns étaient pleins d'eau et les autres vuides, l'enfant observa qu'il ne voyait rien dans ces vases et qu'il fallait qu'ils fussent dans la terre. Il serait à désirer que ce jeune homme vînt à Paris, ou qu'on envoyât sur les lieux quelques sçavants pour le suivre et l'interroger, afin de parvenir à établir des idées fixes et certaines sur cette singularité de la nature. Quant à nous, nous remplissons les devoirs d'historien en rapportant les faits qu'on nous atteste. On nous mande de Marseille que cet enfant est de retour dans son village de Séon. Les parents sont des paysans au service du sieur de Rocquevaire.

L'incident se termine par l'insertion d'une note, qui laissait, comme c'est l'usage, au rédacteur en chef, tout l'odieux et le ridicule de ces récits :

De Paris, le 24 juillet 1772 (n° 59).

. . . .

Nous avons rapporté, dans la *Gazette* du 6 de ce mois, l'extrait d'une lettre que le sieur Menuret a écrite à l'Académie des Sciences au sujet du jeune Parangue. Cette Compagnie pense que « cette publication pourrait donner lieu de croire qu'elle regarde ce fait comme constant et avéré. Elle nous a requis de déclarer de sa part « qu'elle n'a jusqu'à présent porté aucun jugement sur ce fait dénué de toute vraisemblance, et que l'expérience et l'évidence ont toujours été les seules bases de ses décisions. »

IV

Après l'hydroscope, ce fut sur le dénombrement de la population en France, puis sur l'arpentage de la superficie du royaume, que les pamphlétaires cherchèrent noise au rédacteur en chef de la *Gazette de France*. Mais, rien n'égala la fureur des critiques contre l'article consacré par Marin au fameux incendie qui dévora l'Hôtel-Dieu de Paris le 30 décembre 1772. Voici la description qu'en fit la *Gazette :*

De Paris, le 25 janvier 1773 (n° 8).

Nous sommes enfin en état de donner les détails que nous avons promis sur l'incendie de l'Hôtel-Dieu de cette ville. Notre récit est d'autant plus fidèle, qu'il est tiré du procès-verbal original dressé, sous les yeux des premiers magistrats, par les commissaires au Châtelet, qui, en se relevant le jour et la nuit, ont toujours été présents à ce désastre.

La nuit du 29 au 30 décembre dernier, le feu prit à l'Hôtel-Dieu, dans l'endroit où l'on fabrique les chandelles. On n'a pu sçavoir la cause de cet accident. Les ouvriers avaient fini, la veille, leur travail à sept heures du soir et avaient fermé la porte. Comme ce lieu est

souterrain, la flamme y demeura longtemps concentrée
et ne parut au dehors que vers une heure et demie du
matin ; mais elle ne se manifesta qu'en se répandant dans
les cours des écuries des bouveries, dans les greniers
à foin et à paille, et en embrasant tout à coup le bâtiment de la communauté, les salles appelées de *l'Infirmerie, salle jaune* et du *Légat*. Lorsque le feu eut percé les
planchers et fait son explosion, on vit en même temps
le spectacle le plus magnifique et le plus épouvantable.
Qu'on se représente une étendue de 943 toises de bâtiments embrasés, des torrents de flammes sortant, avec
rapidité, de toutes les fenêtres placées sur la même
ligne, le comble, la charpente tombant avec fracas, une
masse énorme de feu s'élevant dans les airs et entraî-
nant, avec elle, les couvertures, les draps et d'autres
matières enflammées. Elle produisit, pendant quelques
heures, une si grande clarté, qu'on en fut éclairé aux
extrémités de Paris, et comme on jugeait qu'elle ne pouvait provenir que d'un incendie, sans sçavoir en quel
lieu était le foyer, on criait *au feu* aux faubourgs Saint-
Jacques, Saint-Antoine et Saint-Honoré, pour l'édifice
qui brûlait au centre de Paris. On conçoit aisément le
désordre que ce désastre dut produire dans une maison
remplie de malades, à qui la frayeur rendait quelques
forces. On voyait ces malheureux se traînant dans les
salles, sortant en chemise, dans la nuit la plus froide,
par l'issue que le hasard leur présentait, et cherchant
une asyle dans les maisons voisines et dans les églises.
Il y en eut même qui allèrent dans cet état, poussés
par l'épouvante, jusqu'à plusieurs lieues de la capitale,
pour y rejoindre leurs familles.

Cependant, au premier bruit de l'incendie, le premier
Président, le Procureur Général, le Lieutenant Général
de police, le Lieutenant Criminel, le Procureur du Roi,

les Administrateurs de l'Hôtel-Dieu, etc., arrivèrent successivement sur les lieux. On demanda l'ouverture des portes. La Mère ancienne des *veilleresses*, qui garde les clefs pendant la nuit, occupée alors à faire retirer les malades des salles menacées, ne se trouva pas au moment où on la cherchait. On entreprit de briser les serrures ; elles résistèrent et lorsqu'on apporta les clefs, il fut impossible de s'en servir. Il fallut abattre les portes, et ce travail fut long parce qu'elles sont revêtues de fer. Les commissaires du quartier, plusieurs pompiers et une partie de la garde de Paris, entrèrent. On vit arriver en même temps les pompes, le sieur Morat, directeur et commandant des pompiers, plusieurs détachements de gardes françaises et des gardes de la ville, les religieux Capucins, Cordeliers et Augustins. Tandis que les magistrats donnaient les ordres nécessaires pour arrêter le progrès de flammes, on faisait transporter, dans l'église de Notre-Dame, les malades des salles incendiées, dont une partie était déjà sortie par la porte qui donne sur le marché Pallu, proche le Petit-Pont. Les ordres furent donnés par les magistrats avec tant de sagesse, exécutés avec tant d'exactitude, que, lorsque le jour parut, les religieuses et les officiers de santé avaient repris leurs fonctions auprès des malades, tant dans les salles subsistantes à l'Hôtel-Dieu que dans l'église de Notre-Dame, où ils furent visités par les magistrats, l'Archevêque et les chanoines.

Pendant tout le jour, le feu se soutint avec une activité singulière. On avait lieu de craindre qu'il se communiquât au magasin de la pharmacie, au réservoir des huiles, aux caves des vins et des eaux-de-vie, et aux maisons de la rue Notre-Dame. Les magistrats et les administrateurs se portèrent dans ces différents endroits, firent couper les communications, enlever, du magasin de pharmacie, tout ce qu'on put transporter et couvrir le réservoir des huiles de platras et matières non combustibles. Par cette précaution, on parvint à concentrer le feu dans les parties qu'il avait embrasées.

Sur le soir et pendant la nuit du 30 au 31, il parut se rallumer en quelques endroits. On fut obligé d'abattre quelques bâtiments, on soutint le service des pompes que la rigueur du froid rendait difficile, et on travailla avec tant d'ardeur et de succès, qu'avant le jour, le feu se trouva renfermé dans les salles incendiées dont il était impossible d'approcher, et où il devait s'éteindre de lui-même, faute d'aliments. Cependant, on s'aperçut, à la pointe du jour, que ces foyers avaient miné en dessous et enflammé le plancher d'un lieu souterrain servant aux lessives, et l'on se hâta de couper à l'instant toutes les communications avec cet endroit. Le soir, les murs et le comble du bâtiment des religieuses qui avait été abandonné par l'impossibilité de le conserver, tombèrent d'eux-mêmes, sans causer aucun accident. Pendant la nuit, le feu se ranimant dans quelques parties, on craignit pour les maisons de la rue Notre-Dame ; les magistrats y firent porter des secours et le danger fut bientôt dissipé. On continua, sans relâche, de faire manœuvrer les pompes servies par les pompiers, les gardes françaises et les gardes suisses, et d'arroser tout ce qui pouvait être combustible

Le vendredi, premier jour de l'an, et les autres jours jusqu'au 8 de ce mois au matin, les pompes continuèrent de travailler sous la direction du sieur Morat, qui s'est singulièrement distingué dans cette occasion, et elles n'ont cessé qu'après qu'il a été reconnu, par l'enlèvement des décombres, qu'il ne subsistait plus aucun foyer. Les sieurs Moreau, architecte de la ville, Egresset, architecte de la police, et Boneau, inspecteur des

bâtiments de l'Hôtel-Dieu, ont donné des preuves de
leur zèle et de leur intelligence ; ils parvinrent à faire
abattre, sans accident, un portique de plus de 120 pieds
de hauteur, placé près du Petit-Pont, isolé des bâtiments
sur lesquels il portait auparavant, prêt à tomber dans
la rue, et qui aurait endommagé par sa chute, si elle
n'eût pas été prévue, toutes les maisons qui étaient en
face.

Ce malheur est assez grand sans que les récits infi-
dèles cherchent encore à l'aggraver. On a répandu le
bruit que de 500 malades qui étaient dans des salles
entières, aucun n'avait été sauvé, et l'imagination
échauffée du public fait monter la liste des morts à un
nombre encore plus considérable qu'il n'y avait de
personnes dans les lieux incendiés. La vérité prouvée
par le procès-verbal que nous avons sous les yeux,
vérité qui sera constatée encore avec plus d'authen-
ticité par l'état que les magistrats et les administrateurs doivent présenter à Sa Majesté et rendre public,
est que, le mercredi 30 au soir, le Procureur Général,
accompagné d'une partie des administrateurs, fit faire
le dénombrement des malades ; que, de 521 qui étaient,
la veille, dans les salles brûlées, on en trouva 450 dans
l'église de Notre-Dame et qu'on fut averti que le plus
grand nombre des autres s'étaient retirés dans les
églises de Saint-Séverin, Saint-André-des-Arts, Saint-
Pierre-aux-Bœufs, la Magdeleine, et dans les maisons
particulières où le Lieutenant-Général de police les fit
visiter par les commissaires du quartier et leur fit donner des secours dans la nuit même. La vérité est qu'on
n'a trouvé dans les décombres que 12 cadavres, sçavoir,
dix dans la salle du Légat, un dans la salle de l'Infirmerie
et celui d'un pompier. Un autre pompier et un garde
française ont été tués ; deux pompiers, deux gardes

françaises et un capucin ont été blessés dangereuse-
ment; quatorze autres pompiers l'ont été légèrement,
ce qui forme 14 morts et 19 blessés.

L'Archevêque de Paris avait fait disposer son palais
pour y loger les malades qui étaient dans l'église de
Notre-Dame; mais les administrateurs ayant trouvé
le moyen de les placer dans l'Hôtel-Dieu, ils y furent
transportés jeudi au soir. Jusqu'à ce jour, ce prélat avait
nourri et logé les religieuses qui sont au nombre de 90.
Le Chapitre a fourni les lits, les couvertures nécessaires
et plusieurs personnes de considération sont venues
elles-mêmes apporter des secours aux malades et partager les soins des religieuses qui se sont distinguées
dans cette occasion. Une d'entre elles, qui était de
garde pendant cette nuit funeste, transporta seule et
arracha aux flammes, 15 malades, les uns après les
autres.

La perte causée par cet incendie est trois fois plus
considérable que celle que le même hôpital éprouva
par un semblable accident, en 1737. Elle est évaluée à
deux millions.

La voix publique a fait l'éloge des personnes respectables qui ont concouru à maintenir le bon ordre dans
cette circonstance. Les premiers magistrats passant les
nuits entières au milieu de l'incendie, partageant la
fatigue et les dangers, donnant, de sang-froid, au milieu
de l'agitation, du trouble, de la confusion inséparables
d'un pareil événement, les ordres les plus sages, ont
prouvé le zèle éclairé qui les anime. L'Archevêque a
donné l'exemple de ces vertus tant admirées dans les
beaux siècles de l'Eglise. Le chef du Chapitre de Notre-
Dame et tous les membres ont secondé les soins et la
charité du prélat. Le gouverneur de Paris s'est également signalé, ainsi que le prévôt des marchands, les

échevins et d'autres personnes de considération. C'était
un spectacle touchant de voir les Sœurs de l'Hôtel-Dieu
oublier leurs pertes personnelles pour ne s'occuper que
des malades transportés à l'église de Notre-Dame ; des
religieux sortis de leurs cloîtres, couverts de boue,
porter des fardeaux et travailler comme de simples
manœuvres; les soldats aux gardes françaises et suisses, braver les dangers et la mort pour secourir l'humanité souffrante, avec le même courage que lorsqu'animés par la gloire, ils défendent, au milieu des armées,
l'honneur de la nation et les intérêts de la patrie; un
corps de pompiers si sagement établi par le Lieutenant-
Général de police, et dirigé par un chef digne d'eux,
non content de donner les secours qu'on devait attendre
de leur travail, affronter la mort avec une intrépidité
héroïque et sacrifier, au milieu des flammes, leur vie
pour sauver celle de leurs concitoyens ; les commissaires au Châtelet, les officiers de police, les officiers du
guet et les soldats confondus ensemble, pour ne s'occuper que de l'ouvrage commun ; enfin, des hommes que
l'orgueil place dans la lie du peuple, des ouvriers, de
simples manœuvres, faire des actions d'un courage
étonnant et prouver qu'ils auraient peut-être été des
héros, si le sort les eût placés à des sphères plus élevées. N'oublions pas de dire que les Frères de la Charité,
apprenant le malheur arrivé à l'Hôtel-Dieu, s'assem-
blèrent dans l'instant et résolurent, non-seulement de
mettre dans leurs salles autant de lits qu'il serait
possible, mais encore de retrancher de leur propre
subsistance, pour subvenir aux besoins des malades
qu'on leur apporterait.

Depuis cet événement funeste, les vœux se réunissent
pour demander que cet hôpital soit placé dans un lieu
plus convenable, et les citoyens de tous les états

paraissent disposés à verser les aumônes les plus abondantes, si ces vœux sont exaucés. Rien ne doit refroidir leur charité. Nous sommes en état d'assurer que les désirs de tous les membres de l'Administration sont conformes à ceux du public, et que ce projet sera suivi, s'il n'y a pas une impossibilité absolue à son exécution.

On le voit, rien de plus innocent que ce récit. Voici cependant la parti qu'en tire la correspondance de Grimm (1) :

Janvier 1773.

« L'incendie qui a réduit en cendres une partie de l'Hôtel-Dieu, dans la nuit du 29 au 30 décembre de l'an dernier et qui n'a été entièrement éteint que plusieurs jours après, nous a valu une pompeuse et magnifique description dans laquelle le sieur Marin, rédacteur de la *Gazette de France*, s'est surpassé lui-même. Non, je ne crois pas qu'il soit possible de rien lire de plus bête. Depuis feu M. Lagarde, surnommé *Bicêtre*, qui faisait l'article des spectacles avec tant de distinction dans le *Mercure de France*, on n'a rien vu de cette force. L'auteur s'est complu dans le talent qu'il se croit pour ébaucher de grands tableaux. On y lit une dizaine de colonnes tout entières, où l'on croirait qu'il n'a voulu peindre qu'un feu d'artifice préparé pour quelque fête. Il dit que, lorsque tout l'édifice était

(1) Janvier 1723, pages 328-384.

embrasé, et que le feu sortait par toutes les fenêtres, c'était un magnifique et superbe spectacle qui éclairait tout Paris ; et il cherche avec complaisance à y attacher les yeux du lecteur. Cette bêtise peut paraître indécente, quand on sait que la *Gazette de France* se fabrique sous les yeux du ministère. Mais M. Marin accoutume ses lecteurs à ses platitudes sous toutes les formes imaginables. La description qu'il a faite de l'inondation causée par les eaux du lac de Waener, en Suède, peut figurer à côté de l'incendie de l'Hôtel-Dieu : cependant, comme le public a eu ce dernier malheur sous les yeux, il a été choqué davantage de l'impertinence du gazetier. On a donné depuis quelque temps le nom de *marinades* à ces sortes d'articles ; et, comme le personnel de M. Marin n'invite pas à l'indulgence, le dénombrement de la France, dont il s'est ridiculement occupé le mois dernier, lui a valu l'épigramme en vers :

> D'une gazette ridicule,
> Rédacteur pieux, sot et crédule,
> Qui, bravant le sens et le goût,
> Nous répète, sans nul scrupule,
> Des contes à dormir debout :
> A ton dénombrement immense,
> Pour qu'on ajoutât quelque foi,
> Il faudrait qu'à ta ressemblance,
> Chaque individu fût, en France,
> Soudain aussi double que toi !

« Marin est si bête que, voulant établir qu'il n'a péri que 14 gens, il ne s'est pas aperçu qu'il faisait de son mieux pour nous prouver qu'il mentait (suit une longue démonstration pour prouver qu'il en est mort plusieurs centaines.)

« Le gazetier Marin a employé toute sa rhétorique à nous donner une juste idée du zèle et de la charité du premier pasteur de Paris dans cette funeste occasion. Il n'aurait pas dû oublier que ce terrible accident n'a pas empêché le saint prélat de partir, à 10 heures du matin, pour Versailles, afin de s'informer de l'effet que le retour des princes à la Cour avait produit la veille. Les grandes âmes, surtout les âmes chrétiennes, ne se laissent pas détourner de l'attention qu'elles doivent aux grands événements, par des feux de paille que la Providence allume à leur porte.

« Laissons le gazetier s'extasier sur la charité du pasteur. Quant à nous, rendons un hommage libre et non suspect à M. de Sartine, etc. »

Ainsi, on inculpe tout, jusqu'à la simple mention du dévouement déployé par Christophe de Beaumont dans cette terrible aventure (1).

Que si Marin, piqué, et aussi, avouons-le, fanatique de journalisme, se rejette sur d'autres publications périodiques, ses entreprises sont travesties (2). Cette

---

(1) Le R. Père Regnault a mis ce dévouement en pleine lumière et réfuté à cet égard les calomnies des ennemis de Marin, dans sa belle étude sur Christophe de Beaumont (t. II, p. 202).

(2) Voici quelques échantillons de ces insinuations. Nous les recueillons dans les *Mémoires de Bachaumont* :

4 décembre 1772. — On connaît actuellement les entrepreneurs utiles

injustice criante, ce parti-pris de dénigrement ne le décourage point cependant. Il faudra, pour l'abattre, un coup terrible de la fortune, et il ne succombera qu'avec le régime auquel il s'est dévoué jusqu'à l'imprudence. Mais, ceci demande d'être narré dans tous ses détails. Avant d'y entrer, constatons que, fidèle à son amour du pays natal, le gazetier n'est jamais si heureux que lorsqu'il peut parler d'un provençal, témoin cette mention consacrée au voyage d'un

du *Journal politique*, commencé au mois d'octobre dernier sous les auspices du Ministre des affaires étrangères. Ce sont les sieurs Dusson, médecin du duc d'Aiguillon, et Rousseau, ex-oratorien, instituteur du comte d'Agenon. C'est le sieur Marin qui tient la plume moyennant mille écus de pension pour cet objet.

26 avril 1773. — Le sieur Marin, le rédacteur de la *Gazette de France*, dont la cupidité sans borne cherche tous les moyens de grossir sa fortune, a imaginé un moyen d'étendre et de s'approprier plus personnellement le fruit de ses fonctions : il a fait entendre au ministre des affaires étrangères, à M. le Chancelier et aux autres ministres, que, pour mieux disposer la nation à prendre l'esprit du gouvernement, il serait bon de répandre une gazette manuscrite, où, sans affectation, on décréditerait tous les faits contraires et on exalterait tous ceux tendant à l'accroissement et à la justification du système. D'après cette excuse, il a eu permission tacite de travailler à ces bulletins dont il infecte la province, avide de tout ce qui vient et parle de Paris ; on dit qu'il en glisse également dans les pays étrangers.

2 Juillet 1773. — *Le Journal historique et politique*, institué depuis peu par le sieur Marin et consorts, sur lequel ils avaient fondé les plus grandes espérances de fortune, ne se débite pas comme ils l'espéraient. En conséquence, ils ont imaginé de le réunir à celui de Bouillon, et de forcer le sieur Rousseau à lui faire un sort. Celui-ci, en butte à cette cabale puissante, a été obligé de recevoir la loi qu'ils ont voulu lui faire, et, dorénavant, doit prélever, à leur profit, une somme de 51,500 livres, ce qui paraîtrait incroyable, si l'on ne tenait le fait du sieur Rousseau lui-même qui, en outre, est obligé de payer une rançon de 5,000 livres de rente, pour exempter son journal encyclopédique du sort fatal dont le menaçait M. le Chancelier.

académicien de Marseille à Versailles, dans le n° 72 de 1773 :

« Le sieur Guys, secrétaire du Roi, de l'Académie de Marseille, connu principalement par un ouvrage intitulé : *Voyage littéraire de Grèce*, a eu l'honneur de présenter au Roi, de la part du chevalier James Bruce, célèbre voyageur anglais, avec lequel il était en relation, un manuscrit abyssin qui contient la prophétie d'Enoch. Sa Majesté a ordonné que ce manuscrit précieux, dont saint Jérôme a fait mention et que le feu sieur Colbert avait tenté inutilement plusieurs fois d'acquérir, fut déposé à la Bibliothèque. Le sieur Guys a remis pareillement, de la part du même voyageur, des plantes rares et des curiosités d'Histoire naturelle pour le Jardin Royal et le Cabinet de sa Majesté, entr'autres une graine appelée la teef qui a déjà levé au Jardin des Plantes et qui fournit, en temps d'abondance, une nourriture très saine pour les animaux, et en temps de disette une matière propre à faire du pain. Le sieur Bruce avoue qu'il ne compte pour rien les fatigues qu'il a essuyées et les risques qu'il a courus, par le plaisir de cette importante découverte, et qu'il sacrifierait tout ce qu'il a acquis de curieux en tous genres dans ses courses, à la gloire d'avoir apporté en Europe une plante si précieuse. »

VI

UN PROCÈS A RÉVISER

Sommaire : Le parlement Maupeou. — Ce que peuvent quinze louis exploités par Beaumarchais. — L'intervention de Marin racontée par Beaumarchais. — Sa déposition. — Son Mémoire. — Réplique sanglante de Beaumarchais — Comment Marin essaya de se défendre.

En 1773, Marin, cédant aux instances de hauts personnages, avait signé l'autorisation du *Barbier de Séville*. Ses relations avec Caron de Beaumarchais en étaient devenues assez cordiales pour que les nouvellistes du temps les aient signalés, en diverses rencontres, comme de bons amis. Hélas ! les deux amis vont se désunir, et Marin, moqué, bafoué, perdu dans l'opinion en un siècle où le ridicule tuait toujours à coup sûr, expiera cruellement les complaisances du Censeur de la police.

La chose arriva à l'occasion d'un procès célèbre, dont il nous faut raconter les origines.

I

C'était au mois de décembre 1770, à vingt ans de l'époque où la nation allait réclamer les Etats-Généraux, un magistrat « ambitieux, médiocre, servile, le chancelier Maupeou, pour ajouter son nom à toutes les épithètes (1), » d'accord avec la maîtresse du Roi, venait d'imaginer de briser les Parlements. Dans le corps déconsidéré par lequel le despotique chancelier avait remplacé le Parlement brisé, Maupeou fit entrer bien des jurisconsultes décriés, entr'autres un alsacien, nommé Goëzman (2), dont la femme se permettait des propos peu honorables pour la probité de son mari :

— Il serait impossible de se soutenir honnêtement avec ce qu'on nous donne, dit-elle un jour chez un libraire nommé Lejay, mais nous avons l'art de plumer la poule sans la faire crier.

Maupeou se flattait d'avoir fatigué l'opinion, en opposant un insolent dédain à toutes les réclamations que souleva la mesure draconienne par laquelle il avait renversé le sanctuaire de la justice. Il triomphait, avec la Du Barry, auprès de Louis XV. Mais, voilà qu'un homme, qui jusque là s'était occupé d'horlogerie, de littérature et d'affaires, qui avait inventé un nouveau ressort de montre, donné des leçons de musique aux princesses et composé deux drames assez médiocres, voilà que Beaumarchais se trouve engagé dans un procès contre l'héritier du fournisseur Paris Duvernay. Il va solliciter ses juges, les conseillers du nouveau Parlement ; il fait de

---

(1) Villemain. *Tableau de la littérature française au 18ᵉ siècle*, t. iv, p. 116.

(2) C'est en Alsace, durant son préceptorat et ses longs séjours à Bollwiller, que Marin dut faire la connaissance de Goëzman et de sa famille.

nombreuses visites à Goëzman, le conseiller rapporteur de son affaire, et, sur le conseil du libraire Lejay, donne, pour avoir son audience, cent louis, une montre d'or, et quinze louis à la femme de Goëzman. Il perd son procès, et Madame Goëzman, comme il était convenu, restitue les cent louis, la montre, mais garde les quinze louis qu'elle prétend avoir remis au secrétaire de son mari.

Ces quinze louis vont devenir le sujet d'un immense scandale : exploités, commentés par l'imagination féconde de Beaumarchais, ils seront l'origine d'un grand changement, ils renverseront cette magistrature bâtarde élevée sur les ruines des anciens parlements, et commenceront une réforme qui ne s'arrêtera pas à la magistrature (1).

Le parlement Maupeou fut bafoué, dit Saint-Marc Girardin, le vieux parlement regretté outre mesure, et Beaumarchais, accusant de corruption un membre du nouveau parlement, se trouva servir à souhait la rancune publique. Par contre, Marin, que ses fonctions officielles rangeaient dans le parti Maupeou, ayant donné étourdiment dans la défense du pouvoir, sera renversé avec lui et périra dans sa chute.

Ami de Beaumarchais, il s'était présenté, du propre aveu de celui-ci (2), deux fois chez Goëzman sans succès pour obtenir l'audience demandée.

Plus tard, toujours de l'aveu de Beaumarchais,

(1) Cfr. Villemain, *loc. cit.*
(2) Premier Mémoire.

lorsque ce dernier eut été dénoncé par Goëzman au parlement Maupeou comme calomniateur et corrupteur de juge, il engagea le sieur Marin, ami de son dénonciateur, à lui représenter combien un pareil acte d'hostilité tournerait désagréablement pour lui, Goëzman. La négociation fut encore infructueuse.

II

C'est alors que commença le rôle actif de Marin dans cette fâcheuse affaire. Nous laissons la parole à Beaumarchais :

Le sieur Dairolles (1) était assigné pour déposer : la veille de sa déposition, vers une heure après-midi, je passai chez ma sœur, que je trouvai avec son mari, son médecin, le sieur Deschamps, négociant de Toulouse, et plusieurs autres personnes. A l'instant arrive le sieur Marin, auteur de la *Gazette de France*, et ami de M. Goëzman. Il nous dit que ce magistrat l'avait accompagné jusqu'à la porte pour chercher le sieur Dairolles, et l'engager à ne faire le lendemain qu'une déposition très courte, et qui ne compromît ni madame Goëzman ni personne ; qu'il nous engageait tous à nous conduire sur ce plan dans nos dépositions ; et que lui, Marin, se faisait fort d'arranger l'affaire sous peu de jours ; qu'il avait des moyens sûrs pour y réussir ; mais qu'il fallait bien se garder, surtout, de parler « de ces misérables

(1) C'est Dairolles qui avait proposé, de la part du libraire Lejay, à Beaumarchais, de faire à Madame Goëzman les présents dont il a été déjà parlé. Dairolles était provençal et négociant à Marseille, comme tel, vieil ami de Marin.

quinze louis, » qui ne faisaient qu'embrouiller l'affaire,
et me donner un air de mesquinerie, qui me faisait tort
dans le monde. « Au contraire, monsieur, lui dis-je avec
chaleur, il en faut beaucoup parler : ce n'est pas que
ces quinze louis m'intéressent en eux-mêmes ; mais ils
sont la clef de toute l'affaire, et le seul moyen d'en ré-
soudre tous les problèmes. Car madame Goëzman, qui
nie aujourd'hui d'avoir jamais reçu le prix qu'elle a mis
elle-même aux audiences de son mari, reste absolument
sans réponse, quand on lui demande comment « ces
misérables quinze louis » sont encore entre ses mains,
s'il est vrai qu'elle ait rejeté tout le reste « hautement
et avec indignation ? » Il en faut beaucoup parler, parce que M. Goëzman les a volontairement oubliés dans la
déclaration qu'il a minutée de sa main, et que le-Jay
n'a fait que copier et signer. Mais, permettez que je
ne prenne point le change à cet égard. On conclurait
de ce silence général, que le-Jay n'a point remis les
quinze louis à madame Goëzman ; qu'il l'a calomniée,
en disant qu'elle les avait exigés et retenus ; qu'il a
bien pu garder ainsi tout le reste : et l'on perdrait ainsi
un malheureux pour sauver les seuls auteurs de l'exac-
tion et de l'odieux procès qui en résulte. — Eh ! que vous
importe, répondit le sieur Marin, que ce fripon de le-Jay
soit sacrifié ? Ce n'est pas un grand malheur, si vous
êtes tous hors d'une affaire qui intéresse aujourd'hui
les ministres, et où il n'y a que des coups à gagner. »
Chacun s'éleva fortement contre cette barbarie de
sacrifier le-Jay, et l'on se sépara. En nous quittant, le
sieur Marin pria instamment le sieur Lépine de « lui
envoyer Dairolles, à quelque heure qu'il rentrât, pour
qu'il pût lui parler avant d'aller au palais. »

Le sieur Marin et M. Goëzman passèrent l'après-midi
du même jour à chercher le sieur Dairolles dans toutes

les maisons où l'on espérait le rencontrer : ce fut en vain. L'auteur de la *Gazette de France*, inquiet, renvoie, le lundi à sept heures du matin, dire au sieur Dairolles qu'il est de la dernière importance qu'il vienne lui parler avant d'aller au palais. Le sieur Dairolles se rend au greffe, et ne va chez l'auteur de la *Gazette* qu'en sortant de déposer. Je m'y rencontre avec lui : la mémoire fraîche encore de tout ce qu'il venait de dicter, le sieur Dairolles nous le rend dans le plus grand détail. Le sieur Marin blâma fort une déposition aussi étendue. « Je vous ai cherché, dit-il, partout hier avec Goëzman (1), pour vous empêcher de faire cette sottise-là. »

« Depuis, je vous ai fait dire de me venir parler ce matin ; il suffisait de quatre mots au greffe, et j'arrangeais l'affaire en deux jours, comme je l'ai dit hier à M. de Beaumarchais chez madame sa sœur. Mais il est encore temps ; vous en serez quitte pour aller faire une autre déposition plus courte et sans détail : on biffera la première : il n'en sera plus question, et l'affaire s'éteindra toute seule. »

Je fis sentir à mon tour, au sieur Dairolles, la conséquence d'une pareille conduite. « Si vous allez faire une seconde déposition, ne croyez pas qu'on annule la première ; on les opposera l'une à l'autre, et toutes les deux à vous, qui tomberez précisément dans le cas de le-Jay, d'être contraire à vous-même : voilà mon avis. » Le sieur Marin nous apprit ensuite qu'il allait dîner chez M. le premier président avec monsieur et madame Goëzman, laquelle devait en sortant de table aller faire sa déposition au greffe.

Le même jour, vers les six heures du soir, je retrouvai le sieur Marin sur le Pont-Neuf. « J'ai dîné avec notre

(1) Je prie que l'on pardonne la liberté de ce langage, à l'obligation où je suis de citer juste. (*Note de Beoumarchais*).

monde, me dit-il ; et pendant que la femme est allée au greffe, je suis convenu avec Goëzman que j'engagerais Dairolles à l'aller voir ce soir. Il sera fort bien reçu ; et lorsque Dairolles lui aura conté les choses comme elles se sont passées, son intention est d'avoir une lettre de cachet pour enfermer sa femme, et tout sera fini. J'ai vu Dairolles en sortant de chez le premier président, et j'en ai tiré promesse qu'il irait ce soir chez Goëzman ; mais j'ai peur qu'il ne nous manque encore. Joignez-vous à moi pour l'y engager. — Pourquoi donc faut-il que ce soit Dairolles, lui dis-je ? S'il était possible de supposer que M. Goëzman ignorât ce qui se passe chez lui, et s'il faut croire pieusement qu'il ait besoin de nouvelles instructions à cet égard pour faire enfermer sa femme, que n'envoie-t-il chercher le-Jay à qui il a fait faire une fausse déclaration, et qui vient de se rétracter ? Que ne demandait-il à M. le premier président cette vérité, que tout Paris sait, que le-Jay lui a confessée depuis peu ? Que ne s'adresse-t-il à vous-même, qui savez aussi bien que nous à quoi vous en tenir sur le fond de l'affaire ? Au reste, je vais voir M. Dairolles et sonder ses intentions. »

Je me rendis à l'instant chez ma sœur, que je trouvai en conversation animée avec une autre de mes sœurs. Le sieur Marin, me dirent-elles, a parlé de nouveau à Dairolles, cette après-midi ; ils ont été longtemps ensemble ; le dernier est venu tout échauffé nous dire : Comment trouvez-vous donc Marin, qui veut absolument que j'aille changer ma déposition ? Et sur ma résistance opiniâtre : « Vous direz, m'a-t-il ajouté, que c'est toute cette famille Beaumarchais qui vous a suggéré la première (1). Quel bien espérez-vous de tous

(1) Il est bon de remarquer ici, qu'en parlant au sieur Dairolles en particulier, l'auteur de la *Gazette* ne se contente plus de dire qu'il faut

ces gens-là ? Abandonnez leurs intérêts ; ne songez qu'aux vôtres. Par votre déposition de ce matin, vous perdez quatre ans de travaux accumulés pour obtenir les bonnes grâces de M. le duc d'... au moment peut-être où vous étiez prêt d'en recueillir le fruit. Allez, mon cher compatriote, allez-vous-en parler à Goëzman ce soir, et surtout promettez-le-moi. » Voilà, m'ajoutèrent mes sœurs, ce que Dairolles vient de nous apprendre : il a dans son premier mouvement raconté les mêmes choses à un de ses amis. Nous lui avons fait connaître le piège dans lequel on veut l'attirer. Il n'ira pas ce soir chez M. Goëzman, quoiqu'il y soit attendu. Et moi, leur dis-je, je vais à l'instant instruire M. le premier président de cette nouvelle intrigue. En effet, ce magistrat respectable eut la bonté, la patience d'écouter tout le détail qu'on vient de lire, et finit par me dire : Comptez que le parlement ne fera d'injustice à personne, et qu'en temps et lieu, je me souviendrai de tout ce que vous m'avez dit. »

On avait déjà répandu au palais que le sieur Dairolles, au désespoir de sa déposition du même jour, « qui lui avait été suggérée », était dans l'intention de se rétracter de tout ce qu'il avait dit. Frappé du rapport de ce bruit avec les insinuations du sieur Marin, il courut le lendemain au greffe, assurer que, non-seulement il démentait le fait calomnieux de sa rétractation, mais qu'il demandait la permission de confirmer ce qu'il avait dit la veille, et même d'y ajouter quelque chose.

De mon côté, je fus, chez le sieur Marin, le prier de

changer sa première déposition ; il veut que Dairolles la tourne contre moi, en déposant qu'elle lui a été suggérée par toute ma famille. Ce trait a totalement dessillé mes yeux sur la conduite du sieur Marin dans oute cette affaire. (*Note de Beaumarchais*).

vouloir bien ne plus correspondre avec le sieur Dairolles, au sujet de mes affaires ; ce qu'il me promit.

III

Voilà l'accusation. Voici maintenant la défense. Nous avons retrouvé, aux Archives Nationales, la déposition même de Marin. La reproduire intégralement sera la meilleure réplique aux accusations de Beaumarchais :

« Est aussi comparu François-Louis-Claude Marin, âgé de 52 ans, censeur royal de la police, directeur général de la *Gazette de France*, demeurant à Paris, rue des Filles St-Thomas, paroisse St-Eustache, témoin assigné par exploit dudit jour, fait par le même huissier, copie duquel il nous a fait apparoir.

« Après serment par luy fait de dire la vérité,

« Lecture à lui faitte de l'arrêt susdatté portant plainte, a dit n'estre parent, allié, serviteur ni domestique des parties.

« Dépose qu'il a appris par les bruits publics l'affaire dont il est question ; ayant rencontré aux Tuilleries M. Goëzman, il lui parla de ces bruits dont il était offensé, que le déposant lui objecta que, sans doute pour remonter à l'origine de ces bruits, il verrait les personnes qu'on disait avoir porté et donné de l'argent, que ce magistrat dit au déposant que c'était le parti qu'il comptait prendre ; que quelque temps après M. de Goëzman étant venu chez lui, déposant, l'instruisit du succès de ses démarches et lui fit part de la déclaration que le sieur le-Jay lui avait remise, que le déposant vit le lendemain chez lui successivement les sieurs

Caron de Beaumarchais et Bertrand ; que lui déposant leur dit tout ce qu'on dit honnêtement dans une pareille circonstance, qu'il fut quelque temps sans voir personne des intéressés dans cette affaire ; que quelque temps après le sieur Bertrand vint le trouver, après la dénonciation faite aux Chambres assemblées, lui témoigner toutes ses inquiétudes et lui demander conseil, que le déposant luy observa que l'affaire pouvait en effet devenir grave tant pour luy que pour le sieur de Beaumarchais, et que s'il était assigné il n'avait pas d'autre conseil à luy donner que celui de dire la vérité ; que le déposant passant dans le quartier du sieur Bertrand, que, ne l'ayant pas trouvé, il dit à M. de Lépine, chez lequel Bertrand demeure. Il le pria de lui dire qu'il était venu le voir, que le lendemain le sieur Bertrand lui apprit qu'il venait de déposer, et lui raconta une partie de ce qu'il avait dit, qu'il lui témoigna de nouveau la plus grande inquiétude, et sachant que le déposant allait dîner ce jour-là chez le premier président, il le pria avec instance d'écouter ce que l'on pouvait dire de lui, et de le rassurer s'il avait quelques consolations à lui donner ; que le déposant, en sortant de chez M. le premier président, vit, en effet, sur le quai des Orfèvres, le sieur Bertrand et lui répéta ce qu'il lui avait dit précédemment, qu'avant tout il aurait dû, peut-être par honnêteté, voir M. Goëzman lui-même dont il n'avait aucun sujet de se plaindre ; qu'il était toujours convaincu de l'innocence de la dame Goëzman, sa femme, soit par son propre témoignage, soit par la déclaration de le-Jay et par celle du sieur d'Arnaud ; que cette déclaration était vraie ou fausse : que dans le premier cas le sieur Bertrand l'aurait confirmée, que dans le second il aurait au moins donné des doutes à un magistrat qui ne demandait que d'être éclairé et qui

aurait pris alors lui-même les mesures qu'il aurait cru
convenables ; que cette démarche aurait dû précéder
la déposition, comme le déposant le lui avait conseillé,
mais qu'il croyait encore qu'elle ne serait pas déplacée
dans les circonstances et qu'il était sûr que M. Goëzman
l'écouterait avec attention et avec bonté, parce qu'il ne
cherchait lui-même que la vérité dans cette étrange
affaire ; que le déposant avait rencontré, un moment
après, sur le Pont-Neuf, le sieur de Beaumarchais qui
avait fait arrêter sa voiture, que le déposant lui avait
rendu compte du conseil qu'il venait de donner au sieur
Bertrand, et qu'il croyait convenable, tant pour lui que
pour toutes les personnes intéressées, que M. Goëzman
fut instruit de la vérité des faits quels qu'ils fussent,
que depuis cette époque il n'a rien à déposer de nécessaire et relatif à l'instruction, que cependant que pour
les bruits insensés et ridicules qui ont couru sur cette
affaire, il lui est venu qu'on avait dit : 1° que le sieur
le-Jay était venu le voir avant ou après sa déposition
pour lui rendre compte des conseils qu'on lui avait
donnés ; 2° que le déposant avait été avec le sieur Bertrand
chez M. Goëzman ; 3° que le déposant avait conseillé au
sieur Bertrand de donner une autre forme à sa déposition, après qu'elle avait été reçue ; 4° qu'il lui avait
conseillé d'aller chez M. Goëzman pour rendre hommage
à la vérité. Le déposant proteste qu'il y a plus d'un an
qu'il n'a vu chez lui ni ailleurs le sieur le-Jay, et que
par conséquent ce dernier ne peut lui avoir fait aucune
confidence ; 2° qu'il est faux qu'il ait jamais été avec
M. Goëzman chez le sieur Bertrand, que ce qui peut avoir
occasionné ce bruit, c'est qu'ayant rencontré M. Goëzman en traversant le Palais-Royal et lui ayant demandé
s'il allait du côté du Palais, il lui offrit de l'amener et
le descendit dans les environs ; que le déposant peut

avoir dit ce jour-là qu'il avait vu ou qu'il quittait M. Goëzman ou qu'il était venu avec lui dans le quartier, ce qui était très vrai ; 3° qu'étant honoré de la confiance des premiers magistrats, de M. le premier président, de M. de Sartines, de plusieurs membres du Parlement, étant comblé de bienfaits de Monseigneur le Chancelier, de M. le Duc d'Aiguillon et d'autres personnes en place, ayant occupé et occupant des places de confiance, jouissant d'une sorte de considération et ayant passé l'âge de 50 ans, il est humilié de penser que quelqu'un ait pu le supposer assez imbécile et assez absurde pour conseiller à un homme qui a fait une déposition sous la foi du serment de la changer par une déclaration extra-judiciaire ou d'aller proposer à un magistrat qui l'a reçue d'en accepter une autre dans une autre forme ; le déposant convient que, sachant combien le sieur Bertrand est quelquefois prolixe et verbeux, il peut lui avoir dit, avant sa déposition ou après, que dans ces sortes de déclaration son ne devait jamais déposer des faits d'autrui, qu'on devait se renfermer dans ce qui est personnel, et que ces déclarations doivent être claires et précises ; 4° qu'il a cru faire une action honnête en conseillant au sieur Bertrand, avant ou après sa déposition, de voir M. Goëzman pour lui dire à lui-même tout ce qu'il savait sur cette affaire, afin que ce magistrat fut instruit des circonstances que ce magistrat pouvait ignorer, qui est tout ce qu'il a dit savoir.

Lecture à lui faite de sa déposition, le témoin interpellé a dit sa déposition contenir vérité, y a persisté, n'a requis taxe et a signé. »

DOÉ DE COMBEAULT,   MARIN.

Conseiller du Roi en la Cour de   Samedi, 24 juillet 1773, au matin.
Parlement et grand Chambel-
lan d'icelle de Commission de
cette partie.

Cette déposition, qui respire un ton de sincérité à notre avis évidente, ne pouvait suffire. Le Mémoire de Beaumarchais avait partout un succès énorme : on se l'arrachait dans Paris, on le répandait en province, les amis de Marin le recevaient à la Ciotat. Il fallait une réponse publique à un outrage public.

IV

Au mois d'octobre 1773, parut enfin le premier Mémoire de Marin. Il se bornait à y demander à qui il doit s'adresser pour obtenir justice des outrages indécents contenus dans le libelle signé Beaumarchais-Malbeste (1).

Les Mémoires de Bachaumont constatent l'effet qu'il produisit. On y lit, à la date du 25 octobre :

« Le Mémoire à consulter et consultation du sieur Marin est très peu de chose ; ce n'est qu'un préliminaire pour annoncer au public qu'il s'occupe de sa

______

(1) Pour signer en même temps que lui, comme le voulait la règle, son premier Mémoire, Beaumarchais n'avait pu trouver qu'un pauvre avocat obscur, nommé Malbête. Marin, qui vise à l'esprit, profite de cette circonstance et débute par cette phrase: « On a distribué à toutes les portes de « Paris et l'on vend publiquement un libelle signé : Beaumarchais- « Malbête. » C'était assez joli, mais c'était imprudent, car le gazetier, en lançant ce trait, s'aventurait dans un genre de combat où son adversaire était passé maître. Aussi la riposte sur le même ton et avec plus de sel ne se fait pas attendre: « Le gazetier de France, répond Beaumarchais, se « plaint de la fausseté des calomnies répandues dans un libelle signé, dit- « il, Beaumarchais–Malbête, et il entreprend de se justifier par un petit « libelle signé Marin, qui n'est pas Malbête. » (LOMÉNIE, *Beaumarchais et son temps*, t. I, chap. 13).

défense. Il y demande conseil sur la voie qu'il doit prendre pour obtenir une réparation authentique d'un outrage qu'il ne saurait dissimuler sans lui donner plus de consistance et de crédit. Il annonce qu'il a des preuves très évidentes de la fausseté des calomnies ; qu'il fera tomber le masque à un autre coupable qui se cache, et qu'il donne grande envie de connaître, et qu'à la Saint-Martin il fera tout éclater.

« Après ces 3 pages in-4° du Mémoire à consulter, suit une consultation de l'avocat Labourée, qui n'est connu de personne. Ce grand jurisconsulte lui trace le chemin qu'il doit prendre pour avoir acte de la plainte qu'il rendra des faits, injures, calomnies à détailler dans la requête, pour fixer les preuves et les empêcher de dépérir.

« Cette consultation; un peu plus longue, est délibérée du 9 de ce mois, et ne paraît que depuis peu, quoique le Mémoire de Beaumarchais fut publié depuis 6 semaines. »

Beaumarchais, encouragé par la faveur croissante du public, ne tarda pas à publier un second Mémoire, où Marin reçoit, en passant, un coup de griffe, dans la fameuse tirade sur le parti que la malignité sait tirer de la faiblesse des gens :

« N'est-ce pas par faiblesse que ce pauvre M.
« Marin... Mais non, la chaleur m'emporte, et j'allais
« faire le tort au sieur Marin de le ranger dans la
« classe des simples. Il faut être juste. »

Marin, piqué au vif, eut le tort de s'emporter, tort grave avec un pareil adversaire. On attendait cette réplique avec une vive curiosité. Dès qu'elle paraît, le 3 décembre 1773, Beaumarchais écrit :

— Elle paraît à l'instant et va donner matière nouvelle à l'amusement du public.

Dès le lendemain, le malin nouvelliste analyse ainsi le factum :

« Le sieur Marin· commence son Mémoire par une citation du poète Saadi (1) contre l'ingratitude. Il restitue ensuite les faits tels qu'il les prétend s'être passés, et de son récit il résulterait qu'il ne s'est immiscé dans l'affaire que comme ami du sieur Caron, bien loin de l'avoir fait comme ami du sieur Goëzman ; qu'il ne connaissait ce dernier que pour avoir approuvé quelques-uns des ouvrages de ce magistrat auteur, lorsque le sieur Marin était chargé de la librairie sous M. de Sartines. Il trace ensuite le plan de la machination de son adversaire ; il y oppose ses réfutations et nie surtout le propos atroce qu'on lui impute contre le sieur Le Jay ; il colore le tout du mieux qu'il peut et s'appuie beaucoup du Mémoire du sieur Dairolles ; il fait, en outre, une sortie effroyable contre le sieur Gardanne, médecin,

---

(1) Le gazetier Marin qui a écrit une *histoire de Saladin* et qui se pique, sans doute, d'être orientaliste, arbore en tête de son factum une maxime persane du poète Saadi : « Ne donne pas ton riz au serpent, parce que le serpent te piquera. » C'est Beaumarchais qui est le serpent, mais Beaumarchais prouvera bientôt à sa manière que c'est Marin. (LOMÉNIE, *loc. cit.)*

qui doit son existence, son bien-être, son état au sieur Marin, et le déchire aujourd'hui cruellement, et est regardé par son bienfaiteur comme le principal instigateur des accusations du sieur de Beaumarchais contre lui.

« Ce factum, moins mal fait que les précédents, est d'une méchanceté qui plaît toujours au public ; sans réfuter victorieusement toutes les accusations intentées contre l'orateur, il inculpe fortement le sieur Caron ; il l'accuse surtout de propos, de plaintes, de déclamations graves, propres à le compromettre par des réticences cruelles, qui pourraient engager le ministère public à s'immiscer dans ce procès, et à requérir que le sieur Marin fût interrogé sur faits et articles. »

V

La réplique de Beaumarchais fut écrasante.

A vous, Monsieur Marin !... s'écrie-t-il, et, avec une verve intarissable, il tourne, retourne sa victime, joue avec elle comme le tigre avec sa proie, jusqu'à ce qu'il le jette sur le pavé, sanglant et meurtri. Qu'on en juge :

Ce n'était donc pas assez pour vous, monsieur, de vouloir accommoder l'affaire de M. Goëzman ; il vous manquait encore de la plaider. A quoi se réduit votre Mémoire ? A dire que vous n'étiez pas l'ami de M. Goëz-

man, et que vous étiez le mien : voilà bien les assertions ;
reste à débattre les preuves.

Vous n'étiez pas son ami ! Si vous ne l'étiez pas,
pourquoi donc, lorsque je vous visitai, le 2 avril, avec
mon gardien, le sieur Santerre, me dites-vous que
M. Goëzman vous devait sa fortune (car vous êtes un
grand bienfaiteur); que c'était vous seul qui l'aviez fait
connaître à M. le chevalier d'A..., lequel l'avait présenté à M. le duc d'A..., ce qui l'avait mené à s'asseoir
enfin au grand banc du palais? Pourquoi donc me dites-
vous que sa femme venait vous voir assez souvent le
matin ; que vous lui aviez donné un libraire et des
débouchés pour la vente de je ne sais quelles brochures
de son mari?

Si vous n'étiez pas son ami, pourquoi donc, quand
je vous appris qu'il était mon rapporteur, et que j'avais
été en vain trois fois chez lui la veille, me répondîtes-
vous: « Oui, il est comme cela? » Quand je vous dis
qu'on en parlait très diversement, et que je vous
demandai quel homme c'était, pourquoi me prîtes-vous
par la main, en faisant des excuses à mon gardien et
m'emmenâtes-vous dans un cabinet intérieur, où vous
m'apprîtes tout ce qu'il y avait à m'apprendre sur l'objet
de ma consulte?

Si vous n'étiez pas son ami, pourquoi, lorsque je
vous fis sentir combien il était important pour moi
d'obtenir une ou deux audiences de lui, me dîtes-
vous: « J'arrangerai ça, je verrai ça ; laissez-moi faire,
je vous ouvrirai toutes ces portes-là ?, etc., etc ? »

Dans la même journée, lorsqu'on m'eut procuré
l'intervention de le-Jay, et qu'un homme de bon sens
m'eut dit: Je vous conseille de vous en tenir au libraire,
qui sera sûrement moins cher que Marin, car on dit
que ce le-Jay est un bon homme qui ne prend rien; je

vous écrivis pour vous prier de suspendre vos bons offices ; un ami se chargea de vous porter la lettre, et s'y prêta d'autant plus volontiers qu'il n'en ignorait pas le contenu. Il ne vous trouva pas ; il la remit à votre valet de chambre-portier : on peut assigner mon ami sur ce fait, indépendamment des gens qui me virent écrire la lettre. Or, si vous n'étiez pas l'ami de M. Goëzman, pourquoi donc fîtes-vous une seconde démarche auprès de lui, postérieure à la réception de ma lettre, à moins que, voulant absolument faire une affaire de mon procès, vous ne vous soyiez retourné, je ne sais comment, dans cette seconde visite? car toutes les affaires ont deux faces, comme tous les agioteurs ont deux mains.

Si vous n'étiez pas l'ami de M. Goëzman, pourquoi, suivant votre propre Mémoire, votre entrevue des Tuileries commença-t-elle « avec une espèce d'aigreur » de sa part, et finit-elle par le conseil que vous lui donnâtes de faire faire une déclaration par le-Jay? Pourquoi vint-il vous remercier le surlendemain *chez vous*, de ce que vous appelez vous-même « le succès de votre conseil, » et vous montra-t-il la déclaration de le-Jay?

Si vous n'étiez pas son ami, pourquoi me fîtes-vous sur-le-champ l'invitation la plus pressante de me rendre chez vous, par une lettre datée du 2 juin, que je déposerai au greffe? Et pourquoi, lorsque je vous vis sur cette invitation, « voulûtes-vous m'engager à lui écrire? » (page 3 devotre Mémoire), ce que je refusai avec dédain.

S'il n'était pas votre ami, pourquoi, vous rencontrant au Palais-Royal (car il vous rencontrait partout), après avoir dit (page 3): « Il évitait de me voir ; je l'abordai, il me fit un accueil très froid, » la séance finit-elle par mettre les deux indifférents dans le même carrosse, où le glacé M. Goëzman vous lut sa dénonciation au parlement, en vous accompagnant jusqu'à la porte de ma sœur ?

S'il n'était pas votre ami, pourquoi voulûtes-vous me tromper, chez ma sœur, devant six personnes, à l'instant où vous veniez de lire l'outrageuse dénonciation ? Pourquoi voulûtes-vous me faire croire qu'elle était en ma faveur, « et non dirigée contre moi », pour nous tendre à tous un piége affreux, et nous empêcher de parler « de ces misérables quinze louis, » sans lesquels pourtant, tout le poids de votre iniquité retombait sur ma tête ?

Si vous n'étiez pas son ami, pourquoi cherchâtes-vous avec lui le sieur Bertrand pour l'engager à faire une déposition courte et qui ne compromît personne, espérant user en cela de l'influence naturelle de MM. Turcarets, sur leurs MM. Raffles ? Pourquoi le lendemain, outré de n'avoir pu le trouver et l'empêcher de faire une déposition étendue, voulûtes-vous lui en faire faire une autre (car il n'y a rien de difficile pour vous) ? Pourquoi allâtes-vous dîner ce jour-là chez M. le premier président, avec M. et madame Goëzman, et arrangeâtes-vous avec ce dernier, « qui n'était pas votre ami, » que Bertrand irait chez lui le soir même ? Pourquoi l'instant d'après ne quittâtes-vous pas ce Bertrand, sans avoir obtenu sa parole expresse de la visite que vous veniez d'arranger ? Pourquoi m'arrêtâtes-vous le jour même sur le Pont-Neuf, et me pressâtes-vous de nous réunir, pour envoyer Bertrand « chez M. Goëzman ? » Et vous ne pouvez plus contester tous ces faits qui sont avoués dans vos Mémoires, ou prouvés au procès par des témoins que vous essayez en vain de rendre suspects. Et, comme il n'y a qu'un pas de la série des intrigues à celle des noirceurs, si vous n'étiez pas l'ami

de ce magistrat, pourquoi donc avez-vous constamment
échauffé la tête de ce pauvre Bertrand, et n'avez-vous
pas eu de repos que vous ne l'ayez amené par une
dégradation d'honnêteté, sensible à tout le monde, et
dont vos entrevues étaient le thermomètre, à nier enfin
que vous lui eussiez conseillé de changer sa déposition.

Si vous n'étiez pas l'ami de M. Goëzman, pourquoi,
sentant que les dépositions de deux étrangers étaient
de la plus grande force contre vous, avez-vous dénigré
bassement l'un des deux, le docteur Gardanne, et voulu
jeter du louche sur l'honnêteté de l'autre, le sieur Deschamps de Toulouse? Comme si les faits dont ils
ont déposé n'étaient pas connus d'autres personnes, et
comme si ce Bertrand, dans un temps où il n'avait pas
encore reçu l'ordre exprès de mentir, sous peine de ne
plus tripoter vos fonds, n'avait pas été le lendemain
dire à trois ou quatre personnes : « Ils veulent me faire
changer ma déposition ; ils me tourmentent à ce sujet;
mais j'ai été ce matin, au greffe, protester que, loin de
changer ou diminuer, je suis prêt à y ajouter de nouveau
si l'on veut m'entendre ? » Comme si ces gens étaient
muets ou morts, et comme si le ministère public n'avait
pas des moyens sûrs de les forcer de parler?

Si vous n'étiez pas l'ami de ce magistrat, pourquoi
toutes ces assemblées secrètes? toutes ces entrevues
chez des commissaires? Pourquoi M. Goëzman distri-
bue-t-il les Mémoires de Marin, Bertrand, Baculard,
pendant que Bertrand, Baculard et Marin, colportent
les siens? Pourquoi ces lettres pitoyables de vous et
de vos commis au sieur Bertrand? Pourquoi des gens
qui vont et viennent de chez vous chez lui, de chez lui
chez vous? Pourquoi la réponse que vous avez exigée
du sieur Bertrand, qui, toujours contraire à lui-même,

ne l'a pas eu plutôt envoyée et su que vous entendiez vous en servir, qu'il a été conter partout qu'il sortait de chez vous, et vous avait dit : « Si vous êtes assez osé pour imprimer la lettre que j'ai eu la complaisance de vous donner, je vous brûlerai la cervelle, et à moi ensuite, » ce qui sera constaté au procès par l'addition d'information ?

Si vous n'étiez pas l'ami de M. Goëzman, pourquoi l'excellente plaisanterie du nom *de Beaumarchais* que j'ai pris, dites-vous, d'une de mes femmes, et rendu à une de mes sœurs, se trouve-t-elle dans le Mémoire de madame Goëzman, lorsqu'elle était d'abord en tête du vôtre ? Vous voyez que je dis tout, monsieur Marin, et qu'il n'y a ni réticences, ni points, ni phrases en l'air, ni ridicules ménagements, ni plate économie dans mon style ; je suis comme Boileau,

« Je ne puis rien nommer si ce n'est par son nom. »

J'appelle un chat un chat, et Marin un fripier de Mémoires, de littérature, de censure, de nouvelles, d'affaires, de colportage, d'espionnage, d'usure, d'intrigue, etc., etc., etc., etc. Quatre pages d'*et cætera*.

A vous à parler, mon bienfaiteur, le bienfaiteur de tout le monde, et que tout le monde accuse de n'avoir jamais bien fait sur rien. Je viens vous montrer comment vous m'avez servi, comment je l'ai reconnu, comment vous l'avez prouvé, comment je vous ai répondu : amenez vos témoins, fournissez vos preuves, creusez votre mine, arrangez votre artillerie. Je dis tout haut que je ne suis ni assez riche ni assez pauvre pour vous avoir jamais emprunté de l'argent. Cela est-il clair ? M'entendez-vous ? Répondez à cela.

Je vous félicite d'être « honoré de votre propre estime, » c'est une jouissance qui ne sera troublée par aucune rivalité. Mais vous allez trop loin, en invoquant le suffrage des honnêtes gens, et même ceux de la police.

Oseriez-vous compter sur le témoignage des inspecteurs ou officiers de police qui vous ont éclairé dans vos voies ténébreuses ?

Oseriez-vous compter sur celui des chefs qui ont été chargés de vérifier les informations faites contre vous ?

Oseriez-vous compter sur celui de Me C..... de C..... à qui ont été renvoyé les examens de diverses plaintes sur des capitaux renforcés par les intérêts ?

Oseriez-vous compter sur celui de M. St-P..., qui, depuis cinq ans, gémit du malheur de vous avoir confié ses pouvoirs pour un arbitrage, et qui ne cesse de demander vengeance au ministère contre vous ? Et l'affaire Roussel ? Et l'affaire Paco ? Et l'affaire, etc., etc., etc., etc. ? Encore quatre pages d'*et cætera*.

Et vous mettez des points dans votre style, pour vous donner l'air de me ménager ! allons, mon bienfaiteur, que ma franchise vous encourage ; dites, dites, voilà de beaux mystères ! « A présent, on dit tout. » Encore un ennemi, encore quelques Mémoires, et je suis blanc comme la neige. Je vous invite à ne me ménager sur rien. A votre tour, osez me porter le même défi.

Maintenant que nous sommes entre quatre yeux, eh bien ! vous avez donc vos petits témoins tout prêts, pour m'accuser d'avoir dit que le comte de la Blache avait donné cinq cents louis à M. Goëzman ? eh ! mais, vos pieuses intentions à ce sujet sont déjà consignées au greffe par mon récolement. Je savais votre dessein : ce pauvre Bertrand m'en avait menacé un jour devant dix personnes, qui certifieront le fait. Un abbé, des amis de Marin, l'avait, disait-il, chargé de m'avertir, que si je prononçais un seul mot contre lui, son projet était de me mettre à dos le comte de la Blache, etc.... Je vous attends, mon bienfaiteur. Vos bontés ne m'ont pas empêché de parler : vos menaces ne me réduiront pas au silence.

Ce n'est pas que l'on ne me dise et ne m'écrive, tous les jours, que vous êtes l'ennemi le plus dangereux, que vous avez un crédit étonnant pour faire du mal, un grand pouvoir pour nuire. Je cherche en vain comment la gazette peut mener à tant de belles choses, car toutes ces belles choses ne vous ont sûrement pas mené à la gazette.

On dit aussi que vous avez juré ma perte. Si c'est faire du mal à un homme que d'en dire beaucoup de lui, personne, à la vérité, n'est plus en état de faire ce mal-là que vous.

Mais lorsqu'on vous confia la trompette de la renommée, était-ce pour corner qu'on vous la mît à la bouche? était-ce pour ramper dans le plus aisé de tous les genres d'écrire, qu'on vous en attacha les ailes? Encore, ne pouvant vous livrer à toute l'âpreté de vos petites vengeances sous les yeux d'un ministre éclairé qui vous veille de près, vous briguez sourdement un paragraphe dans chaque gazette étrangère, où je suis déchiré à dire d'experts. Ainsi, de brigue en brigue, et briguant assidûment contre moi, vous trouvez le secret de me dénigrer toutes les semaines, et d'ennuyer l'Europe entière de ma personne et de mon procès.

Pour finir, mon bienfaiteur, nommez-nous donc les personnages à qui j'ai dit : « Je dois trop à Marin pour abuser encore de ses bontés. » C'est, dites-vous, chez un grand seigneur qui m'admettait *alors* à sa table. A cet *alors* insultant, voici ma réponse.

Le grand seigneur chez lequel je vous ai rencontré

est M. le duc de la Vallière, auquel depuis douze ans je suis attaché par devoir, comme lieutenant général de sa capitainerie ; par respect, c'est un homme de qualité qui a l'esprit solide et le cœur généreux ; par reconnaissance, il m'a toujours comblé d'une bonté qu'il pouvait me refuser ; par justice, il m'a honoré d'une estime que j'ai méritée ; car si l'amitié s'accorde, l'estime s'exige, et si l'une est un don, l'autre est une dette ; il n'y a point d'*alors* sur ces choses-là : et si, pour repousser une injure aussi misérable, j'avais besoin d'un témoignage de probité, d'honneur, de désintéressement, d'exactitude et de loyauté ; c'est à ce grand seigneur surtout que je m'adresserais, et dont je l'obtiendrais à l'instant. Oserez-vous en dire autant d'un seul des gens en place qui se sont servis de vous comme on se sert à l'armée, en certains cas, de certaines gens... très bien payés ? Mais il est une délicatesse, une pudeur qu'un homme d'honneur sent mieux qu'il ne l'exprime, et qui, depuis que je suis attaqué par des méchants, m'a fait me renfermer dans le cercle étroit de mes plus chers amis. C'est moi qui, refusant toute espèce d'avances ou d'invitations, ai dit à tout le monde : Je suis accusé, je ne recevrai point à titre de grâce les témoignages publics d'une estime qui m'est due à titre de justice ; et tel qu'un noble breton dépose son épée, jusqu'à ce qu'un commerce utile l'ait remis en état de s'en parer de nouveau, je ne prétends à l'estime de personne, jusqu'à ce que j'aie prouvé à tout le monde que personne ne doit rougir de m'avoir estimé.

C'est par une suite de cette délicatesse que, dès que j'ai été attaqué, je n'ai pas cru devoir remplir aucune fonction de judicature ou d'autres charges. Un homme attaqué, quand il a l'honneur d'appartenir à un corps, doit se justifier ou se retirer. Quel magistrat oserait monter au tribunal, pendant qu'on est en suspens s'il est digne d'y siéger ? De quel front irait-il prononcer sur la fortune, l'honneur ou la vie des autres, quand il est lui-même courbé sous le glaive de la justice ; et s'asseoir au rang des juges, quand l'attente d'un arrêt l'a presque jeté parmi les coupables ? Il faut être reconnu intact et pur, avant d'oser paraître sous la robe ou le mortier ; et l'audace de revêtir ces marques de dignité, si révérées dans l'homme honorable, ne sert qu'à mieux faire éclater l'avilissement d'un sujet dégradé dans l'opinion publique. Le premier malheur, sans doute, est de rougir de soi ; mais le second est d'en voir rougir les autres. Je ne sais pourquoi je vous dis toutes ces choses, que vous n'entendez seulement pas. Je me retire, moi, parce que j'ai quelque chose à perdre.... Vous..., vous pouvez aller partout.

Suit une réponse à Dairolles, l'ami et le compatriote de Marin, où le pauvre gazetier est achevé de main de maître.

VI

Marin essaya de ne pas rester sur le coup. Il tente de se relever. Son Mémoire fait pitié, dans le bon sens du mot :

« Il n'est pas décent, dit-il, de se colleter dans la rue avec un crocheteur qui vous jette de la boue ; mais il y a des reproches qu'un galant homme ne doit pas laisser sans réplique... La mienne sera fort courte... Je ne réponds pas aux injures de la page 38... parce qu'on ne peut répondre aux injures lorsqu'on n'en sait pas dire. »

Il aborde ensuite les accusations formulées par Beaumarchais et visant le délit d'usure :

« Je réponds, M. Caron, que vous êtes un calomniateur, car il n'est pas vrai qu'il y ait jamais eu de Me C... de C... ni de telle autre lettre de l'alphabet, qui ait été chargé de l'examen d'une plainte de capitaux renforcés par des intérêts.

« Il est vrai que j'ai eu la facilité de prêter de l'argent à de prétendus amis qui ne me l'ont jamais rendu, mais il n'est pas vrai que j'en aie prêté à intérêt, même à intérêt légal, parce que, n'étant pas commerçant, je n'ai dû attacher à ce service d'autre prix que celui d'obliger.

« (Roussel) avait eu l'imprudence de ne point proportionner sa dépense à ses revenus, quoique ces revenus fussent immenses. Il est résulté de ce genre de vie une banqueroute fatale à beaucoup d'honnête gens. Hélas ! j'ai été du nombre. Plus pauvre et, pour cette raison, moins complaisant que les autres créanciers, j'ai poursuivi l'homme qui m'enlevait une partie de ma fortune. J'ai obtenu des auteurs au Châtelet, des arrêts à la Cour des Aides et au Parlement, mais je n'en ai point obtenu d'argent. »

Marin s'élève ensuite contre le système qui consiste à diffamer l'adversaire, pour gagner son procès :

« Par le moyen de cette honnête méthode, dit-il, lorsqu'on aura un procès, au lieu d'en discuter le fonds et les moyens, on pourra s'amuser à faire rire la populace aux dépens des hommes dont la réputation est la mieux établie ; on lui dira de ces grossièretés auxquelles on ne peut répondre par la plume ; on les appellera *usuriers, espions, escrocs, voleurs, assassins* même ; on accumulera des accusations, sans articuler aucun fait ; on assemblera avec une sorte de mystère, pour avoir l'air de ménager sa victime, des lettres initiales ; on y ajoutera des noms en l'air, et en joignant à tout cela une consultation et des signatures d'avocats, on pourra trafiquer librement, par un genre de commerce très honorable et nouveau, de délations, de dénonciations, de diffamations, de calomnies et d'injures atroces, et c'est parmi la nation la plus policée de l'Europe et dans le siècle le plus éclairé que cette nouveauté édifiante a été introduite. »

VII

QU'ÈS ACO?

SOMMAIRE : Un Ciotaden complice de Beaumarchais. — Ce qu'on disait à la Ciotat du docteur Gardanne. — Exécution de Marin. — La Dauphine s'en mêle — Ridiculisé et bafoué dans tous les théâtres. — Marin est perdu !

I

Le Mémoire de Marin répondait, en réalité, au quatrième factum de Beaumarchais, à ces pages railleuses où le mordant pamphlétaire a marqué le pauvre gazetier pour l'immortalité. Avant d'ouvrir ce libelle, il nous faut signaler au passage le rôle d'un compatriote de la victime de Beaumarchais, complice de ce dernier, contre qui la Ciotat tout entière, en la personne de ses consuls et de ses principaux notables, se fit un devoir de protester avec indignation.

Ce complice de Beaumarchais s'appelait Gardanne. Il devait tout à Marin : sa situation de médecin répandu dans Paris, son titre de censeur royal, etc. Ses compatriotes indignés le rappellent dans les lettres reproduites à l'appendice (1) qui termine le Mémoire de Marin (2).

(1) Dans cet appendice, dont l'exergue *ecce iterum Crispinus* indique l'effort de son auteur qui vise à l'esprit, chose dangereuse avec Beaumarchais, Marin se disculpe de la double imputation d'avoir été odieux aux auteurs dans les censures, et d'avoir désolé, pour s'enrichir, les malheureux libraires, et il nie de nouveau tous les faits avancés en accusation contre lui. Il déclare n'être point l'auteur des articles insérés dans la *Gazette d'Utrecht* et dans les *Nouvelles à la main*. Il renouvelle à cette occasion les injures dont il a déjà chargé les rédacteurs des gazettes étrangères, en les représentant comme des écrivains forcenés qui ne respectent souvent ni les particuliers, ni les magistrats, ni les ministres, ni même les têtes couronnées. Quant aux nouvelles à la main, il certifie aussi effrontément n'y avoir aucune part, quoiqu'on aille chez lui pour y prendre des souscriptions. Enfin, il répond aux insinuations du sieur de Beaumarchais, qui prétend que le sieur Marin voudrait le faire soupçonner d'être l'auteur de la correspondance. Il lui déclare au contraire qu'il le croit incapable de l'avoir faite, aussi bien qu'*Eugénie,* quoiqu'une très mauvaise pièce. Il lui conteste même ses Mémoires dont il veut qu'il ne fournisse que les méchancetés. Il revient sur le sieur Gardanne, ce docteur auquel il reproche les épigrammes et autres pièces satiriques faites contre lui, et qui, malgré tant d'atrocités dont il le charge, s'obstine à ne rien dire. (*Mém. de Bachaumont,* 26 fév. 1774).

Gardanne finit par répondre le 26 février : sa réponse embarrassée ne réfute pas suffisamment les reproches que lui adressaient ses compatriotes, et, malgré ses démentis, l'accusation d'avoir été ingrat envers son bienfaiteur et son ami subsiste dans l'esprit du lecteur.

(2) Voici quelques extraits des lettres dont il est ici question :

M. Martin décrit l'indignation des Ciotadens contre Gardanne, « car, dit-il, il n'y en a aucun qui ne connaisse les obligations qu'il vous a. Nous espérons tous qu'il en recevra la récompense qu'il mérite (27 décembre 1773). »

M. Reboul écrit au nom de « cette ville à qui votre mémoire fut et sera toujours chère, si bien vous avez mérité l'estime, l'attachement et la reconnaissance de votre patrie.... bienfaits connus et avoués de tout le monde.... Qu'un procédé si honorable n'arrête pas cette effusion de bonté qui vous est naturelle, dont votre patrie se ressent, depuis que la Providence a couronné votre mérite jusqu'à vous appeler son principal bienfaiteur comme de raison, mais vous voyez par là que vous n'avez pas toujours donné votre ris à des ingrats..... C'est ce qui fait l'éloge de cette ville encore mieux que le vôtre.... Mademoiselle votre sœur, que je n'ai vue de quelque temps

Il se déclare contre son bienfaiteur et fournit à Beaumarchais des notes sur le passé de Marin, notes qui vont devenir, sous cette plume acerbe, des venins mortels.

peut mieux que tout autre attester la vérité, parce que c'est à elle qu'on va répandre les sentiments que vos bontés inspirent. Si elle est affectée de ce qui vous touche, elle goûte à travers sa peine la douce satisfaction de voir *toute la ville* dévouée à votre personne comme de droit ».

M. de Villeneuve assure que personne ici n'a balancé à le juger coupable de la plus noire ingratitude (9 décembre 1773).

Les Maires et Consuls de la Ciotat, Estoupan, Brue et Philopy se font un devoir, le 28 décembre 1773, d'écrire à la victime de Gardanne : « Nous terminons l'année de notre administration par vous remercier de tout ce que vous avez fait pour nous, ensuite à prouver à notre commune patrie tout le bien, etc. Nous prenons toute la part possible à vos peines et nous espérons que les juges vous accorderont la même justice que tous ceux qui ont l'honneur de vous connaître ne pourront vous refuser. »

M. Gaufridi écrit, à la date du 19 décembre : « J'ai été très surpris qu'un compatriote ait pu vous calomnier, vous qui avez continuellement rendu service à vos concitoyens, qui avez employé continuellement vos peines et vos soins à leur procurer toute sorte de bien. Combien de personnes misérables sans abri, sans protection, seraient réduites à la dernière misère, si vous n'aviez pas eu pitié de leur état !... Combien de familles vous doivent leur bien-être pour avoir mis leurs pères à même de leur procurer une fortune aisée. Enfin, M., j'ose le dire, il n'y a personne de nous à qui vous n'ayez rendu ou voulu rendre service..... La part que nous avons tous prise à cette affaire prouve combien nous avons été indignés qu'un homme, sorti d'une famille honorable, qui a suivi la trace de ses ancêtres, qui n'a fait dans sa vie que d'actes vertueux, ait pu être exposé à une pareille infamie. »

Le médecin Audibert a éprouvé l'ingratitude du personnage, mais on ne l'aurait pas cru capable d'une telle noirceur.

Enfin, de Saint-Cyr, le jour de Noël, M. Camoin écrit qu'il a reçu le Mémoire de Beaumarchais, par le fait de Gardanne qui l'a envoyé à tous les amis de Marin. Il rappelle comment, à Paris, il a vu, pendant trois mois, Gardanne manger à la table de Marin, lui devoir tout ce qu'il est, demander des lettres de recommandation à Mlle Marin. Il lui a entendu dire, à Paris, en 1767, que Marin était l'honnêteté, la bonté même. « Il n'y a qu'un cri à la Ciotat », conclut l'honnête Camoin, et ce cri c'est : « As-tu vu ce qu'a fait ce monstre ? »

— On lui ôtera ses places, disait l'ingrat, il faut que Marin soit sacrifié.

L'odieux souhait du compatriote sera accompli, au-delà des espérances du traître.

II

C'est dans son quatrième Mémoire que Beaumarchais se chargea de l'exécution.

Il y mit de la coquetterie.

Après avoir détourné la tête et les yeux d'une médecine. repoussé vingt fois la main qui la présente, un enfant, malgré sa répugnance, finit pourtant par l'avaler, et même à grands flots pour en être plus tôt quitte, et moi aussi, je suis un grand enfant : voilà je ne sais combien de fois que je prends la plume pour faire l'article *Marin*, et la remets dans l'encrier. A quoi bon ces délais ? Malgré la nausée, il faut toujours y venir. Allons donc, une bonne résolution, et finissons, quitte à se rincer la bouche après en avoir parlé.

— Mais à quoi donc répliquez-vous ? Il n'a pas répondu à votre addition. — A quoi je réplique ? N'est-ce donc rien que ses requêtes au parlement, et ses gazettes à la main, et ses gazettes à la bouche, et les lettres infâmes qu'il fait trotter par la ville, et les articles *Paris* de la *Gazette d'Utrecht* ? — Mais ces nouvelles à la main, cette gazette étrangère ne sont pas de lui. — Elles en sont, et voici mes preuves.

Premièrement, l'article de ce procès y est toujours mal fait, lourdement ruminé, pesamment écrit: vous conviendrez que c'est là déjà une forte présomption contre Marin. Deuxièmement, cet article dit toujours beaucoup de mal de moi : ma preuve se renforce contre Marin. Troisièmement, l'article dit toujours du bien de Marin, vante à l'excès la noblesse et la beauté de son style, la distinction avec laquelle il remplit les places qui lui ont été confiées : la preuve est complète : il n'y a plus moyen d'en douter ; c'est Marin qui fait l'article, puisque l'article dit du bien de Marin.

Ressassons donc un peu celui de la *Gazette d'Utrecht* du 4 janvier, puisqu'il sert de supplément aux Mémoires de Marin.

« Le sieur de Beaumarchais, en attendant la sentence que le parlement lui prépare : » une sentence du parlement ! c'est Marin, vous dis-je. Si notre affaire eût été consulaire, comme celle du grand cousin, il n'eût pas manqué d'écrire : « En attendant l'arrêt que les consuls, » etc. C'est Marin, c'est Marin, comme ce n'est pas moi.

Mais qui a dit au sieur Marin que le parlement me préparait une *sentence ?* pendant qu'il est de notoriété que je poursuis un jugement contre monsieur et madame Goëzman, concussionnaires et calomniateurs, contre Marin la Bourse, et Bertrand la Main-d'œuvre, l'un suborneur, et l'autre suborné. « Le sieur de B..... vient de publier un troisième Mémoire qui, par le fiel qui y est mêlé, mérite le nom de libelle. » Remarquez, en passant, que ce n'est point du tout sur les reproches mérités que je fais à monsieur et madame Goëzman, au comte de la Blache, à Bertrand, Baculard et consorts, que Marin se fâche contre mes Mémoires : regardant le mal d'autrui comme un songe, et ne s'occupant, dans la gazette, que de l'intérêt du gazetier, voyez comment il s'explique ici : « Ses Mémoires méritent le nom de libelle, puisqu'il s'efforce d'y diffamer un homme de lettres (M. Marin). » Marin le gazetier, homme de lettres !.....

comme un facteur de la petite poste, « a rempli *avec distinction* les places qui lui ont été confiées par le gouvernement. » Avec distinction ! cette *distinction* de Marin me rappelle un propos que le jacobin Affinati, dans son bouquin, intitulé : *Le monde sens dessus dessous par les menées du diable*, fait tenir à Dieu, parlant au pécheur Adam : « De toutes mes créatures, vous seul avez forfait. Avancez, maraud, que je vous timbre au front, que je vous *distingue*. »

Avancez, Marin ; suivons votre article. « Quoique l'on puisse lire les Mémoires du sieur de Beaumarchais qu'avec mépris, il s'en est cependant vendu plus de dix mille exemplaires en deux jours. » Je n'entends pas cette phrase ; elle sera toujours louche, à moins d'y restituer quelques mots, oubliés à l'impression. Pour qu'elle ait le sens commun, voici comment elle a dû être faite : « Quoique l'on (ne) puisse lire les Mémoires du sieur de Beaumarchais qu'avec mépris (pour Marin), il s'en est cependant vendu plus de dix mille exemplaires en deux jours. » Cela est clair, voilà qui s'entend : car le mépris que mes Mémoires auraient inspiré pour moi les eût laissé moisir au grenier du libraire, au lieu que le mépris dont ils ont couvert Marin a rendu tout le monde avide de les lire, « il s'en est vendu plus de dix mille en deux jours ; » ou bien : « malgré le dégoût qu'on avait d'entendre parler de Marin dans ces Mémoires, » il s'en est cependant vendu, etc. » Cette version est bonne aussi, mais les gens de lettres préfèrent la première, comme plus sûre et plus naturelle : « Quoiqu'on ne puisse lire les Mémoires du sieur de Beaumarchais qu'avec mépris pour Marin, il s'en est cependant vendu dix mille exemplaires en deux jours. » On y rêverait cent ans que voilà le vrai sens de la phrase, ou elle n'en a aucun. Mais pourquoi répètent-ils tous sans cesse que je fais vendre mes Mémoires, et m'entends à ce sujet avec Ruault, libraire, rue de la Harpe, pour débiter mes sottises ? Les ingrats qu'ils sont! ils décrient mon affaire de finance, comme s'ils n'y avaient pas un bon intérêt. Et, si je ne faisais pas vendre mes Mémoires, qui donc ferait vendre les leurs? « Mais le sieur Marin était irréprochable...... » (Vous voyez bien, lecteur, qu'il n'y a que Marin au monde qui puisse écrire de pareils contes sur Marin.) « Il va le poursuivre au criminel pour obtenir une réparation éclatante de toutes les calomnies du sieur de Beaumarchais. »

Cela va bien. Marin avait déjà dit, dans sa requête imprimée, qu'en le montrant au doigt, j'avais insulté la majesté du trône, berné le gouvernement, injurié la magistrature, bravé les tribunaux, outragé les citoyens : car

> Qui méprise Marin n'estime point son roi,
> Et n'a, selon Marin, ni Dieu, ni foi, ni loi.

Mais, gardez-vous bien d'en croire ce monsieur-là ; à son compte, il n'y aurait pas un seul bon Français dans la capitale.

Puis, ayant rappelé, d'après moi, toutes ces friperies « de mémoires, de littérature, de censure, de nouvelles, d'affaires, de courtage, » (condamnation passée sur l'*espionnage*, puisqu'il n'en dit mot,) « d'usure, d'intrigue, etc., quatre pages d'*et cætera* », il avait prié la cour de lui permettre de faire informer des faits énoncés dans mes Mémoires. Mais, trouvant bientôt qu'il était trop dangereux pour lui de laisser informer, il s'était retranché à demander à la cour que, sans autre examen, et attendu, disait-il, que ce ne sont que des *calomnies atroces*, elle ordonnât que mes Mémoires fussent déclarés faux et *calomnieux*, défense de récidiver, et dommages-intérêts applicables à œuvres pies, etc.

Mais moi, qui prétends à l'honneur de soutenir tout ce que j'ai avancé, de ces deux manières de conclure, imaginées par Marin, j'ai adopté la première, et, par ma requête en réponse à la sienne, j'ai supplié la cour, avec lui ou sans lui, d'ordonner qu'il fût informé sur les faits et les imputations contenues dans mon Mémoire contre ledit Marin.

Pour réclamer à cet égard la vigilance du ministère public, il me suffirait de mon intérêt personnel ; mais ici l'intérêt de l'Etat et de la société doivent fixer encore plus l'attention de messieurs les gens du roi. La police, aussi exacte que patriotique en cette grave occasion, n'aura certainement point de secret pour la cour, elle ouvrira ses registres ; et c'est à la faveur des renseignements qu'on y puisera, que le parlement et la nation seront en état de prononcer si l'intérêt public et particulier ne sont pas ici combinés le plus heureusement du monde pour démasquer le précepteur Marin, et pour renvoyer ledit précepteur à l'orgue de la Ciotat (1), d'où il est descendu si mal à propos.

Et si, dans les informations qu'on ferait contre l'ami Marin, qui m'a voulu faire passer pour l'auteur de la.... on découvrait par hasard que l'ami était un zélé distributeur de la....! Au reste, ce n'aurait été qu'une des branches ordinaires de son commerce ; car il faut savoir que l'ami, confisquant par état tous les livres défendus, ne les en a toujours vendus que plus cher aux amateurs.

Quelqu'un m'arrête ici, qui me dit : Prenez garde ; ce n'est pas Marin, c'est Bertrand qui, dans son Mémoire, a voulu vous faire passer pour l'auteur de la..... Eh !

(1) La Ciotat, petite ville de Provence, où le petit Marin fredonnait, pour de petits gages, sur un petit orgue, dans une petite paroisse. *(Note de Beaumarchais).*

messieurs, ne savez-vous pas que les Mémoires du grand cousin ne sont que des enveloppes de gazettes, et qu'ici le sacristain et l'organiste s'entendent comme larrons pour sauver le publiciste ?

Ah ! monsieur Marin, que vous êtes loin aujourd'hui de cet heureux temps où, la tête rase et nue, en long habit de lin, symbole de votre innocence, vous enchantiez toute la Ciotat par la gentillesse de vos fredons sur l'orgue, ou la claire mélodie de vos chants au lutrin ! Si quelque prophète arabe abordant sur la côte, et vous voyant un si joli enfant..... de chœur, vous eût dit : « Petit abbé, prenez bien garde à vous, mon « ami ; ayez toujours la crainte de Dieu devant les yeux, « mon enfant, sinon vous deviendrez un jour... » tout ce que vous êtes devenu enfin ; ne vous seriez-vous pas écrié, dans votre tunique de lin, comme un autre Joas :

> Dieu qui voyez mon trouble et mon affliction,
> Détournez loin de moi sa malédiction,
> Et ne souffrez jamais qu'elle soit accomplie :
> Faites que Marin meure avant qu'il vous oublie.

Il a bien changé, le Marin ! Et voyez comme le mal gagne et se propage quand on néglige de l'arrêter dans son principe ! ce Marin, qui d'abord, pour toute volupté,

> . . . . Quelquefois à l'autel,
> Présentait au vicaire ou l'offrande ou le sel,

quitte la jaquette et les galoches ; ne fait qu'un saut de l'orgue au préceptorat, à la censure, au secrétariat, enfin à la *Gazette* ; et voilà mon Marin, les bras retroussés jusqu'au coude, et pêchant le mal en eau trouble : il en dit hautement tant qu'il veut ; il en fait sourdement tant qu'il peut ; il arrête d'un côté les réputations qu'il déchire de l'autre : censures, gazettes étrangères, nouvelles à la main, à la bouche, à la presse ; journaux, petites feuilles, lettres courantes, fabriquées, supposées, distribuées, etc., etc., encore quatre pages d'*et cætera* ; tout est à son usage. Ecrivain éloquent, censeur habile, gazetier véridique, journalier de pamphlets ; s'il marche, il rampe comme un serpent ; s'il s'élève, il tombe comme un crapaud. Enfin, se traînant, gravissant, et par sauts et par bonds, toujours le ventre à terre, il a tant fait, par ses journées, qu'enfin nous avons vu de nos jours le corsaire allant à Versailles, tiré à quatre chevaux sur la route, portant pour armoiries aux panneaux de son carrosse, dans un cartel en forme de buffet d'orgues, une Renommée en champ de gueule, les ailes coupées, la tête en bas, raclant de la trompette *marine* ; et pour support une figure dégoûtée, représentant l'Europe ; le tout embrassé d'une soutanelle doublée de gazettes, et surmontée d'un bonnet carré, avec cette légende à la houppe : *Qu'ès-aco ? Marin.*

C'est fini ! Marin est perdu !...

Tout en reconnaissant que « sans doute Marin ne méritait pas tous les désagréments que lui valut son démêlé avec Beaumarchais, parce qu'il faut toujours faire des deux côtés la part de l'exagération et même de la calomnie dans ces sortes de duels effrénés à coups de plumes, qui, heureusement, ne sont plus guère tolérés par nos mœurs, » M. de Loménie semble se complaire à mettre en lumière les torts de Marin et le ridicule dont il fut couvert. C'est lui qui raconte comment Marie-Antoinette se mit, elle aussi, de la partie pour achever le malheureux gazetier.

« L'interrogation provençale *qu'ès-aco?* (qu'est-ce

que cela ?) qui termine le second portrait du provençal Marin, et qui était, à ce qu'il parait, son mot
favori, fut trouvée si plaisante par la Dauphine,
depuis la reine Marie-Antoinette, que, comme elle
la répétait souvent, sa marchande de modes s'avisa
de donner ce nom de « quès-aco », à une coiffure
nouvelle, composée d'un panache en plumes, que les
femmes portaient sur le sommet de la tête. « *Cette
coiffure*, dit Bachaumont, *perpétue l'opprobre du
Marin, bafoué jusqu'aux toilettes.* »

« Citons à ce sujet un document inédit, émané
d'une célébrité du XVIIIᵉ siècle dans le genre burlesque. C'est une lettre du fameux Taconet, auteur
et acteur du théâtre de Nicolet, qui, envoyant à
Beaumarchais une de ses pièces, lui écrit la lettre
suivante, où se peint bien, en même temps que la
licence des petits théâtres d'alors, la sensation très
vive que produisait le procès Goëzman dans toutes les
classes de la société. « Voici, Monsieur, écrit Taconet, le motif qui m'engage à prendre la liberté de
vous offrir ma petite pièce. L'acteur qui jouait le
cocher dans ma pièce, étant arrivé à l'interrogation :
En veau? page 8, ajouta à son rôle: *En veau Marin*,
ce qui fut très applaudi, et il le fut de même, quand
il continua par dire au mot vache : *En vache
Goëzman*, affectant de parler allemand pour faire
allusion aux vaches suisses, dont le lait est devenu
en grande réputation, surtout depuis que les gaze-
tiers en parlent. La pièce continua jusqu'à la scène

IV, où Lisette dit : *Mon cher Guillot, laissons ces mauvais caractères* ; l'actrice ajouta : *Les Marins ne sont pas faits pour être sur terre.*

« La pensée n'est pas mauvaise. Au surplus, on ne trouve pas d's dans Marin ; par conséquent, comme a dit un homme célèbre, tout est bien. J'espère, Monsieur, que vous pardonnerez mon importunité. Je n'ai pas d'autre intention que celle de me dire très respectueusement, etc. — TACONET. »

Le nom de Marin et le burlesque surnom dont Beaumarchais l'a affublé courent toutes les bouches. L'esprit parisien s'exerce à le commenter et le pauvre censeur en est bientôt réduit à se cacher.

D'une part, en effet, raconte Bachaumont, tout Paris court aux pièces où les acteurs, flattant le goût du jour, saisissent l'occasion de le berner.

« Les comédiens italiens donnent, depuis un mois, une pièce italienne intitulée : *Les trois frères jumeaux Vénitiens.* Elle est en 4 actes, et de la composition du sieur Colalto, auteur et acteur, car c'est le Pantalon de la troupe. On trouve dans cet ouvrage charmant par sa gaieté et son intrigue ingénieuse et piquante, le rôle d'un capitaine de vaisseau, qui conséquemment est un Marin. Cette qualité, qui donne lieu de rappeler le nom du gazetier de France, si bafoué depuis quelque temps, a fourni à Arlequin des lazzi naturels, que le public a saisi avec avidité ; et ce spectacle est la fureur du jour. Les mardis et vendredis, autrefois absolument déserts aux Italiens, parce qu'ils y sont consacrés aux pièces de leur nation, sont devenus les beaux jours; on s'y porte, et l'affluence ne diminue point. »

Il n'est pas jusqu'aux théâtres de la foire qui ridiculisent le jouet de la foule. C'est encore Bachaumont qui le raconte, avec sa malignité ordinaire :

« M. Marin étant entré ces jours derniers, à la foire, dans une boutique voisine d'une loge, où un marchand d'animaux rares et étrangers a des crieurs pour avertir le public, un malin, qui avait vu le gazetier de France, donna un écu à l'aboyeur pour qu'il dit : « *C'est ici que l'on voit le monstre marin, cet animal sans pareil, né à la Ciotat.* » Les clameurs furent telles, et attirèrent tant de monde, que M. Marin, étant venu à sortir, s'arrêta pour voir ce que c'était, et ne perdit pas un mot de l'annonce, dont il sentit aisément la méchanceté. Il fait arrêter l'homme, le fait conduire au corps-de-garde ; mais, par l'ingénuité de la narration et de ses réponses, il fut aisé de juger qu'il était dupe de son avidité à gagner un écu. Il désigna ce quidam, qui s'était enfui, comme on l'imagine aisément ; en sorte que l'humanité de M. Marin ne lui permit pas de faire châtier autrement cet aboyeur. »

Encore une fois, le vœu de Gardanne est accompli et la prédiction du Nestor Ciotaden aussi.

VIII

RETOUR A LA CIOTAT

SOMMAIRE : Marin revoit son pays natal. — Ses impressions de retour. —
Abandon général.— Voltaire. — L'arrêt du Parlement révisé par le jugement du public. — Le Noël de Julie de Beaumarchais. — Disgrâce.
— Le rôle des tribunaux d'amirauté. — Marin, Lieutenant-Général
de l'Amirauté au siége de la Ciotat. — Comment il s'acquitta de cet
office. — Une dispute de préséance.

I

Par un beau jour d'automne, tiède et doux comme
le sont sur nos rivages les journées de novembre,
un voyageur descendait à pied les versants qui, de
Cassis, conduisent à la Ciotat. Il avait dépassé les
bois de pins, et, à mesure que le sentier s'élargissait
devant ses pas, il ralentissait la marche.

Ces chemins, il les reconnaissait, et il lui semblait
qu'ils le reconnaissaient aussi et que, sous son pas
lent et attristé, le sol natal tressaillait. Entre ces
murs gris et bleus qui bordaient les campagnes, ses
souvenirs faisaient la haie, stationnaient à tous les
détours de la route, saluaient son retour et lui sou-
haitaient la bienvenue.

Il arriva enfin aux portes de la ville. Tout près du
portail de Marseille, sur la place voisine, une vieille

servante vint lui ouvrir la maison qu'il revenait habiter. Hélas! la maison est vide : l'enfant qui y avait vécu ses premiers ans avait vieilli et se retrouvait comme une ombre dans la demeure inhabitée.

Une larme obscurcit ses yeux, mais, l'intime consolation de se retrouver à l'abri de ses chers souvenirs domina la tristesse. Il l'a du reste raconté avec attendrissement :

« J'ai la consolation de me rendre le témoignage
« que je n'ai jamais oublié ce que je devais à ma
« patrie. Lorsque j'avais le bonheur de rendre de
« bons offices aux compatriotes qui s'adressaient à
« moi, je remplissais un devoir bien cher à mon
« cœur, celui de servir les enfants d'une mère
« commune, qui me tendait les bras, et vers qui je
« n'ai jamais cessé de soupirer, même dans les épo-
« ques les plus heureuses de ma vie. Si elle a produit
« dans son sein... Mais pourquoi retracer à mon
« esprit des idées affligeantes ? En quittant la capi-
« tale, j'ai dû emporter avec moi l'oubli de l'une et
« de l'autre fortune que j'y ai éprouvées. Semblable
« à un voyageur qui abandonne à jamais les contrées
« heureuses où il s'était arrêté, j'ai jeté mes derniers
« regards sur cette cité superbe, les yeux mouillés
« de larmes, au souvenir de ma prospérité passée et
« des événements qui lui ont succédé. Je les ai dé-
« tournés sur l'enfant (1) que je pressais dans mes

(1) C'est vers 1773 que Marin, après avoir longtemps hésité, s'était décidé à quitter la vie de célibat à laquelle il fait si souvent allusion dans ses ou-

« bras et qui partageait et adoucissait ma douloureuse
« sensibilité. Mon cœur s'est gonflé de joie et d'at-
« tendrissement, en revoyant ce pays que j'avais
« abandonné, depuis un si grand nombre d'années.
« Si je n'ai pas eu la douce consolation d'embrasser
« les auteurs de mes jours morts pendant une si
« longue absence, j'ai eu celle de pleurer sur leur
« tombeau, et de recevoir des larmes de mon fils, en
« lui montrant ce terme de ma vie. J'ai retrouvé des
« amis de l'enfance, qui ne m'avaient point oublié,
« une famille qui n'a point dégénéré des vertus de ses
« pères, et des compatriotes honnêtes, qui m'ont
« accueilli avec bienveillance (1). »

Si Beaumarchais entendit cet accent de douleur, il
dut en éprouver quelque remords. Sa victime n'em-
portait de Paris qu'amertumes, dérisions et disgrâ-
ces.

II

Voltaire se hâta d'oublier les services rendus, et
l'« ami, » le « très-cher, » le « frère » Marin ne fut
plus, sous sa plume, que l'« hippopotame (2) » moqué
par Beaumarchais. Il s'informe auprès de d'Argental
(3) « s'il est vrai que Marin soit encore en crédit, » et

vrages. Il épousa mademoiselle Elisabeth Eloi Durochey, de laquelle il eut
un fils, dont nous parlerons plus loin.
(1) *Histoire de la Ciotat,* p. 171.
(2) Au comte d'Argental, 31 janvier 1774.
(3) Au même, 26 février 1774.

quand il acquiert la preuve du contraire, il n'a plus de raison pour ne pas se ranger ouvertement du côté de Beaumarchais, dont il dédaignait ou plutôt redoutait jusque là l'amitié (1).

Avec Voltaire, toute la coterie philosophique fait chorus. Bernardin de Saint-Pierre croit devoir apporter sa pelletée de boue dans la fosse où l'on ensevelit l'infortuné. Il n'est pas jusqu'à la « Gazette ecclésiastique, (2) » qui ne se croie obligée de reprocher au Gazetier de France son philosophisme, alors que les encyclopédistes lui reprochent sa crédulité et son amour du despotisme.

En vain, pour donner une sorte de satisfaction à l'engouement du public, par une côte mal taillée, l'arrêt condamne-t-il Beaumarchais et déboute-t-il Marin ? les ovations populaires, les applaudissements princiers, innocentent l'un et accablent l'autre.

Nous en avons trouvé un curieux témoignge, manuscrit égaré dans la reliure d'un volume de la Bibliothèque Nationale (3). C'est le *jugement* en vers burlesques du *public sur le procès de Beaumarchais*.

> Le public, seul juge suprême
> En matière d'opinion,
> Attendant son évasion,
> Blâme le Parlement lui-même

(1) Au marquis de Florian, 26 février 1774.
(2) 25 avril 1774.
(3) Procès Beaumarchais, pièce n° 2104.

Et condamne à la question
Marin d'abord, comme espion,
Puis comme usurier et fripon,
Le livre au bourreau pour le pendre.
Renvoie absous de Beaumarchais
Et lui donne ordre d'entreprendre
L'histoire du nouveau palais.
Quant à Goëzman son adversaire,
La peau, transformée en tambour
Publiera qu'il faut être austère
Et la compagne des (Gour)
Répondra : La Salpétrière
Veut discuter sur l'amour,
Arnaud Lejay, Bertand Dairolles,
Vuides de sens et de raison
Iront de droit, d'après leurs rolles,
Ensemble aux petites maisons.

Il n'est pas jusqu'aux Noëls, à ces petites pastorales chères aux provençaux, que les ennemis de Marin n'utilisent afin de le poursuivre jusque dans sa retraite où les malins pourront jouer sur l'orgue et fredonner à son oreille le fameux Noël, attribué à Julie de Beaumarchais.

D'un grand air d'importance
Certain homme arriva :
Disant : Ma bienfaisance
Jusqu'à vous s'étendra.
— Qu'ès aco ? dit Jésus, quel est ce gentilhomme
On répond : — C'est un roturier,
Fripier d'écrits, vil usurier,
Une bête de somme.

— J'apporte ma Gazette,
Dit Marin hautement.
— Ah ! bon Dieu ! qu'elle est bête
Dit Joseph en baillant.

> Non, jamais je n'ai vu platitude pareille ;
>   Qu'il retourne à La Ciotat,
>   Sur l'orgue avec l'âne il pourra
>   Concerter à merveille.
>
>   — Pour le coup, j'en appelle,
>   Cria le grand-Cousin,
>   En haut de mon libelle
>   Je vous parle latin.
> — Sors, s'écria Jésus, au diable ta personne !
>   Laridon et le Sacristain
>   Ont un goût si fort de Marin
>   Que l'odeur m'empoisonne !

Cependant Marin, comme un naufragé, s'accroche désespérément à sa dernière planche. Elle disparaît brusquement sous sa main.

Le parlement Maupeou est emporté, un nouveau règne commence. La première exécution du régime qui succède à celui de Louis XV tombe sur Marin.

Le 23 septembre 1774, les Mémoires de Bachaumont inscrivent, avec une satisfaction mal dissimulée, la disgrâce :

« Il paraît décidé que le sieur Marin n'a plus la
« censure de la police, qu'on dit accordée au sieur de
« Crébillon. Il faut qu'on soit réellement très mécon-
« tent de cet homme, puisque, pour la place de
« gazetier, comme pour celle-ci, on lui a refusé la
« grâce qu'il demandait de paraître se retirer,
« donner sa démission (1) et obtenir une pension

(1) C'est inexact. A la date du 30 septembre 1774, la *Gazette de France* disait : « Le sieur Marin, censeur royal, s'étant DÉMIS de la

« en conséquence. On assure qu'il n'a aucun traite-
« ment. M. Le Noir a dit à Madame la Comtesse de
« Crussol, qui sollicitait pour lui : — « Madame,
« j'admire votre courage, votre générosité ; vous
« êtes la seule personne qui ayez la bonté de me
« parler pour cet homme-là ! »

Cet homme-là !... Abandonné, trahi, disgracié,
couvert de ridicule, il tourne les regards vers le
berceau de son enfance : celui-là aura les secrets
qui consolent et les horizons calmes du rivage natal
rasséréneront cette âme meurtrie. Marin n'hésita
plus, il partit pour la Ciotat.

III

La Ciotat, ville seigneuriale, appartenait à l'abbé
de Saint-Victor, qui y faisait exercer la justice en
son nom, par un Viguier, un Procureur et un
Gréffier.

Il n'y avait de Juges Royaux que les Officiers de
l'Amirauté.

Il est intéressant de savoir ce qu'étaient au juste
ces Tribunaux d'amirauté, dont le rôle considérable
occupe tant de place aux Archives Nationales.

A ce titre, on nous pardonnera de leur consacrer

« direction de la *Gazette de France*, le Roi en a chargé l'abbé Aubert,
« censeur et professeur royal de littérature française. C'est à lui désormais
« qu'on adressera les nouvelles qu'on voudra faire insérer dans cette feuille,
« rue des Filles Saint-Thomas. »

une digression, importante à nos yeux, car ce sujet ne se trouve point traité directement, dans les nombreuses publications relatives aux juridictions de l'ancien régime :

Les tribunaux d'amirauté furent institués en France par une ordonnance de Louis XI, du 2 octobre 1480, attribuant à l'amiral et à ses lieutenants : « la cognoissance des causes et matières de la mer » et interdisant aux baillis, prévôts, lieutenants, vicomtes, majeurs et autres « de cognoîstre des faicts de la mer, ni des dépendances d'icelle. »

Cette ordonnance fut confirmée par deux édits de François I", du mois de juillet et du 10 mars 1543.

Dans un Mémoire rédigé pour le comte de Toulouse, amiral de France, contre les fermiers des domaines de Provence, du 14 août 1736, on ne fait remonter, pour la ville de Marseille, l'institution du tribunal de l'amirauté qu'à l'édit de 1543 ; mais aucun document spécial ne constate la date précise de cet établissement.

Le tribunal de l'amirauté était une juridiction attribuée au grand amiral de France, qui l'exerçait par les lieutenants particuliers ou gouverneurs, établis dans tous les ports.

« Les lieutenants de l'amirauté, dit M. Ferrière, connaissent de tout ce qui concerne la constitution, l'équipement, le chargement et l'armement des vaisseaux ; de l'engagement et du paiement des matelots ; des contrats concernant les assurances et généralement de tout ce qui regardait la marine, et même des crimes commis sur mer. Ils connaissent aussi des prises faites sur mer, de la pêche et de tout ce qui y a rapport. (1)

Le document le plus ancien sur cette juridiction, conservé dans les archives de la Chambre de commerce de Marseille, porte la date de 1688. C'est un mémoire sur les droits du greffier de l'amirauté.

Copie d'un édit relatif à la création des officiers aux siéges généraux des amirautés (mai 1711).

Divers Mémoires et notes sur les attributions du tribunal de l'amirauté (1728-1736).

Arrêt du Conseil d'Etat sur les procédures des prises et échouements, et sur les frais auxquels ils peuvent donner lieu, et autres objets relatifs aux siéges d'amirauté (14 mai 1767).

Lettres patentes, portant règlement pour les droits et salaires des officiers des siéges d'amirauté (10 janvier 1770).

Règlement du Roi, concernant les droits, salaires et vacations des officiers des amirautés et des experts pour la visite des navires, ordonnée par la déclaration du 17 août 1779 (13 février 1785) (2).

(1) *Dictionnaire de Droit et des pratiques*, 1762, t. ı, p. 86.

(2 Extrait de l'*Inventaire des Archives de la Chambre de commerce*. Tome ı, p. 410, publié sous les auspices de la Chambre de commerce de Marseille, par Octave Teissier.

IV

Le siége d'Amirauté fut créé à la Ciotat par édit de mars 1649. Son territoire fut formé aux dépens de celui de Toulon, il s'étendait à deux lieues de mer de tout côté.

Voici la succession des Lieutenants-généraux jusqu'au moment où nous sommes arrivés de l'histoire de Marin : 1° César Lambert, 2 janvier 1650 ; — 2° François Borelli, 1660 ; — 3° François Marin, 1668 (1) ; — 4° Jean-François Estoupan, 1705 ; — 5° Joseph Fabre, 1735.

Les Procureurs du Roi, qui se succédèrent auprès de ce siége, furent : 1° César Lambert, depuis 1650 jusqu'en 1663 ; — 2° Pascal de Leuze, 1663 ; — 3° Pierre Guis, 1678 ; — 4° Joseph Guis, 1691 ; — 5° François-Pierre Guis, 1691 ; — 6° Magloire Olivier, 1774.

Outre ce dernier, qui remplit avec une si haute distinction sa magistrature, il y avait, au moment où Marin revint de Paris, près du même siégé, un greffier plein de zèle, Guion ; un très habile professeur d'hydrographie, l'abbé Vaille ; un maître de quai, Vian et deux chirurgiens, Guérin et Chauland.

(1) C'est celui dont les archives municipales de la Ciotat mentionnent le souvenir en ces termes: « Décès d'un bienfaiteur de la Ciotat, qui « conserve son portrait : sieur *François Marin,* ancien lieutenant de « l'amirauté de la Ciotat, fils à feu sieur Blaise, est décédé le 21 juin « 1713, étant âgé de 78 ans (GG. 43). »

Le lieutenant de l'Amirauté, entouré de ce petit état-major, était décidément un personnage. Il cumulait les offices de lieutenant-général civil, de lieutenant-criminel, de conseiller-rapporteur, de commissaire-examinateur, enquêteur et gardien des scellés (1).

Les nombreux amis de Marin, à la Ciotat, estimèrent qu'il lui conviendrait d'exercer, parmi ses compatriotes, cette magistrature honorée.

Joseph Fabre se démit en sa faveur le 5 janvier 1778 et, le 3 février suivant, le duc de Penthièvre le nomma à ce siége, après avoir constaté son « expérience et connaissance en fait de la judicature et de la Marine ». Un acte du 25 février constate que le nouveau lieutenant-général a bien 27 ans accomplis, qu'il n'a aucun parent, ni aucun allié au degré prohibé parmi les officiers du siége, qu'il appartient à la religion catholique, etc. (2)

En parcourant les registres de son exercice (3), nous avons constaté que, à diverses reprises, le procureur Olivier dut suppléer le chef du siége absent, et, à partir du 23 décembre 1783, on lui donne un substitut en la personne de Joseph Reynier, avocat (4).

(1) *Hist. de la Ciotat*, p. 115.
(2) Archives des Bouches-du-Rhône, B. 136, registre Necker, page 46 et suivante.
(3) Amirauté de la Ciotat, déclarations de propriétés de 1792 à 1793. (Arch. des Bouches-du-Rhône).
(4) Le premier acte de Marin est du 18 novembre 1778, c'est l'achat

Marin s'acquitta de ses fonctions avec son aménité ordinaire. Nous en avons deux témoignages.

Le premier, c'est que, tandis que les cahiers d'autres ports, en 1789, demandent la suppression des Amirautés, celui de la Ciotat se borne à réclamer certains dégrèvements (1).

Le second résulte de ce fait assurément notable, que Marin fut le dernier lieutenant-général des Amirautés de France, et en exerça les fonctions, même après la suppression de ces tribunaux (2).

de trois quirats du bateau le « *Saint-Pierre,* » patron Benoit Guillain, de la Ciotat, par devant François-Louis-Claude Marin, de plusieurs académies, censeur royal, conseiller du Roy, lieutenant civil et criminel au siége de l'Amirauté de cette ville et mers du Levant *(Ibid.)*

(1) Dans le très curieux *Cayer des instructions, plaintes et doléances de la Communauté de la Ciotat pour l'assemblée d'érection, aux Etats Généraux de la sénéchaussée d'Aix,* dont une bonne fortune nous a fait l'heureux possesseur, nous ne relevons que ceci, au nº 64, relativement à l'amirauté : « Ils (les députés) demanderont en outre « que les entraves qui résultent des visites, approvisionnement, muni- « tions, apparaux et autres concernant le salut des équipages et des navires « soient levés, et les dites visites supprimées comme inutiles, attendu « l'intérêt bien plus direct des armateurs, à leurs propriétés, et que les « bateaux de pêche qui naviguent avec mats et ne sont pas exposés à s'éloi- « gner des côtes soient entièrement dispensés de prendre des congés et « expéditions à l'amirauté, comme d'une formalité qui leur est inutile et « onéreuse. »

(2) On lit, dans un rapport de l'inspecteur Duranson, concernant l'Amirauté de la Ciotat, en date du 1ᵉʳ septembre 1791 : « La juridiction main- « tenue est encore exercée dans ce moment par M. Marin, en qualité de « Lieutenant-Général, M. Olivier, comme procureur du roi, et le sieur « Guion, comme greffier. » De ce rapport, qu'un obligeant ami a bien voulu exhumer des Archives du Ministère de la Marine, il résulte que les Amirautés ayant été supprimées en 1790 et 1791, Marin fut des derniers et probablement le dernier à exercer, en France, cette magistrature, puisque l'inspecteur constate qu'il l'exerce encore, à la date de son rapport. Au

V

Hélas ! il est dans la destinée de l'homme et dans celle de Marin en particulier de trouver partout, même parmi les siens et jusqu'au sein hospitalier du pays natal, des contradictions douloureuses.

« Depuis la mort du feu Roi, raconte-t-il lui-même,
« il s'est élevé entre ce siége (de l'Amirauté) et la
« Communauté, un schisme qui dure encore. Les
« officiers de l'Amirauté, qui ne s'étaient peut-être
« jamais montrés aux cérémonies publiques, vou-
« lurent assister au service solennel qu'on devait
« célébrer pour ce Prince. Ils firent signifier cette
« résolution aux Consuls et leur disputèrent

« Des vains honneurs du pas le frivole avantage.

« Il était sans doute indifférent à la Communauté,
« que ces officiers assistâssent ou n'assistâssent pas
« aux cérémonies publiques ; qu'ils marchâssent
« devant ou derrière ; mais ils voulurent occuper les
« stalles destinées de tout temps aux Consuls, comme
« étant les places les plus honorables de l'Eglise.
« L'homme qu'on déplace a de l'humeur, les Consuls
« en prirent, les esprits s'échauffèrent de part et
« d'autre. Les officiers de l'Amirauté oublièrent

registre des Archives des Bouches-du-Rhône, nous trouvons sa juridiction remplacée par celles des présidents et juges du tribunal de commerce, seulement à partir du 13 février 1792.

« peut-être, en ce moment, qu'ils étaient citoyens
« avant que d'être membres du Tribunal. Cette
« affaire, qui pouvait se concilier et se terminer
« sans éclat, fut portée au Parlement. L'Amirauté
« devait gagner ce procès, et le gagna. *Inde iræ*. Le
« chef actuel du siége, qui n'était point pourvu,
« lorsque cette discussion s'éleva, ne peut préva-
« riquer en renonçant à des droits attachés à son
« office, qu'il doit transmettre dans toute son inté-
« grité. Mais, peu susceptible de ces petites fai-
« blesses de la vanité, il fait des vœux pour que ces
« stalles fatales tombent de vétusté ou soient détrui-
« tes, en donnant une nouvelle forme au chœur ;
« et que chacun alors, prenant la place qui lui con-
« viendra, la paix soit rétablie entre des citoyens
« qui n'auraient jamais dû être désunis. » (1)

(1) *Histoire de la Ciotat,* page 117.

IX

L'ACADÉMICIEN

Sommaire. — Amour des Ciotadens pour leur pays natal. — Marin découvre Tauroentum. — On conteste à Marin la paternité de sa découverte. — Lettres de l'abbé Barthélemy. — Le *Mémoire sur le Port de Marseille*. — Il est élu académicien résidant. — Ses autres titres d'académicien de province. — Retour à Paris. — La guerre ramène Marin en Provence. — Il reprend définitivement le chemin de la capitale. — Sa lettre au Ministre de l'Intérieur. — Liste de ses ouvrages.

I

Les gens de Provence aiment avec passion leur sol natal. Entre tous, ceux de la Ciotat se distinguent par cet amour exclusif et passionné. Un Ciotaden, lancé dans les périlleuses aventures de la vie sur mer, exilé dans un comptoir colonial, appelé à remplir sous un autre ciel des fonctions même considérables, rêve toujours du pays natal. Ailleurs, il est seulement campé. Lorsque sa fortune sera faite, l'heure du repos sonnant, il reviendra bien vite occuper sa maisonnette de ville pendant l'hiver et sa bastide l'été, près du nid d'alcyon qui berça ses premiers ans. C'est lui qui a le mieux compris le mot de Job, ce grand observateur du cœur humain : *In nidulo meo moriar !* (1)

(1) Je veux mourir dans mon petit nid (*Job*. XXIX, 18.)

Au retour, sur le soir de la vie, l'homme de la Ciotat ne se rassasie point de revoir ces horizons aimés, ces sentiers, ces chemins, ces bois d'oliviers, ces forêts de pins, ces criques échancrées, cette rade merveilleuse avec son cap étrange, son île alternativement couleur de roche ferrugineuse et verdoyante à la moindre ondée. Marin reprit ces mêmes promenades, qu'il faisait autrefois avec l'abbé Fabre depuis longtemps mort à la peine, il lui semblait qu'il allait à la découverte de son propre pays.

Un jour, ce fut vrai à la lettre.

II

Au bord oriental de la Ciotat, on distinguait d'anciennes ruines, disparaissant sous les sables et les coups d'un vandalisme plus rapide que l'envahissement de la mer. Là fut une ville gréco-romaine, dont César et bien d'autres ont parlé: c'était Tauroentum.

Or, près de Tauroentum, habitait, vers la fin du siècle dernier, un ciotaden fort instruit et très obligeant, des amis de Marin. A. Guion invita l'ancien censeur à prendre gîte chez lui. De là, Marin partait chaque jour pour étudier les ruines. Armé de tout ce que les anciens, le moyen-âge et les modernes avaient dit de Tauroentum, mesurant, creusant, découvrant des monuments, suivant des galeries éboulées, disputant aux sables et aux paysans les mosaïques effondrées et les murs écroulés, il parvint à reconstituer le port et la cité en ruines (1).

Aujourd'hui, tout a disparu ou à peu près, et, écrivant d'Hyères à son ami Alexandre Dumas, en mars 1844, Méry a spirituellement décrit les déceptions réservées aux touristes qui, sur la foi des découvertes de Marin, visitent la plage historique des Lèques, à l'est de la Ciotat.

« M. Marin, dit Méry, a publié un livre sur les ruines de Tauroentum ; il a donc vu ces ruines. Aujourd'hui elles ont disparu ; et, en disparaissant, elles ont rendu un véritable service aux voyageurs qui, débarquant sur le rivage, étaient assaillis par la tempête d'une formidable controverse, engagée entre Marin et les partisans de la *Statistique* du département. Un préposé de M. Marin était domicilié dans une cuve d'un bain de Diane, et il attendait les voyageurs pour leur exposer les doctrines de son maître. Dès que M. Brémond, le représentant des théories de la *Statistique*, remarquait une certaine agitation sur le rivage de Tauroentum, il partait en canot de la Ciotat et venait soutenir ses principes avec une voix de mistral. Les voyageurs étaient fort à plaindre en ce temps-là. Enfin la douane vint, et des jours plus doux commencèrent pour Tauroen-

(1) Il faut lire, dans les savants Mémoires de l'abbé Giraud et dans le livre plus récent de M. Lenthéric, la part qui revient à Marin dans cette reconstitution de la ville gréco-romaine.

tum. Les douaniers firent d'abord condamner M. Marin et M. Brémond comme contrebandiers ; puis ces mélancoliques préposés, cherchant un remède à leurs ennuis administratifs, égratignèrent pierre à pierre les ruines du temple de Vénus, de Diane, de Neptune, pour faire des ricochets dans le golfe, *quum placidum ventis staret mare.* M. Brémond publia une satire pleine de sel attique contre les douaniers. Ce fut le dernier effort de la science en faveur de Tauroentum. Une génération de douaniers épuisa les ruines en ricochets; toute l'antiquité y passa. On n'y trouva plus, pour la controverse, la moindre pierre d'achoppement. Le rivage reprit sa nudité rocailleuse des jours de la création. »

Le facétieux et spirituel épistolier ajoute qu' « on montre aujourd'hui à Tauroentum l'absence complète de trois temples, de deux thermes, de deux promenoirs comme les aimait Martial, d'un cirque orné d'obélisques sur son épine et d'un camp prétorien. Le visiteur ouvre de grands yeux et voit deux douaniers assis sur douze arpents de néant pétrifié. »

« Ainsi, conclut Méry, les ruines mêmes s'effacent partout dans le monde des vieux monuments. Nous avons soin toujours de mettre ces grandes dévastations sur le compte du temps rongeur, dont la faux est impitoyable. Le temps n'est pas si destructeur qu'on le dit ; et, si l'homme n'entrait pas en collaboration avec lui dans son œuvre de ravage, beaucoup de saintes pierres seraient encore debout. En Provence surtout, on devrait renoncer à peindre le temps avec ses vieux attributs mythologiques ; ce dieu doit être représenté avec l'habit vert et le sabre du douanier. »

Sur quoi M. Lenthéric (1) observe que « Méry avait trop d'esprit pour être un fervent archéologue ; à tout prendre, il n'avait pas tout à fait tort ; et il est certain que les ruines abandonnées à elles-mêmes se maintiendraient presque indéfiniment ; les paysans, sinon les douaniers, ont été, pendant près de huit siècles, les pires Sarrazins de la Provence ; ils ont incendié des forêts entières sous prétexte de donner à paître à leurs troupeaux, démoli des pans de murs antiques et ruiné des monuments presque debout pour y prendre les matériaux nécessaires à la construction de leurs maisons et à la clôture de leurs champs ; le petit hameau de Saint-Cyr et le village de la Cadière, qui ont été le refuge des Tauroentins harcelés par les Barbares, sont entièrement bâtis avec les débris de l'ancienne colonie grecque, de sa citadelle, de ses temples et de ses quais. »

III

Le Mémoire sur Tauroentum avait été demandé à Marin par l'Académie de Marseille. Il le lut dans

____

(1) *La Provence maritime,* etc., p. 139.

une séance publique, et sa lecture, faite avec un goût et une diction remarquables, fut très applaudie.

Hélas ! les applaudissements, qui flattent agréablement l'orateur, impressionnent désagréablement certains de l'auditoire, surtout les confrères rivaux. Après la séance, tandis que Marin recevait les félicitations de tout ce que Marseille comptait de plus distingué, un académicien chagrin vint remplir avec empressement le rôle de l'esclave dans les triomphes antiques :

— La plupart des découvertes que vous venez de décrire ont été faites avant vous, par M. l'abbé Barthélemy (1).

Marin en référa aussitôt au savant abbé, son ami :

— Les fouilles que je fis faire à Tauroentum en 1755, répondit ce dernier, ne produisirent rien... Toutes vos découvertes vous appartiennent, et je vous en réitère mon compliment (2).

L'incident fut vidé.

A quelques mois de là, Marin présenta aux suffrages de la même Académie un autre *Mémoire*, moins heureux, *sur le Port de Marseille*, les causes qui

---

(1) « Ce savant, dit Marin, mon premier maître en l'art d'écrire, qui m'a toujours honoré de son estime et de son amitié (et pourquoi ne dirais-je pas de ses bienfaits ?), avec qui j'avais parlé souvent de cette ancienne ville, m'avait assuré qu'il n'avait presque rien vu lorsqu'il s'y transporta ; et il venait encore récemment de me l'écrire : je crus cependant devoir l'interroger de nouveau sur ce fait. (*Mém. sur Tauroentum*). » Nous verrons plus loin de quelle étroite amitié les deux Provençaux étaient liés.

(2) Lettre du 3 juin 1781.

peuvent diminuer sa profondeur, les moyens d'en prévenir les effets et d'y remédier. A côté de certains conseils pratiques, comme le creusement des égouts, etc., l'auteur du Mémoire en proposa d'autres, tellement impraticables, que l'Académie dut passer outre.

Mais, cette activité littéraire fut remarquée. On sut gré à Marin d'avoir reporté sur les antiquités provençales le goût des recherches d'érudition qui lui avaient dicté déjà, dans le recueil de Fréron, une fort intéressante notice sur les Galères au XII⁰ siècle. Associé depuis le 3 janvier 1759, Marin élut son domicile à Marseille, aux Lisses de Noailles. Il se présenta aux suffrages de ses collègues et fut nommé académicien en 1783 (1).

(1) M. l'abbé Dassy, secrétaire perpétuel de l'Académie de Marseille, a bien voulu nous envoyer à ce sujet la note suivante:

« Le nom de M. Marin reparaît dans nos registres à la séance du 20 août 1783. L'associé, qui est revenu dans nos contrées, a demandé de faire partie de l'Académie, comme membre résidant. Il est, en effet, élu ce même jour; il prend place à la séance publique du 25 août suivant, mais sans y prononcer de discours, ni complimenter l'Académie. Probablement on l'en avait dispensé, comme ayant été tiré des cadres des associés. En cette séance de la Saint-Louis 1783, le directeur se trouvant absent, l'Académie confia à M. Marin le soin de prononcer ou de lire son discours d'ouverture; le directeur était alors M. Grosson, le discours qu'il avait rédigé traitait « des progrès des lettres et des sciences depuis l'établissement de l'Académie. »

« L'Académie s'était montrée très bienveillante envers M. Marin ; comment se fit-il qu'il n'assistât à aucune des séances qui suivirent sa réception ? J'ai reconnu avec peine que son nom ne figure jamais parmi les membres présents aux séances.

« M. Marin est ainsi qualifié au procès-verbal du 20 août 1783 : Lieutenant-général de l'amirauté de la Ciotat, membre de plusieurs académies, censeur royal et inspecteur de la librairie en Provence. »

Pour payer sa dette envers l'Académie, Marin écrivit sur Ponthus de Thiard, poète du XVI⁰ siècle, une excellente étude qu'il se proposait de lire, en séance publique, pour la réception du Comte de Thiard, descendant du poète et commandant en chef en Provence. Il fit cependant une réflexion :

— Je ne pouvais me permettre de la lire en sa présence, sans son aveu que je n'aurais peut-être pas obtenu ; et j'ai pris le parti de le faire imprimer, pour lui en faire hommage et ne pas perdre le fruit de mon travail.

La brochure traite d'abord de la noblésse de Ponthus de Thiard, de sa science et de son érudition. Le poëte est loué ensuite comme ayant le premier tiré la poésie du bourbier où la jetait Ronsard, sous prétexte d'enrichir la langue, loué aussi de la pureté de ses œuvres où il n'est *rien qui puisse choquer la décence et qu'une femme honnête ne puisse lire sans rougir*.

En note, des vers de Ponthus sont cités, et Marin déclare que ces *ouvrages valent mieux que ceux de ce Ronsard si célèbre*.

Marin était en outre académicien de Lyon (1) et de

« Sur un catalogue imprimé de l'Académie en 1785, les mêmes titres se répètent.

« Sur un autre catalogue publié par l'Académie en 1806, M. Marin est rangé parmi les vétérans, et l'on écrit « ancien lieutenant-général de l'amirauté et inspecteur de la librairie en Provence, A PARIS. »

(1) Sa réception date de l'année 1767. En même temps que lui, furent admis, avec le même titre de membre *associé*, le chevalier de Boufflers,

Dijon (1). Nous avons dit qu'il l'était depuis longtemps de Nancy.

IV

Académicien résidant de Marseille, Marin n'en
restait pas moins Ciotaden.

Son pays natal lui doit un livre, à nos yeux le
meilleur de tous ceux qu'il a écrits et qui, pour
l'exactitude des faits, l'intérêt du récit et le charme
naïf de la forme, n'a point été dépassé par ceux qui
ont écrit depuis l'*Histoire de la Ciotat*.

« On aura bien des reproches à me faire sur l'His-
« toire de la Ciotat, écrivait modestement notre cher
« annaliste. *Erat quod tollere velles*, sans doute ; et
« j'en aurais retranché les deux tiers, si ce n'était ici
« un tribut payé à ma patrie. Il importe peu au com-
« mun des lecteurs d'apprendre, en quel temps se
« sont établies, dans une ville obscure, des Asso-
« ciations de Pénitents bleus, blancs, noirs et gris,
« etc. Mais, le citoyen tranquille, à qui sont étran-
« gers les grands intérêts des Etats, les révolutions
« des Empires ; qui foule paisiblement cette terre

le P. Frizi, barnabite, et Bernard de Jussieu. (*Note transmise par M.
Bonnel, l'un des secrétaires généraux de l'Académie de Lyon*).

(1) Marin, censeur royal à Paris, a été admis, comme membre non-
résidant de l'Académie de Dijon, le 4 août 1739. (*Note de M. Rouget,
secrétaire de l'Académie.*)

« où il reçut la vie, et où il doit la rendre, aime à se
« rappeler l'époque où fut bâti ce Temple dans
« lequel il adore le Maître de l'univers ; par lequel
« de ses ancêtres furent élevés, cet hôpital, cette
« chapelle, cette maison de charité et d'autres monu-
« ments de leur piété et de leur bienfaisance. Il
« s'enorgueillit des éloges qu'on fait de leurs vertus,
« et s'efforce de mériter la même gloire, chez la
« génération future : rien n'est indifférent pour lui.
« Les plus petits détails sur les familles, les édifices
« publics, les maisons, les aventures anciennes et
« modernes, occupent les loisirs d'un homme con-
« tent de ce qu'il est, et qui n'a jamais été tour-
« menté par l'ambition d'être ce qu'il n'est pas. »

Puis, le bon historiographe ajoute avec candeur :

— Quant à ceux qui n'ont point ce motif de curiosité, ils peuvent se dispenser de lire cet ouvrage en
entier (1).

Il y revient ailleurs :

— Ce n'est ici qu'une histoire de famille ; c'est le
récit que fit un vieillard à ses neveux, des faits qui
intéressent leurs ancêtres (2).

Il craint l'insuccès, mais il s'en console :

— Si cet écrit tombe dans l'oubli auquel il est
condamné, je n'aurai pas à me reprocher d'avoir

(1) *Histoire de la Ciotat,* préface, p. iv et suivantes.
(2) *Ibid.* Avertissement, p. lxx.

compromis la fortune des Libraires, je le fais imprimer à mes frais, selon mon usage (1).

Du reste, l'auteur trouva le bon moyen pour répandre son livre : il le distribua gratuitement. Tous ou presque tous les exemplaires qui subsistent à la Ciotat de l'ouvrage de M. Marin, portent la mention *de la part de l'auteur*.

Cette générosité patriotique l'autorisa à conclure, en terminant son travail.

« Si mes autres productions littéraires périssent par la faiblesse des talents qui y sont développés, puisse cet ouvrage, consacré à leur gloire et à leur utilité (de mes compatriotes), se conserver parmi eux, et rappeler aux races futures le souvenir d'un citoyen, qui fut toujours tendrement attaché à sa patrie ! (2) ».

V

Marin avait donc pris bravement son parti. Il oubliait, en Provence, les lazzis parisiens. Mais, à Paris, on n'oubliait point. Quand le temps eut calmé l'émotion des premiers jours, on se rendit compte de l'injustice de certains procédés par trop sommaires, les amis intimidés reprirent courage, ils obtinrent du gouvernement de Louis XVI, outre la conservation du titre de censeur royal, la nomination

(1) *Ibid.*
(2) *Ibid.*, p. 173

de Marin aux fonctions d'inspecteur de la librairie en Provence et l'engagèrent à revenir, au moins pour se montrer, dans la capitale d'où les plaisanteries de Beaumarchais et la lâcheté de ses anciens obligés l'avaient comme exilé.

Ces instances flatteuses, surtout celles de son ami dévoué le comte d'Ollolier, le décidèrent. Il reprit le chemin de Paris en 1784 et y reçut l'hospitalité la plus empressée chez ce même comte d'Ollolier, au n° 23 de la rue Saint-Louis, au Marais.

C'est de là qu'il redemande ses entrées à la Comédie Française, rappelant qu'il a été, 15 ans durant, censeur de ce spectacle et ne croit pas avoir déplu à la Compagnie de MM. les sociétaires (1).

En décembre 1784, on parle de guerre et Marin se voit dans la nécessité de rallier son port d'attache, pour y reprendre ses fonctions de lieutenant-général d'Amirauté. Dès lors, il prie les comédiens de considérer sa demande comme non avenue (2), et regagne la Ciotat.

(1) *Archives de la Comédie française*, Dossier Marin, 190e carton. Lettre du 29 oct. 1884.

(2) *Ibid.* Lettre du 2 décembre 1784. Nous avons retrouvé, dans ces mêmes archives, une autre lettre très curieuse de Marin, en date du 31 mai 1774, accompagnant l'envoi de deux pièces de lui : « Je crois, « dit-il avec sa naïveté ordinaire, y avoir mis tout l'art qu'on peut « employer pour rendre vraisemblable un événement absurde. » La scène se passe en Grèce « et non en France, où nous ne croyons point ce qu'on croyait en ce pays. » Il s'en rapporte, d'ailleurs, au jugement des acteurs, surtout de Fréville. Nous profitons de l'occasion pour remercier M. Monval, archiviste de la Comédie française, pour la parfaite obligeance avec laquelle il a bien voulu nous aider dans nos recherches, et mettre à notre ervice le secours de sa compétence et de son érudition.

Cependant, la Révolution accomplit son œuvre et la précipite. Marin y perd et sans compensation sa charge d'officier d'Amirauté, achetée à grands frais. Bientôt, ses pensions sont supprimées et le vieillard se voit menacé de la misère.

La plupart de ses amis ont émigré, n'importe. Confiant en la bonté de sa cause, il n'hésite pas à prendre le chemin de Paris et à revenir en solliciteur, là où son ennemi voit triompher l'œuvre que le *Barbier de Séville* et le *Mariage de Figaro* ont tant contribué à rendre victorieuse.

VI

Il existe aux Archives nationales (1) une lettre de Marin où il retrace sa position dans des termes, où on voit au naturel son caractère. On la lira avec quelque intérêt. Elle est adressée au Ministre de l'Intérieur (2) :

« Citoyen Ministre,

« Vous aimez les lettres, vous les avez cultivées
« avec succès et c'est avec confiance qu'un littérateur,
« âgé de plus de 77 ans, ose réclamer votre bien-

(1) *Papiers sur les théâtres*, f. 17. 1295.
(2) Avec cette annotation : « Le citoyen Ministre est supplié d'avoir la
« charité de lire lui même le Mémoire ci-joint, (4 floréal, 2 joj. 5e bureau,
« n° 866). »

« veillance dans la malheureuse situation où il se
« trouve.

« F.-L.-C. Marin a passé sa vie au service de
« l'Administration dans les différents départements,
« il avait obtenu pour récompense de ses travaux
« 4,000 fr. de pension qui ont été réduites à 1,400 fr.
« C'est avec cette pension qui ne lui est pas payée,
« et quelques modiques rentes qui ne le sont pas
« davantage, qu'il traîne sa vieillesse et qu'il est
« obligé d'entretenir sa famille. Il ne possède aucune
« espèce d'immeuble ; il n'est que rentier, et ne
« recevant presque rien depuis quelques années, il
« a été forcé de vendre pour subsister presque tout
« ce qu'il possédait et sera bientôt réduit à un simple
« grabat pour lui, sa femme et ses enfants.

« Malgré les occupations multipliées dont il a été
« surchargé, il n'a jamais cessé de cultiver les
« lettres, il a produit plusieurs ouvrages dans tous
« les genres de littérature dont il joint ici une note.

« Les fonctions qu'il a le plus longtemps exercées
« sont celles de secrétaire-général de la librairie et
« de censeur des spectacles.

« Cette dernière place qu'il a occupée pendant plus
« de 17 années, l'a mis à portée de connaître l'admi-
« nistration des différents théâtres, particulière-
« ment celle de l'Opéra, et, à l'invitation des minis-
« tres, il a fait dans le tems des Mémoires pour
« remédier aux abus qui s'y commettaient alors.

« Comme dans la République romaine, les citoyens

« qui se croyaient propres à quelque emploi étaient
« obligés de se présenter en habit blanc (*candidati*)
« pour se faire remarquer, si ce citoyen avait osé, et
« s'il avait eu quelque accès auprès de vous, citoyen
« Ministre, il vous auroit offert ses services en vertu
« de sa longue expérience, pour cette administration,
« lorsque vous l'avez organisée.

« Mais puisque vous avez dans votre département
« tout ce qui tient aux sciences et aux lettres, vous
« pouvez, citoyen Ministre, lui procurer quelque
« place qui puisse convenir à un vieillard qui les a
« cultivées toute sa vie.

« Il présume trop de votre bienfaisance et de
« votre humanité pour ne pas espérer que vous ac-
« cueillerés sa demande avec la bonté qui vous carac-
« térise.

« MARIN,

« Homme de lettres, rue Montmartre, n° 42,
au coin de celle des Vieux-Augustins. »

Suit l'énumération que voici, écrite en entier de
la main du pétitionnaire.

NOTE DE QUELQUES-UNS DES OUVRAGES
DU CITOYEN MARIN :

1° L'*Histoire de Saladin*, 2 vol. in-12, ouvrage
qui a exigé les plus grandes recherches et dont 2
éditions ont été tellement épuisées qu'on ne le trouve
plus dans la librairie.

11

2° Un livre de morale, intitulé : l'*Homme aimable*, 1 vol. in-12, dont l'édition est également épuisée.

3° Un recueil de pièces de théâtre, 1 vol. in-8', les unes en prose, les autres en vers.

4° L'*Histoire de l'art dramatique*, 3 vol. in-8°, qu'il ne put faire paraître en son nom à cause des hardiesses qui y sont répandues et dont le duc de Lavallière, pour se faire une réputation littéraire, permit qu'on l'en soupçonnât auteur.

5° *Une dissertation* sur *l'ancienne ville de Tauroentum*, dont il a fait la découverte, dissertation adoptée par l'Académie des Inscriptions, et imprimée séparément avec l'*Histoire de la Ciotat*, patrie de l'auteur, 1 vol. in-12.

6° La traduction en vers de plusieurs églogues de Virgile, brochure in-8°.

7° Un recueil de facéties sous le titre de : *Théâtre des Boulevards*.

8° Plusieurs traductions de l'anglais, entr'autres la *Lettre d'Héloïse à Abeillard* et quelques poésies légères traduites de Macpherson.

9° — Un discours sur l'histoire en 3 parties pour les tems anciens, les tems moiens et les tems modernes, des discours et des dissertations sur les Chinois, sur la poésie orientale, sur l'art hiératique, sur les Egyptiens et les Arabes, insérés dans les recueils des différentes académies dont il était membre.

10• Plusieurs pièces fugitives en prose et en vers insérées dans les journaux.

11° Différens discours préliminaires à plusieurs éditions auxquelles il a présidé.

12° *La Gazette de France*, dont il a été chargé pendant plusieurs années, etc., etc., etc. (1).

Il a produit tous ces ouvrages, quoiqu'il fut chargé du secrétariat de la librairie, de la correspondance avec les Intendans pour la librairie, de la censure des spectacles, d'un travail sur les classes de la marine, du rapport des projets de finance par M. Terray, des mémoires pour les ambassadeurs, pour le duc d'Aiguillon, des discours de M. de Sartine et d'autres hommes en place et de la *Gazette de France*.

(1) Parmi les ouvrages que Marin néglige de mentionner, il convient de noter l'édition qu'il a donnée du prétendu *Testament de Richelieu*, édition à laquelle il apporta un soin extrême.

X

UN AMI A LA CONVENTION

Sommaire. — L'attitude de Marin durant la période révolutionnaire. — Le conventionnel Goupilleau. — Les missions en Provence. — Lettres de Marin à Goupilleau. — Tristesse du vieillard.

I

— Qu'avez-vous fait pendant la Révolution ?

— J'ai vécu !

La réponse fameuse de l'abbé Sieyès conviendrait à plus d'un personnage marquant de l'Empire et de la Restauration.

Marin fut de ceux-là.

Ancien rédacteur du journal officiel, partisan et défenseur du parlement Maupeou, ami des aristocrates, ennemi de Beaumarchais, il était naturellement désigné aux haines terribles qui firent tant de victimes sous la Terreur et durant toute la période révolutionnaire.

Comment s'en tira-t-il ?

En lisant ce qui va suivre, plus d'un sera tenté de le taxer de lâcheté et de félonie.

Certes, nous n'avons, ni la prétention d'innocenter Marin sur tous les points, ni même l'intention d'essayer un plaidoyer ; mais, le cas particulier de

Marin n'est pas alors un cas isolé, et, en jetant un coup d'œil sur ses contemporains, on chercherait, dans l'entourage, celui qui, étant sans reproche, aurait le droit de lui jeter la première pierre.

Un historien, qui a beaucoup étudié « Royalistes et Républicains » depuis 89, l'a observé avec une sagacité peu commune :

« En dehors de la Vendée ou de l'émigration, se demande-t-il, n'y avait-il donc plus alors aucun royaliste ? Ce serait une erreur de le croire. Seulement, à certaines heures, au lendemain de grandes fautes ou de persécutions terribles, les partis, humiliés ou intimidés, tout en conservant leurs adhérents, perdent confiance en eux-mêmes et n'osent plus se montrer. Tels sont les royalistes après Thermidor. Ils sont encore « la classe sous le couteau ». Plusieurs des leurs sont enrôlés dans la jeunesse dorée, mais en qualité d'adversaires des Jacobins, non comme royalistes. Les concessions qu'ils se croient obligés de faire à l'esprit du moment les conduisent souvent fort loin. Un écrivain qui, après le 13 vendémiaire, sera condamné à mort par coutumace sur accusation de conspiration monarchique, le futur rédacteur de la *Quotidienne*, M. Michaud, insérait, en 1795, dans l'*Almanach des Muses*, une pièce de vers qui se terminait ainsi :

> Oh ! si jamais des rois et de la tyrannie
> Mon front républicain subit le joug impie,
> La tombe me rendra mes droits, ma liberté.

Ducis, qui, au fond, était royaliste, sacrifiait, sans plus de scrupule, à la muse républicaine (1) ».

Marin fit comme Michaud et Ducis. Nous n'avons cependant aucune raison d'hésiter à reconnaître qu'il y mit un ton de sincérité qui semble témoigner de convictions, résultat de réflexions profondes sur l'évolution révolutionnaire contre l'ancien régime.

Ces réflexions philosophiques et sociales, il aimait à les communiquer dans de longs entretiens qu'il avait fréquemment avec un conventionnel, dont il est temps de parler.

II

Il s'appelait Goupilleau (2) et a laissé, en Provence, de nombreux souvenirs.

Goupilleau (Philippe-Charles-Aimé), dit de Montaigu, où il était né en 1749, fut d'abord avocat au Parlement de Paris, puis sénéchal de Rochecervière en Bas-Poitou, aujourd'hui département de la Vendée. Quoique officier de justice seigneuriale, il accueillit, dès le début, la Révolution avec ardeur, préparé qu'il était à la recevoir par l'étude des philosophes du XVIIIe siècle. Electeur désigné par

---

(1) Thureau-Dangin. *Royalistes et Républicains*, p. 15.

(2) M. Dugast-Matifeux, dans l'*Indicateur de Fontenay* (n° du 14 novembre 1872), a écrit sur Goupilleau une petite notice à laquelle nous empruntons, à peu près littéralement, les détails biographiques qu'on va lire.

l'assemblée primaire des habitants de sa localité, il assista, en cette qualité, à la réunion des trois ordres à Poitiers, pour la rédaction des cahiers et la nomination des députés aux Etats-Généraux de 1789. Il en a laissé un journal fort intéressant, qui été imprimé. C'est l'historique le plus complet que nous possédions sur les élections du Poitou, à cette mémorable époque.

Nommé en 1790, après la division de la France provinciale en départements et leur subdivision en districts, procureur-syndic de celui de Montaigu, il se conduisit patriotiquement dans l'exercice de ces nouvelles fonctions. Il était là à son poste. On peut l'apprécier, le juger sur ses actes, car la plupart des pièces existent encore. L'ensemble de son œuvre, durant les deux années qu'il occupa cette magistrature, serait même susceptible de fournir la matière d'une publication spéciale, sous ce titre : *le District de Montaigu dans la Révolution*. Bornons-nous à dire qu'il s'y montra supérieur à tous ses collègues de la Vendée. Aussi fut-il nommé président des trois assemblées électorales de 1791, pour le choix des députés à la Législative, au nombre desquels on le comprit lui-même.

A cette seconde Assemblée nationale, qui reste en quelque sorte écrasée entre la Constituante et la Convention, nous le trouvons au-dessus de la moyenne des députés. Il siégea au côté gauche et vota constamment pour la cause populaire. Sa lettre-circulaire aux Sociétés des amis de la Constitution de la Vendée et de Nantes, sur la journée du 20 juin 1792, a été imprimée.

Après avoir été thermidorien, Goupilleau remplit, dans le midi de la France, une mission qui durait encore lors de la clôture de la session conventionnelle.

Malgré les gages donnés par lui dans le cours de sa mission, il ne fut pas renommé par ses concitoyens. Réélu toutefois par les conventionnels réélus eux-mêmes, qui s'étaient réservé le droit d'entrer pour les deux tiers dans la formation du nouveau Corps législatif, il passa au Conseil des Cinq-Cents. S'étant montré contraire au coup d'État du 18 brumaire an VIII, il fut définitivement exclu de la représentation nationale comme indigne, et, quelque temps après, déporté à l'île de Ré.

Resté depuis simple citoyen, à Montaigu, Goupilleau s'occupait à coordonner sa correspondance et les documents, tant imprimés que manuscrits, qu'il avait recueillis dans la Révolution et sauvés des crises politiques. Il en forma une nombreuse collection de volumes qu'il relia de ses propres mains. On doit regretter qu'il se soit borné à un simple classement de pièces et à leur reliure.

Goupilleau décéda dans son lieu natal, le 1er juillet 1823.

III

Quelle fut l'origine des relations de Marin avec ce membre de la Convention ? Furent-elles le résultat d'une rencontre de société ou d'une consultation de cabinet? M. Dugast-Matifeux a bien voulu se livrer à d'actives recherches sur ce point. Elles n'ont point abouti, malgré tout le bon vouloir de cet érudit obligeant, et il n'est guère probable qu'elles aboutissent jamais, Goupilleau n'ayant point écrit de mémoires.

Peut-être Marin connut-il l'avocat Goupilleau, à l'époque de ses démêlés avec Beaumarchais ? Quoi qu'il en soit, cette connaissance était devenue une étroite amitié.

Lorsque l'ami de Marin fut envoyé en mission dans le département de Vaucluse, et il le fut à trois reprises, du 9 fructidor au 9 nivose an II, du 23 floréal à messidor an III, de brumaire au 9 frimaire an IV (1), il s'établit entre les deux amis une correspondance assidue.

Cette correspondance commence le 9 fructidor de l'an II et finit au 5 thermidor de l'an IV, c'est-à-dire qu'elle comprend à peu près deux années, du 26 août 1794 au 23 juillet 1796, époque de la rentrée du représentant à Paris; ce qui mit fin à leurs rela-

____

(1) ACHARD, *Annuaire administratif*, etc., *du département de Vaucluse pour l'année 1854.*

tions épistolaires. On y déchiffre, non sans peine, car l'écriture de Marin est illisible, des détails littéraires et surtout politiques, fort curieux, sur la réaction thermidorienne, dont les correspondants étaient partisans l'un et l'autre.

Les réponses de Goupilleau sont perdues, mais les lettres de Marin, reliées avec soin par le conventionnel, ont passé sous nos yeux, grâce à l'obligeance de M. Dugast-Matifeux. Nous n'avons pas su résister au désir de les reproduire. Ces lettres inédites ont un parfum du temps que plus d'un lecteur aimera à respirer. Puis, elles achèvent de nous révéler Marin, tel qu'il était, bon, un peu léger, mais excellent ami, et plus sensé que ne le veut la légende inventée par Beaumarchais.

Avant de les reproduire, notons que, de l'avis de tous ceux qui ont le mieux étudié la période révolutionnaire à Vaucluse, Goupilleau a été le plus modéré des administrateurs que la Convention envoya à ce département. Constamment adjoint à des collègues plus tapageurs, plus avancés, plus radicaux que lui, il mérita avec l'un d'eux, Jean Debry (1), le renom

(1) M. Augustin Canron nous écrivait d'Avignon, à la date du 13 août 1884 : « Jean Debry a laissé ici un renom relativement bon et hono-« rable, si bon même et si honorable qu'on le chansonnât à son avantage « dans un hymne patriotique et conservateur, dont le refrain était :

« Tous nos bras sont à la patrie,
« Et tous nos cœurs à Jean de Brie.

« Son fils, que nous avons eu pour préfet en 1849, recueillit, à cinquante « ans de distance, des témoignages non équivoques des sympathies qu'avai « laissées son père parmi nous. »

de *modérantisme*, qui a laissé planer sur lui des souvenirs sympathiques dans la mémoire des anciens, à Avignon et dans le Vaucluse.

Goupilleau venait à peine de quitter Paris que Marin prit la plume et commença cette correspondance, où l'on retrouvera avec plaisir des documents et des impressions très vivantes sur cette période si agitée de notre histoire :

IV

Lettres de Marin depuis le 9 fructidor de l'an II (26 août 1794) jusqu'au 5 thermidor de l'an IV (23 juillet 1796).

A Paris, 9 fructidor, l'an 2 de la République
une et indivisible.

« Vous voilà donc parti, mon cher maître (1), vous allez faire du bien et vous me faites du mal, car votre absence pèse à mon cœur et ce cœur court après vous pour me rappeler à votre amitié et vous faire part des vœux que je forme pour le succès de votre mission et pour un retour glorieux au sein de la Convention qui sait apprécier comme moi votre patrio-

---

(1) Goupilleau, avocat au Parlement de Paris, y avait plaidé quelques causes qui firent du bruit. Il quitta ensuite la capitale pour se marier et remplir un office de judicature dans son pays natal.

tisme, vos lumières, votre humanité et votre zèle. Heureux les peuples qui vont vous posséder, et que vous allez gouverner avec votre sagesse ordinaire. Vous purgerez ces départements des traîtres et rétablirez le calme et la tranquillité parmi les patriotes.

« A propos de patriote, j'ai un frère du second lit (1) que j'ai toujours regardé comme tel. Je serais bien surpris qu'il eût démenti les sentiments qu'il m'a toujours témoignés et que mon ardent patriotisme doit lui avoir inspirés dans ma correspondance. Ce malheureux est détenu depuis quelques mois, et j'ai indiqué, dans le mémoire ci-joint (2), la cause que je soupçonne de sa détention

« Pourriez-vous engager votre confrère à Marseille (3) d'examiner les motifs de sa détention et de lui donner la liberté, s'il n'est pas coupable, comme j'ai tout lieu de le présumer ?

« J'ai moi-même un extrême besoin de sa liberté, car il est chargé de ma procuration pour les affaires

---

(1) Du premier lit, la mère de Marin avait eu un premier enfant, Jean Marin, mort en naissant le 4 juillet 1719 ; une fille, Marianne, dite Rose Marin, née en 1720, dont il a été déjà question et qui vivait encore à ce moment. Elle mourut seulement le 3 germinal an IV (23 mars 1796), âgée de 76 ans. Elle était infirme depuis longtemps. Louis Marin, né en 1721, fut donc le troisième et dernier enfant du premier lit.

(2) Ce mémoire manque au dossier.

(3) Pierre-Jean-Baptiste Auguis, ancien capitaine de dragons, président du tribunal de Melle, envoyé au Corps législatif en 1791 et de là à la Convention. Dans le procès du roi, il vota l'appel au peuple, ensuite la détention jusqu'à la paix, et lorsque la condamnation fut prononcée, le sursis. Après le 9 thermidor, il fut envoyé à Marseille, et il poursuivit avec beaucoup de vigueur les partisans de Robespierre. Il est mort en 1810.

que j'ai à Marseille, et je ne puis confier à d'autres le dépôt précieux que j'ai à La Ciotat.

« S'il était libre, je l'engagerais d'y faire un voyage, de faire venir à Marseille ma vaisselle, mes bijoux et d'autres objets précieux, — d'où, par votre toute-puissance et par amitié pour moi, vous pourriez donner des ordres de faire transporter le tout à Paris.

« Il pourrait aussi prendre des mesures pour ma bibliothèque, qui est un objet de la plus grande conséquence, et vous me diriez s'il serait possible d'effectuer le projet de la faire venir à Paris.

« Le célèbre et très célèbre ci-devant abbé Barthélemy a été fâché de votre départ, qui lui fait perdre la protection que vous vouliez bien accorder à la citoyenne (1) dont je vous avais parlé de sa part. J'ai été voir à ce sujet la personne que vous m'aviez indiquée, mais, mon respectable ami, combien peu il y a d'hommes qui vous ressemblent en générosité, en honnêteté, en bienfaisance. J'en ai été rebuté avec rudesse et l'on ne m'a pas permis de dire un mot.

« S'il vous venait une idée pour être utile à cette citoyenne, vous feriez une bonne œuvre d'en profiter.

« Je vous remercie de votre lettre à votre confrère Pothier. Il est bien poli, celui-là, et m'a fort bien reçu.

« Je vous ai dit et vous répète de m'employer, si

______

(1) Il s'agit ici de Madame de Choiseul, la protectrice de Barthélemy, qui lui devra même un jour sa délivrance, lorsqu'il aura été emprisonné aux Madelonnettes. Madame de Choiseul demanda courageusement et obtint de Danton la révocation de l'ordre d'arrestation de son vieil et fidèle ami.

je puis vous être utile en votre absence Je remplirai vos commissions avec autant de zèle que d'exactitude. Je mettrai au compte de ma bonne fortune toutes les occasions que vous me fournirez de vous obliger.

« Adieu, respectable et digne représentant, recevez mes salutations amicales et fraternelles.

« MARIN »
Maison et rue du Mail.

A Paris, 24 fructidor, an 2 de la République une et indivisible.

« Savez-vous bien, mon respectable ami, que vous écrivez comme les gens de l'ancienne cour. Ces esclaves du despotisme, fades adulateurs du despote, avaient une langue particulière, pleine de grâce et de précision. Vous y ajoutez de l'esprit et c'est ce qui leur manquait quelquefois. A ce talent près, on dirait que vous avez été à leur école.

« Votre confrère Auguis était parti, et dans le doute que vous lui aviez parlé de mon frère, je me suis hasardé de lui écrire et de m'autoriser de l'amitié que vous avez pour moi.

« Vous irez voir cette roche majestueuse d'où découle à gros bouillons une fontaine miraculeuse qui forme plusieurs rivières, et si célèbre par les sonnets de Pétrarque. Vous trouverez en bas la maison de Laure. On vous montrera son portrait et celui de son amant, et plus loin, à droite, sur la montagne, les débris du château du poëte....

« Vous m'imposez la tâche de vous écrire souvent. Mais, que vous dire ? Que je vous aime. Quand je vous aurai exprimé ce sentiment, que me restera-t-il à dire ? Pour des nouvelles, la Convention vous en instruit, et, quant aux discussions sur ce qui se passe, c'était dans nos entretiens philosophiques que nous pouvions épancher nos cœurs en bons républicains, en bons patriotes, et si je hasardais de vous développer mes idées, je ne pourrais savoir si elles sont conformes aux vôtres. Vous n'êtes pas là pour me répondre et je ferais seul les frais de la conversation. Si je vous tenais, vous me diriez ce que vous pensez sur le soufflet qu'on a voulu vous donner, rue Honoré, sur la joue de votre secrétaire, sur les résolutions prises dans cette vue, sur le discours de Merlin de Thionville touchant ces résolutions, sur l'assassinat de Tallien, etc., etc., etc. Bon Dieu ! Quand serons-nous d'accord ?

« J'ai montré au célèbre cit. Barthélemy l'article qui le concerne, il en a été très flatté et m'a chargé de vous en faire ses remerciements. Il a bien de regret d'avoir perdu votre protection pour la citoyenne à laquelle il prend un si vif intérêt (1).

(1) Cet intérêt se doublait du sentiment de reconnaissance, que Barthélemy a si souvent exprimée dans ses œuvres, pour M. et Mme de Choiseul. Cette dernière, depuis la mort de son mari, retirée au couvent des Petites Recollettes, avait continué ses soins fraternels au célèbre écrivain. Jamais, la calomnie n'effleura cette intimité, que tous respectaient·

« Si vous n'avez pas vu vos confrères partis pour Marseille, écrivez-leur un mot en faveur de Joseph Lieutaud, mon frère, pour obtenir sa liberté, si nécessaire à ma famille et à mes propres intérêts...(1)

« Recevez mille embrassades amicales et fraternelles :

« MARIN ».

A Paris, 26 fructidor, an 2 de la République
une et indivisible.

« Vous pouvez bien dire, estimable représentant, avec votre ami Horace : *Incedo per ignes suppositos cineri doloso*. Comment peut-on faire le bien avec toutes ces entraves? Je ne sais si vous vous souvenez de notre conversation le 10 ou le 11 thermidor. Je prévis tout ce qui devait arriver. Et comment ne pas le prévoir ?... J'allais vous dire de belles choses, mais je m'arrête, car, si aucune puissance ne peut empêcher d'avoir une opinion, la liberté de l'exercice, si souvent consacrée par les décrets, si souvent violée par le fait, n'est pas encore bien établie. Quelques-uns de vos confrères la défendent, d'autres la proscrivent et surtout la rue Honoré, qui vient encore de

_____

(1) Suivent quelques lignes que nous croyons devoir supprimer par convenance. Le style et les mœurs du 18ᵉ siècle comportaient certaines façons de dire qui ne seraient plus acceptées aujourd'hui dans notre société polie. Il ne nous en coûte pas d'ailleurs de reconnaître qu'il est arrivé plus d'une fois à Marin, pensant complaire à son correspondant, de dépasser certaines limites permises à la plaisanterie honnête, son caractère un peu léger l'y portant trop facilement.

vous donner une petite tape, mais très modeste encore et presque en faisant votre éloge.

« Voilà une lutte établie. On vous aura envoyé et les lettres sur la liberté de la presse, et les *queues* (1) de Robespierre, et surtout les numéros de Fréron (2). Il est bien hardi, ce Fréron, d'autres disent bien courageux. — Quel sera le résultat de ce combat ? — C'est à vous à le deviner.

« Quoi qu'il en soit, en n'adoptant philosophiquement aucun parti, je me permettrais de dire que le parti qui a dominé quelque temps a fait deux grandes fautes en politique, la première de n'avoir pas pris la balle au bond dans une certaine circonstance, la deuxième d'avoir diminué ses forces en distribuant dans les départements des hommes qui pensaient comme eux et d'avoir augmenté celle de ses adversaires en rappelant ceux qui leur étaient affidés. Alors la balance n'a pas été égale. Les arrivants, voulant soutenir ce qu'ils ont fait, ont décrié les opérations de leurs successeurs, chargés de relever les erreurs dans lesquelles les premiers étaient tombés. Savez-vous ce que fait un homme sage ? Il fait comme vous, il fait le bien, ne fait que

---

(1) On appelait de ce nom, dans les brochures et les journaux hostiles à la politique sanglante de Robespierre, ceux des conventionnels qui, après le 9 thermidor, essayèrent de la remettre en vigueur.

(2) Le conventionnel Fréron, fils du créateur de l'*Année Littéraire*. Il avait fondé l'*Orateur du peuple*, qui devint, à ce moment, l'organe de la « Jeunesse dorée », hostile à la queue de Robespierre. Fréron fut un des commissaires envoyés par la Convention à Marseille et à Toulon.

le bien, il exerce une justice rigoureusement impar-
tiale et avec la conscience de ses principes de vertu,
de patriotisme, de républicanisme, il brave la critique, ne méritant que des éloges.

« Je m'étais interdit toute discussion politique, et
me voilà jeté dans des raisonnements à perte de vue.
Changeons de thèse.

« Chénier a donné enfin sa tragédie de *Timoléon* (1). C'est un beau spectacle, mais ce n'est pas une

(1) Outre le contrôle de la censure régulière, les théâtres ont à subir la
surveillance incessante des conventionnels. Quand Chénier fait répéter
Timoléon, Robespierre et tous ses amis s'émeuvent ; ils redoutent le
spectacle du triomphe de Timoléon sur Timophane le tyran ; leur despotisme sanguinaire a peur d'allusions dangereuses ; aussi quelques-uns
d'entre eux se rendent à la répétition générale. La lutte entre Timoléon,
le républicain sincère, et Timophane, l'intrigant insatiable, l'assassinat de
ce dernier et la justification du crime dans ces vers que prononçait le
meurtrier :

> ..... Pour frapper un perfide,
> J'ai violé la loi, qui défend l'homicide ;
> Mais les rois ne sont point protégés par la loi,
> Et, magistrat de nom, Timophane était roi.

Les imprécations contre le despotisme et l'ambition, tout enfin, dans
cette tragédie, était pour déplaire aux maîtres qui régentaient la France.
La colère de Julien de Toulouse, un des conventionnels qui assistaient à
la répétition, ne connaît pas de bornes. Cette pièce est à ses yeux un
manifeste de révolte. « Mais cela ne m'étonne pas, dit-il à Chénier, tu n'as
jamais été qu'un contre-révolutionnaire déguisé. » Julien de Toulouse et
ses collègues intiment l'ordre aux comédiens de suspendre la représentation
et courent porter plainte au comité de salut public ; Chénier, forcé de
comparaître devant ces juges, comprend qu'il n'a qu'un parti à prendre,
et à prendre promptement : sacrifier sa tragédie. En présence de Robespierre, de Barère et autres, il brûle son œuvre, avec cette emphase patriotique alors de mode, et il ne se vante pas d'en posséder un second manuscrit.

Mais voici l'heure de la justice. Le 9 thermidor, en renversant Robespierre, permet aux théâtres de rentrer un peu dans la voie du bon sens.

bonne pièce. On y dit que qu'il faut défendre la liberté au péril de sa vie, qu'il faut soutenir l'égalité au péril de sa vie, qu'il faut haïr les tyrans, plonger le poignard dans le sein de ceux qui veulent s'emparer du pouvoir suprême au péril de sa vie, et l'on assassine celui qui s'est rendu coupable de ce délit. En ôtant les mots *Liberté, égalité, haine contre les tyrans, mort aux tyrans,* il ne reste plus rien, mais il reste des chœurs bien faits, pas assez variés, parce qu'ils roulent tous sur le même sujet.

« Votre confrère Tallien va toujours de mieux en mieux. Dès qu'il sera rétabli, il donnera le journal qu'il a annoncé par des affiches et dans lesquelles il ne promet pas poires molles à ses antagonistes ;

La commission d'instruction publique fait sans retard un rapport contre les mutilations ridicules qu'ont subies certaines pièces. Elle s'élève contre ce qu'elle appelle spirituellement l'*Hébertisme des arts.* Elle cite cette modification imposée par la censure de la Terreur, dans l'opéra de *Castor et Pollux.* Au lieu de :

> Présent des dieux, doux charme des humains,
> O divine amitié, viens pénétrer mon âme !

Elle avait fait mettre :

> Présent du ciel, délire des humains,
> *O céleste Raison,* viens éclairer nos âmes.

On rétablit le texte véritable dans la plupart des ouvrages dramatiques. Le Théâtre-Français obtient l'autorisation de jouer *Paméla,* et François de Neufchâteau sort de prison. *Timoléon,* relevé de l'interdit prononcé par les acolythes de Robespierre, paraît enfin et obtient un grand succès. La censure laisse s'opérer dans les spectacles un mouvement de réaction des plus prononcés. Le théâtre, suivant toutes les fluctuations de l'opinion et tous les revirements de la politique, sera, tantôt royaliste, tantôt républicain, selon le parti qui tiendra le pouvoir. (HALLAYS-DABOT, *Histoire de la censure théâtrale de France,* p. 195).

ainsi voilà quatre champions sur les rangs pour la liberté de la presse, et si on ne les arrête pas, nous verrons ce que cela produira sur l'opinion publique.

« Adieu, mon respectable ami, jouissez du plaisir de faire le bien. Cette jouissance morale ne vous interdit pas les jouissances physiques. Aimez- moi comme je vous aime. C'est beaucoup dire en vérité.

·« MARIN. »

A Paris, 28 fructidor, l'an 2 de la République
une et indivisible.

« Je reçois, mon respectable ami, votre lettre du 19. Vous faites de Vaucluse une peinture charmante. Vous pouvez bien dire à ceux qui ont avant vous décrit cette merveille de la nature, avec le Corrège : *Ed anche io son pittore.* — J'aurais bien voulu être un des compagnons de votre voyage. Nous aurions lu ensemble quelques sonnets de Pétrarque. Votre sensibilité se serait réveillée et nous aurions raisonné ensemble sur la possibilité de cet amour délicat qui sait faire jouir sans jouir. Je ne sais cependant si cette vive passion a pu se soutenir si longtemps, sans être récompensée d'aucune faveur.

« C'en est une grande pour moi de recevoir de vos nouvelles et des témoignages de votre amitié, qui m'est bien précieuse. Comment y répondre? Je suis réduit, comme Pétrarque, à ne vous exprimer que des sentiments, mais ces sentiments sont bien vifs.

« Je vous remercie de ce que vous avez bien voulu dire à votre confrère Auguis. J'espère que mon frère Lieutaud ne se sera rendu coupable d'aucun délit contre-révolutionnaire, et qu'il obtiendra sa liberté. Je l'abandonnerais, s'il avait dévié des principes qui doivent animer tout bon républicain.

« Dans votre billet séparé, vous m'annoncez un voyage que vous pourrez faire à Marseille, et vous m'offrez vos services dans cette commune, et même à la Ciotat. Plût à Dieu que je fusse dans ma patrie, pour vous en faire les honneurs et remplir les devoirs sacrés de l'amitié. Je joins ici un petit mémoire à part, sur ce que vous pourriez faire pour moi (1).

« J'ai, à la Ciotat, une maison sans apparence extérieure, fort profonde, qui donne d'un côté sur la rue, de l'autre sur une place et sur la mer (2). Je l'avais embellie en dedans, et ornée d'inscriptions. Il y en avait deux extérieures, en marbre. Sur l'une, on lisait *Piccola è ma gerbala*, Je suis petite, mais *gentille*. Sur l'autre, la maxime de Socrate : *Utinam veris amicis impleam* ! Toute petite qu'elle est, puissè-je la remplir de vrais amis! Croiriez-vous qu'on a été assez bête dans cette commune pour regarder ces simples inscriptions comme fastueuses, comme aristocratiques, et qu'on ait fait briser les

(1) Ce mémoire manque également au dossier.
(2) Cette maison existe encore. C'est celle qui, sur la rue Ganteaume (alors rue de la Liberté), porte le n° 68 et sur la place des Arbres le n° 33.

deux marbres ? Cette jolie habitation, riche en meubles et en effets précieux, est actuellement défigurée et inhabitable. Elle est habitée par une sœur plus vieille que moi et fort infirme. Elle a imaginé de couper ma maison en deux. Elle a séparé la partie qui donne sur la mer de celle qui est sur la rue, a loué la première et a fait de l'autre une bicoque encombrée des meubles qui étaient dans la partie louée et qu'elle a entassés dans l'autre, où il y a une pendule à équation qui m'a coûté 1,000 écus, deux autres pendules, des meubles de velours, des tapisseries de Damas, baguettes dorées, un lit doré, etc., etc., etc. Mais laissons là mes richesses perdues, parlons d'autre chose.

« Vous me demandez des nouvelles. On n'est occupé ici que du parti que prendra la Convention sur la querelle qui s'est élevée et de savoir qui l'emportera. Dans ce temps-là, Fréron et Geoffroi écrivent, il arrive des pétitions des 40 mille sociétés affiliées aux Jacobins. Aussi Duhem a osé dire qu'elles se fesaient à Paris. De là, des discours de Collot-d'Herbois, Levasseur (de la Sarthe) et *tutti quanti*, et l'on attend le rapport promis pour fixer l'opinion publique.

« Au reste, je vous parle de choses que vous savez mieux que moi, la Convention vous fait part de toutes les nouvelles, vous recevez sans doute les journaux, et celui de la Montagne, et les pamphlets, et ceux de vos confrères qui sont dans la bouteille à l'encre vous disent le fin mot que je ne sais pas.

« Adieu, mille et mille embrassades fraternelles et très amicales.

« MARIN. »

« *P.-S.* — Je régale votre brave ménagère (1) d'un billet de spectacle à chaque missive qu'elle m'apporte, et ce prix est bien modique.

« J'oubliais de vous remercier de la petite brochure. C'est dommage que la poésie soit si faible, la prose vaut mieux.

« Je joins ici la lettre à ma sœur que vous mettrez à la poste après l'avoir lue et cachetée. »

« J'étais, mon respectable ami, chez le cit. Barthélemi, et comme on parle toujours de ce qu'on aime, je parlais de vous. A votre nom, un homme de la compagnie a tiré une lettre de sa poche, venant du ci-devant Comtat, dans laquelle on vous comblait de

(1) Le lendemain de la prise de la Bastille, le désordre était tel, il régnait partout une si grande fermentation, que les théâtres, renonçant à lutter contre les ardentes préoccupations qui dominaient les esprits, avaient fermé leurs portes. La ville entière vivait dans la rue ; curieuse des récits de la veille, inquiète des événements du lendemain, la foule était trop avide des nouvelles qui se croisaient en tous sens, pour songer aux plaisirs dramatiques. Aussi quand, quelques jours plus tard, les spectacles reprirent le cours de leurs représentations, ils jouèrent dans le désert. Mais à peine le premier mouvement d'enthousiasme chez les uns, de stupéfaction chez les autres, fut-il passé, les partis, reprenant leur sang-froid, comprirent les services que devait rendre le théâtre, son influence sur les passions populaires, son rôle politique. (HALLAYS-DABOT, *Histoire de la censure théâtrale en France*, p. 143.)

bénédictions. Jugez, mon ami, avec quel plaisir j'ai entendu cette lecture. C'est une de ces jouissances que les âmes froides en amitié ne peuvent éprouver. Animés des mêmes sentimets de justice, il faut espérer que vos confrères de Marseille imiteront votre exemple ; mais auront-ils votre courage ? Je désire que mon malheureux frère puisse jouir du privilége de la loi, et que rien n'empêche qu'il ne soit mis en liberté. J'avais averti sa fille de vous voir de ma part, si vous alliez à Marseille ; elle me mande qu'elle a pris la liberté de vous écrire à Avignon.

« Si vous n'étiez instruit de ce qui se passe par les journaux et par la correspondance de vos amis, je vous parlerais de cette foule de pétitions des sociétés affiliées qu'André Duhem a osé dire être fabriquées à Paris, du journal de Fréron, qui ne fait que croître et embellir, de tous les autres pamphlets contre les Jacobins qui, dans ce moment, n'ont pas la faveur publique. Les choses en sont au point qu'il faut que la bombe crève d'un côté ou d'autre. On prétend que c'est aujourd'hui que Lindet doit faire le rapport tant attendu, etc. Vous en saurez le résultat plus tôt que moi par la Convention même.

« Ne trouvez-vous pas qu'elle a bien fait de supprimer ces fêtes à des êtres métaphysiques ? C'était une singulière idée de caractériser des fêtes des *Vertus*, du *Génie*, du *Travail*, de l'*Opinion*, des *Récompenses* ! Vous avez certainement beaucoup d'esprit, mais plus habiles que vous encore seraient embarrassés de figurer en procession toutes ces choses. Nous n'aurons donc que la translation des cendres de Marat au Panthéon, d'où on chassera le trop célèbre Mirabeau.

« Finissez, mon respectable ami, vos glorieux travaux. Allez ensuite vous reposer quelques jours à Marseille. Aidez, par les conseils de votre sagesse, vos deux confrères ; qu'ils rétablissent, comme vous avez fait au département de Vaucluse, la tranquillité dans cette commune célèbre : laissez la tâche à ce Beaussier de son impolitesse brutale de ne pas me répondre, rendez la liberté à mon frère, que lui ou un autre rapporte mon argenterie à Marseille, et, par les moyens qui sont en votre pouvoir, faites-la moi venir à Paris, tâchez de nous avoir un petit baril.... (1) dont je remettrai le prix à votre gouvernante ; ce serait une belle chose d'avoir un peu d'huile, car il n'y en a point à Paris. Donnez-moi donc vos commissions, car je n'aimerais rien tant que de faire quelque chose pour vous.

« Adieu, je vous embrasse de tout mon cœur.

« MARIN. »

2 culotides, l'an 2 de la République, etc.

« *P.-S.* — Est-ce que vous ne pourriez pas me donner une lettre pour votre cousin ou un de vos confrères qu'on pût solliciter pour de bonnes œuvres ? »

____

(1) Mot illisible, peut-être *anchois*.

12

1 vendémiaire, l'an 3 de la République
une et indivisible.

« Dites-moi donc, mon respectable ami, ce que cela signifie? Je vous écris lettres sur lettres, et votre gouvernante dit que vous vous plaignez de mon silence. C'est à moi de me plaindre, car vous me devez plusieurs réponses. Je ne me plains pas cependant, car votre temps est plus utilement employé à faire de la bonne besogne. Mais qu'est-ce que cette nouvelle qui se répand depuis hier qu'il y a des troubles dans le Midi ? Si elle est vraie, il serait bien fâcheux que cet événement eut des suites. On ne parle encore que de Marseille, et si cela allait à Avignon, je dirais : Mon ami y est, *justum et tenacem propositi virum*, comptez sur lui.

« Le rapport tant attendu a eu lieu. C'est Lindet qui l'a fait. Il n'est pas tel qu'on l'avait annoncé et l'on prétend qu'il y en aura un particulier sur les assemblées populaires, à l'occasion des Jacobins, contre lesquels on ne cesse de publier des pamphlets. Ce sont tous ces écrits qui occupent actuellement le public. Il en a été distrait hier pour la fête de Marat. Elle a été brillante. Ce qui a frappé surtout, ce sont les élèves de l'Ecole de Mars, tant à pied qu'à cheval, tous en uniforme sous le costume antique, et observant, dans leur marche sur 12 de front, celle des soldats les mieux exercés. Vos confrères n'avaient rien qui les distinguait. Ils étaient en groupe et en confusion, vêtus dans la plus grande simplicité et l'on a trouvé cela un peu mesquin pour les représentants d'une si grande nation. On eût désiré qu'ils eussent été distingués par leur costume de cérémonie. La marche a commencé vers les 2 heures et a fini à 5 et demie. Le peuple s'est ensuite partagé dans les spectacles qui ont tous été ouverts gratis. A propos de spectacles, la citoyenne Desgarcies, actrice du théâtre de la République, s'est donnée trois coups de couteau en présence de son amant qui voulait l'abandonner. N'est-ce pas là de l'amour ? *Quid furens femina possit ?* Par le désespoir que j'aurais de perdre votre amitié, je juge qu'une femme délaissée par vous serait capable de se porter à ces excès, car vous êtes si aimable.

« S'il est vrai qu'il y ait de l'insurrection à Marseille, vous renoncerez au projet d'y faire un voyage, excepté que votre présence fût nécessaire pour y rétablir l'ordre et la tranquillité. Je vois par les journaux que vos confrères ont débuté par un beau discours. Vous ne faites point de discours, vous, mais vous agissez. L'un ne vaut-il pas mieux que l'autre ?

« Adieu, mon respectable ami, que Dieu nous donne la paix extérieure et intérieure ; si le désirer est un crime, les 3 quarts de la France méritent d'être guillotinés. Vive la République, vive la Convention et périssent les ennemis de l'une et de l'autre.

« MARIN. »

« Votre silence, mon respectable ami, passe la mesure et commence à me donner des inquiétudes. Dites-moi ce que vous êtes devenu, dites-moi si vous vous portez bien, dites-moi si vous m'aimez toujours. Est-ce que les troubles de Marseille vous auraient attiré dans cette ville ? Certainement vos lumières, votre prudence et votre courage seraient d'un grand secours à vos confrères, et après avoir rétabli le calme dans le département de Vaucluse, vous êtes plus capable qu'un autre à procurer le même bonheur dans celui des Bouches-du-Rhône.

« Mais, en vous occupant des grands intérêts de la nation, n'oubliez pas vos amis. Si vous n'avez pas le temps de leur écrire, dictez un mot à votre secrétaire. C'est bien assez d'être privé du plaisir de vous voir, sans avoir encore la douleur de ne recevoir aucune de vos nouvelles et d'être tourmenté par l'inquiétude de votre sort.

« Il n'y a ici rien de nouveau, si ce n'est que les oreilles sont toujours brisées dans les rues par les crieurs de diatribes contre les jacobins.

« Adieu, salut, amitié et fraternité.

« MARIN ».

7 vendémiaire, l'an 3 de la République une et indivisible.

A Paris, 12 vendémiaire, l'an 3 de la République
une et indivisible.

« Je ne reçois, mon respectable ami, qu'aujourd'hui votre lettre du 1ᵉʳ de ce mois. Elle est d'une date trop ancienne pour me rassurer sur les événements arrivés à Avignon et rapportés dans le journal de la Montagne où vous êtes fort maltraité. Depuis ce moment, je lis assidûment les débats pour voir si quelque député a parlé de cette affaire et de quelle manière ont été relevées les calomnies lancées contre vous. Il faut bien que les choses n'aient pas été poussées si vivement, puisque jusqu'à ce moment on n'en a fait aucun rapport.

« Convenez, mon respectable ami, que le bien est difficile à faire, tandis que le mal se faisait si facilement sous le règne de Robespierre. Il n'en est pas de vous comme de la plupart de vos confrères, jamais vous ne vous êtes trompé sur le compte de ce scélérat qui en avait séduit tant d'autres. D'après ce qui se passe, il paraît qu'il reste encore une *queue*, mais la queue est ce qu'il y a de plus difficile à écorcher. L'opinion d'une partie du public paraît prononcée si l'on en croit les papiers publics, l'autre partie reste indécise et en stagnation. Qu'est-ce que tout ceci deviendra ? Je n'en sais rien.

Ces querelles ne m'intéressent point. Ce qui m'intéresse, c'est ce qui vous concerne. C'est votre justification sur les inculpations du journal de la Mon-

12 •

tagne. J'attends des nouvelles de plus fraîche date avec la plus grande impatience.

Adieu, mon respectable ami, mon cœur est ulcéré : guérissez ma blessure, rendez-moi le repos et aimez-moi.

« MARIN. »

A Paris, 14 vendémiaire, l'an 3 de la Rép.
une et indivisible.

« D'abord, mon illustre ami, j'avais oublié de vous faire des excuses sur l'indiscrétion de ma nièce. Pardonnez cette importunité à la tendresse filiale. Je vous remercie des démarches que vous voulez bien faire pour rendre la liberté à mon frère que je ne crois pas coupable.

« Ensuite rassuré un peu sur l'affaire d'Avignon qui ne doit pas avoir été telle que l'a représentée le journal de la Montagne, puisque la Convention n'en parle pas, je vais continuer à causer avec vous.

« Vous faites une description charmante des environs de Lille (1) et de Carpentras. C'est dommage que l'intérieur de la ville de Lille soit si vilain dans un si beau site, mais c'est un site bien agréable que celui de Carpentras, du lieu où vous avez pris des chevaux de poste et vis-à-vis ce bel hôpital bâti par

---

(1) Il s'agit de l'Isle, dont Marin écrit le nom comme celui du chef-lieu du département du Nord.

l'évêque d'Inguimberti, car ces gens ont fait quelquefois du bien.

« Vous savez que je vois tous les soirs le célèbre ci-devant abbé Barthélemi ; comme je lui ai si souvent parlé de vous, il me demande toujours de vos nouvelles avec intérêt. Je lui lus, hier, votre lettre, et il en a été enchanté. Il espère faire connaissance avec vous à votre retour.

« Vous savez que la citoyenne, pour qui il prenait tant d'intérêt, vient de sortir ; comme j'ai des raisons de désirer que le cit. Barthélemi vous aime encore davantage, je voudrais que vous m'écrivissiez une de ces deux phrases : « Donnez-moi des nouvelles de « la citoyenne à laquelle le savant cit. Barthélemi « prend intérêt et que j'ai si fort recommandée à « mon cousin avant que de partir et en faveur de qui « je lui ai encore écrit d'Avignon ; » ou bien : Mon « cousin m'écrit que la cit. Ch. que je lui ai recom- « mandée en partant et en faveur de qui je lui avais « écrit, a obtenu sa liberté, pourquoi ne m'avez- « vous pas annoncé cette nouvelle, etc. ? »

« Paris est toujours occupé de la querelle des Jacobins, sur lesquels il paraît tous les jours de nouveaux pamphlets. Qui est-ce qui triomphera à la fin ? Il y a bien du pour et contre. On travaille cependant, et les sociétés populaires des départements et les sections de Paris, et la Convention paraît indécise sur cette lutte. Voilà qu'on attaque d'un autre côté Billaud, Collot et Rovère, et voilà qu'ils se défendent, et voilà que le bassinet fait faux feu ; mais, ce qui fait long feu, ce qu'on est étonné de voir faire long feu, c'est le procès de Tinville. On ne sait ce que signifient ces délais. On se demande si l'on veut le sauver ; on se demande si l'on craint de compromettre tous les anciens membres du Comité du salut public : cependant, la Convention vient de décréter de faire poursuivre tous les partisans de Robespierre. Dites-moi quels ils sont, *et eris mihi magnus Apollo.*

« Les partisans de Fréron étaient effrayés de voir que sa feuille ne paraissait pas au jour convenu, mais elle a paru le lendemain et ses amis ont été rassurés.

« Après tout ce bavardage, il faut que je vous gronde, mon respectable ami ; vous m'avez écrit : « Bientôt je vous donnerai des commissions, » et vous ne me faites rien faire pour vous et vous ne me mettez pas à portée de vous être utile en quelque chose, et vous ne me fournissez pas l'occasion de vous prouver mon zèle et mon attachement. C'est fort mal fait à vous et je ne vous le pardonnerais pas, si mon amitié n'était encore plus forte que ma rancune.

« Adieu, finissez vos glorieux travaux et venez recevoir mes embrassades.   « MARIN ».

P. S. — Est-ce que vous n'avez pas reçu ma lettre où je vous parlais de ma vaisselle et qui renfermait un billet pour ma vieille sœur ?

A Paris, 19 vendémiaire, l'an 3 de la Rép.
une et indivisible.

« Me voilà, mon respectable ami, bien tranquille sur votre compte. Je vois que cette grande dénonciation faite aux Jacobins s'est évanouie en fumée, puisque la Convention n'a pas daigné seulement en faire mention.

« J'ai reçu vos deux lettres du 1ᵉʳ et du 2 de ce mois. Je vous suis dans vos courses, et je vous vois de ce qui faisait la haute Provence revenir à Avignon et de là aller visiter la Faculté de Montpellier dont, grâces à Dieu, vous n'avez pas besoin ; et ensuite les antiquités de Nîmes. Vous allez y porter le calme et la consolation. On dirait que c'est un dieu bienfaisant qui voyage. Vous serez bien près de Cette d'où il vient aux Jacobins, ainsi que de Toulouse, des pétitions et des adresses d'un style qui ne ressemble en rien au langage des autres.

« Il me paraît, mon illustre ami, que la Convention a pris son parti, car, tandis qu'elle est assiégée de toutes ces pétitions qui demandent à mettre à l'ordre du jour la Terreur et à faire réincarcérer tous ceux qui ont obtenu la liberté, elle fait sortir de prison toutes les victimes de Robespierre, sans distinction de sans culottes et de ceux qu'on appelait anciennement *gens de qualité*, et presque tous ces derniers sont sortis.

« La guerre contre les Jacobins n'est pas finie. Je

ne sais s'ils se relèveront de tous les coups qu'on leur porte de tous côtés, les crieurs ne sont occupés que des pamphlets dont on les accable. Ils ont pour eux les sociétés affiliées des départements, dont les adresses et les pétitions remplissent tous les jours les pages du journal de la Montagne.

« On a beaucoup loué ici la conduite de vos amis, les députés à Marseille. On dirait que vous leur avez inspiré votre esprit et votre courage. J'y applaudirai davantage, lorsqu'ils auront rendu la liberté à mon frère que j'enverrai tout de suite à la Ciotat pour faire venir à Marseille l'argenterie qui est restée dans ma maison et que vous pourrez peut-être me faire parvenir à Paris.

« Ne voilà-t-il pas le club électoral qui se met de la partie et qui veut aussi lutter contre la Convention, mais c'est un ennemi bien faible, comparé aux Jacobins, car, si la Convention parvient à dompter ces derniers, malgré leurs 44,000 sociétés affiliées, qui, à 200 membres chacune, forment 8,800,000 membres, que peuvent espérer ces petits clubs? Et Barère, ah! bon Dieu! comme il est traité!

« Adieu, mon respectable ami, finissez votre besogne et venez, que je vous embrasse sur les deux joues.

« Marin. »

A Paris, 25 vendémiaire, l'an 3 de la République
une et indivisible.

« J'ai reçu presque en même temps, mon respectable ami, vos lettres de Montpellier et de Cette. Vous allez encore rouler dans quelques villes du cidevant Languedoc, pour retourner à Vaucluse et revenir à Paris, et là finira votre odyssée. Vous n'aurez pas souffert comme Ulysse, mais vous aurez fait autant de bien qu'il éprouva de maux. On eut désiré que vous eussiez poussé vos courses jusqu'à Toulouse, où l'on prétend que votre confrère Mallarmé, *mal armé* contre une société dominatrice, et *alarmé* de son influence, n'a pas encore osé faire tout le bien qui est dans son âme. Vous ne remplirez donc pas le projet d'aller à Marseille, partager le triomphe de vos amis et d'où vous auriez pu faire venir mon argenterie que vous aurait remise mon frère qui, grâce à vous, jouit enfin de sa liberté, et qui bénit avec moi votre bienfaisance.

« Venez donc vous rendre aux embrassades de vos amis. Les lettres que vous leur avez écrites en votre absence sont charmantes, sont délicieuses mais, s'il y a du plaisir à vous lire, il y en a bien plus à vous voir et à vous dire combien on vous aime. Vous vous trouverez, en arrivant, en plus grande (dirai-je en meilleure) compagnie, car il paraît que vos 72 confrères, gémissant depuis longtemps dans les prisons, vont rentrer dans le sein de la Convention, et ce sera sans doute un nouveau renfort pour la majorité, qui paraît avoir pris une consistance ferme et décidée. Le public est enfin bien prononcé pour la Convention, et n'a que du mépris pour les anciens meneurs qui l'avaient égaré jusqu'ici.

« Nous avons eu une fête, décadi dernier, en l'honneur de J.-J. Rousseu. Combien aurait été humilié, votre David, ancien ordonnateur de ces fêtes, s'il avait pu voir le goût, l'élégance, le dessin des différents trophées qui en faisaient l'ornement. Il y en avait 12 plus agréables, plus ingénieux les uns que les autres. C'était bien différent des lourdes masses qu'il faisait promener dans les rues. Il aurait jugé qu'il est après lui des artistes qui lui sont bien supérieurs pour le goût et l'élégance.

« Vous avez donc déploré les ravages des temps et des hommes, en voyant la dégradation des monuments. On ne fait plus un pas où les Romains ont passé sans trouver des marques de leur grandeur. Quels hommes ! Quoi qu'ils fussent alors dominés par des maîtres, c'était toujours l'esprit républicain dont ils étaient animés qui produisait ces grandes choses. Nous avons, comme eux, dompté, terrassé les ennemis extérieurs ; comme eux, lorsque nous jouirons d'une paix constante, les arts se réveilleront et produiront des prodiges. Il y a bien encore quelque chose à faire dans l'intérieur, mais on y travaille sourdement, et bientôt la France sera purgée des monstres qui l'ont inondée de sang, et se fera absoudre par la postérité des malheurs inséparables d'une révolution. Hélas ! mon ami, je suis trop vieux pour jouir du bonheur réservé à nos neveux, mais vous, vous raconterez aux vôtres tout ce qui s'est passé, *et quorum pars magna fuisti*, et vous pouvez vous dire aujourd'hui à vous-même : *Hœc olim meminisse juvabit*.

« Ils ne le diront qu'avec un sentiment douloureux, ceux dont vous avez vu l'histoire dans l'almanach des prisons qu'on vous a envoyé et où vous avez lu cette lettre déchirante de Phelipeaux, vous frémirez lorsque vous entendrez à votre retour ceux qui sont sortis de ce séjour d'horreur. Ah ! mon ami, est-il possible que l'homme puisse se porter à de telles barbaries ?

« Vous avez sans doute lu la lettre à ma sœur avant que de l'envoyer. Je suis fâché que, n'allant point à Marseille, elle ne puisse remplir les ordres que je lui donnais de vous présenter les objets d'histoire naturelle qui sont dans ma bibliothèque et des bouteilles de vin étranger de 40 ans, s'il n'a pas été bu.

« Adieu, mon ami, je vous baise sur les deux joues.

« MARIN. »

A Paris, 28 vendémiaire, l'an 3 de la République une et indivisible.

« Le grand coup est porté, mon respectable ami, voilà ce que vous aurez appris par les journaux et

13

je vous apprends, moi, que cette mesure a été fort applaudie par le public. La nation s'est fortement prononcée en faveur de la Convention. Elle se réunira au tronc et non aux branches, comme elle le faisait précédemment.

« Ce que vous ignorez peut-être encore, c'est qu'on poursuit avec chaleur le procès des Nantais, dont les détails font frémir. Je ne sais comment *Carrier* se tirera de là, il est furieusement chargé et par les témoins et par les accusés, au point qu'on est étonné qu'il ne soit pas encore mis en jugement. Qu'est-ce que la fatalité, mon ami ! Si ce scélérat de Robespierre avait été assassiné par la *Renaud*, quoiqu'il soit prouvé qu'elle n'avait pas ce projet, le peuple qu'il maîtrisait et les membres de la Convention qu'il avait séduits, lui auraient accordé les honneurs du Panthéon, et nous aurions son buste sur nos cheminées et les femmes auraient son image pendu à leur col et sur ces belles gorges qu'il a si souvent profanées par ses mains impures, et ces *Collot, Barrière, Billaud* et *tutti quanti* qui dominaient après lui, comme ils sont traînés dans les ruisseaux, dans les écrits qui paraissent chaque jour et tous fortement applaudis par le peuple. Quelle humiliation ! Vous n'en éprouverez jamais, vous qui n'avez jamais dévié de vos principes, vous qui avez fait le bien en silence à la Convention, et qui l'avez fait avec éclat dans vos missions, vous qui avez su soulever le voile dont se couvraient les intrigants, et qui aviez le courage de dire : *Masque, je te connais* ; mais je m'égare et je ne sais pourquoi je vous dis à vous ce que je dis à tout le monde. Vous savez que les personnes agitées d'une grande passion se parlent à elles-mêmes. Moi qui vous aime beaucoup, je me parle en parlant de vous et à vous.

« D'après votre itinéraire que vous m'avez tracé, vous devez être au bout de votre carrière et je vous vois avec plaisir reprendre la route de Paris. Vous trouverez beaucoup de changements en bien, comme vous en avez fait dans tous les lieux que vous avez parcourus, mais nulle part vous n'aurez trouvé un ami si vrai, si constant, si fidèle, si ardent que

« MARIN. »

A Paris, ce 1ᵉʳ brumaire, l'an 3 de la Rép. française une et indivisible.

« Je reçois, mon très aimable ami, votre lettre de Lodève. Cette ville n'était pas comprise dans votre dernier itinéraire, et vous m'en nommez d'autres où vous allez porter la consolation et le bonheur. On dira de vous *Qui multas gentes vidit et urbes* et partout vous vous serez fait aimer, et partout vous m'aurez donné des rivaux. Mais on aime qu'on aime ce qu'on aime, et par conséquent je ne serai point jaloux. Si une maladie qui n'aura pas de suite, j'espère, ne me clouait chez moi, j'aurais été voir de votre part le député Rovère, non pour lui demander des services, mais pour lui demander le service de parler de vous.

Un amant aime à vanter les beautés de son amie, un ami aime à s'entretenir des qualités de son ami. Ces sentiments ont besoin de se répandre, et l'on est charmé de les voir partagés. Sans doute vous trouverez beaucoup de mes lettres à Avignon, car j'ai satisfait 3 ou 4 fois par décade le besoin de causer avec vous. Elles n'auront pu vous suivre dans vos courses rapides et elle vous attendent là pour me rappeler à votre souvenir et à votre amitié.

« Oui, mon ami, j'ai été quelques jours inquiet de cet acharnement des Jacobins à vous poursuivre et surtout de cette insurrection qu'ils supposaient si considérable, des canons braqués, d'autres enlevés, de plusieurs personnes tuées dans le tumulte et des insultes faites à votre ardent patriotisme que personne ne connaît mieux que moi. Il y avait là de quoi trembler pour l'amitié, car, à quel excès ne se sont pas portés et Robespierre et ses partisans ! Les assassinats étaient à l'ordre du jour, et mon ami était exposé à cet ordre. Vous me dites que je verrai dans les journaux votre justification en recevant votre lettre. Trois ou quatre journaux ont bien parlé de votre lettre, mais ne l'ont pas citée ; il a été décrété par la Convention qu'elle serait insérée dans le Bulletin, mais il n'y a point eu hier de bulletin à cause de la fête, et, ne pouvant sortir à cause de mon indisposition, j'envoie chez votre gouvernante pour avoir le bulletin et s'il lui est parvenu je ne clorai point cette lettre sans l'avoir lue et sans vous faire mes compliments.

« Si cette lettre à la Convention est aussi bien écrite que les lettres à vos amis, elle aura le double mérite du fond et du style, car vous ne vous doutez peut-être pas de ce talent, et feue Sévigné... (1)

« On comptait voir demain vos confrères les prisonniers reprendre leur rang, cela me paraît retardé, au grand regret du public, et ce qu'il y a d'extraordinaire, c'est qu'on n'entend plus parler de Fouquier-Tinville, c'est qu'il s'élève des difficultés sur Carrier. Il y a là un dessous que le public ne peut pénétrer ; est-ce qu'on craint de trouver trop de coupables ? est-ce que de l'un à l'autre on redoute qu'on en vienne à tout le Comité de salut public et de là à tout le Comité de sûreté générale ? On ne sait que penser de ces variations et plus fin que moi n'y voit goutte. Il faudrait cependant que justice se fît. Se fera-t-elle ? Il a péri tant de victimes innocentes qui demandent vengeance. Nous verrons, et nous en raisonnerons lorsque vous serez ici. Les bons patriotes comme nous, les francs républicains comme nous sommes, les gens d'honneur, de probité comme nous, nous pourrons penser tout haut quand nous serons ensemble. Le temps où l'opinion était captive est passé.

« Comme vous ne pouvez exécuter votre projet de

---

(1) Ici quelques mots absolument illisibles.

faire une course à Marseille, vous pourrez à votre retour prier un de vos confrères et vos amis de vous apporter ou de vous expédier la caisse d'argenterie et la partie d'histoire naturelle qui pourra être transportable pour votre cabinet. Réflexion faite, l'heure avance, je veux que ma lettre parte par ce courrier. Je n'attendrai pas le bulletin et je ne le lirai qu'après. J'aurai causé avec vous le matin, et je vous entendrai l'après-dînée causer avec la Convention.

« Bonjour mille fois. *Vale, iterum vale*.

« MARIN. »

A Paris, 2 brumaire, l'an 3 de la République française
une et indivisible.

« Voilà, mon ami, comme devraient écrire tous les représentants du peuple : des faits, et des faits racontés dans leur simplicité, avec autant de précision que d'élégance. Ce n'est là ni le style enthousiaste de Robespierre, semblable à celui de Cromwell, ni l'éloquence de rhéteur de Saint-Just, ni le tortillage et les amphigouries de Barère, ni les déclamations de Billaud et d'autres. Ce sont encore un coup des faits, et des faits qui portent avec eux la conviction.

« Je vous avais écrit que vous vous trouveriez, en arrivant, en plus grande compagnie : les députés détenus avaient publié un mémoire qui avait séduit tout Paris. La Convention avait décrété un rapport en leur présence pour hier. Hier, le public a afflué dans l'Assemblée pour les voir et on ne les a pas vus. Hier, un membre a parlé en leur faveur, mais, hier, Fleuriot a fait contre eux une sortie si violente qui ne tendrait à rien moins que de les envoyer à la guillotine au lieu de leur faire reprendre leur place à la Convention. Le public qui ne s'attendait point à cela a murmuré. La Convention s'est partagée, la scène a été très vive, on a fini par passer à l'ordre du jour et je le donne à plus clairvoyant que moi pour deviner quel sera le sort de ces prisonniers.

« Et ce Carrier, auteur des noyades ! Avez-vous vu dans les journaux l'acte produit par les accusés et envoyé au Comité de sûreté générale ? Comment pourra-t-on résister à cela ? Comment, d'après cet acte et les dépositions des témoins, pourra-t-on le soustraire à la justice ? Vous ne sauriez croire l'empressement que le public témoigne de le voir paraître au tribunal. Bon Dieu ! si tout cela est vrai, quel monstre aviez-vous dans votre sein ? C'est bien là le cas de dire avec le régent de M. de M., de... (1) son parent que quand on a de mauvais sang on se fait saigner.

« Pour vous, mon illustre ami, vous serez toujours respecté des deux partis. Les Jacobins auront beau faire des dénonciations absurdes ; ce seront des coups d'épée dans l'eau. Ils sont fort embarrassés depuis

(1) Encore un nom illisible.

les derniers décrets qui détruisent les affiliations et surtout les correspondances. Ils cherchent les moyens d'éluder la loi et de rétablir cette correspondance par des correspondances individuelles, mais qui est-ce qui attachera le grelot? On est fort quand on parle en masse et au nom d'une société entière. Mais on y pense à deux fois, lorsqu'on doit répondre personnellement de ses démarches. C'est là une arme bien puissante qu'on leur a enlevée.

« Au moins, mon respectable ami, vous ne me reprocherez pas, à votre retour, de n'avoir pas rempli les devoirs de l'amitié et d'avoir faussé notre correspondance. Je vous fatigue peut-être par mes lettres, mais c'est un besoin de mon cœur de m'entretenir avec vous et de vous dire et vous redire combien je vous aime.

« Recevez l'assurance de ce sentiment.

« Marin. »

Paris, 10 brumaire, l'an 3 de la République une et indivisible.

« Que de belles choses vous aurez vues, mon ami! que de bonnes choses vous aurez faites dans vos courses ! Vous avez donc essuyé bien des larmes; partout vous avez porté la paix et la consolation. Ils ont apprécié vos bienfaits, les habitants de Sommières. Si toutes les sociétés avaient tenu ce langage, leur existence, leur correspondance n'eussent pas été dangereuses ; vous avez vu à Nîmes la maison carrée, monument respectable des Romains. On dit qu'il n'a point été dégradé, parce qu'une autorité constituée s'y est établie : n'a-t-on pas détruit les restes précieux des autres monuments?

« Si un jour vous écrivez votre voyage, il sera bien intéressant. On peut le conjecturer par vos lettres qui sont toujours du meilleur ton, du meilleur style. Je vous avoue qu'on ne se serait pas douté de ce talent, à votre franchise, votre loyauté, votre vivacité qui n'annoncent à l'extérieur qu'un excellent cœur, mais non un homme aussi réfléchi et nourri de la belle littérature.

« Oui, mon respectable ami, la majorité de la Convention s'est fortement prononcée; je dis la majorité, car, par tout ce qui se dit, on voit bien qu'il reste une queue qui se replie, qui se tourmente et qui tourmente. Comment la couper ? *hoc opus, hic labor.* Vous croyez avec votre ami Horace, que vous citez toujours si à propos, que tous les scélérats seront punis tôt ou tard. *Hoc erat in votis*, mais savez-vous qu'on dit, depuis hier, que le monstre Carrier s'est sauvé ? Si cela est, j'en serais très fâché pour la Convention qui, depuis un mois, fait tant de façons pour le livrer à la vengeance publique. On la blâmera d'avoir tant tardé à l'envoyer au tribunal où il est tous les jours appelé à grands cris par les témoins, par les accusés, par les juges, par le jury et par le peuple. On a voulu établir des formes conservatrices de l'honneur d'un représentant. Mais on a été bien longtemps à les décréter et surtout en faveur d'un monstre qui fait honte à la nature humaine et déshonore la fin du XVIIIᵉ siècle.

« Mais laissons ce scélérat qui révolte et afflige l'imagination. Finissez vos courses bienfaisantes ; revenez joindre vos amis. Ajoutez un nouveau lustre à la Convention par votre présence, et là, *integer vitæ scelerisque purus*, bravez et les calomnies de la jacobinière et la malveillance de ces hommes de sang qui avaient ouvert ces larges plaies que vous venez de fermer.

« Adieu, illustre ami, je vous aime autant que vous méritez d'être aimé.

« MARIN. »

A Paris, 18 brumaire l'an 3 de la Rép. une et indivisible.

« Je ne puis pas, mon respectable ami, être si longtemps sans recevoir de vos nouvelles. Vos lettres sont un besoin pour moi et voilà je ne sais combien de jours que ce besoin n'est pas satisfait. Je conçois que vos bienfaisantes occupations ne vous laissent pas le loisir de m'écrire. Mais vous m'avez gâté par votre correspondance fréquente et j'en sens d'autant plus la privation.

« Il n'était pas vrai, comme on l'avait publié, que Carrier eût pris la fuite. Au contraire, il se montre toujours partout avec une assurance étonnante. On prétend même qu'il se montre aux spectacles, ce que j'ai peine à croire. Son affaire occupe cependant tout Paris. On le demande à grands cris et l'on est surpris qu'il n'ait point encore été livré au tribunal, on l'est davantage que la Commission tarde si long-temps à faire son rapport. On se permet sur cela mille conjectures plus ou moins hardies, et c'est à la Convention à juger si elle ne ferait pas bien de les anéantir par un prompt rapport. Elle a ses raisons pour différer et nous devons respecter sa sagesse.

« Respectons-la aussi dans sa conduite à l'égard des Jacobins, tantôt soumis, tantôt audacieux. C'est une lutte qui ne finit point et qui ne finira pas sitôt, à ce qu'il paraît. De temps en temps, on fait des mo-tions vigoureuses contre eux. On s'attend à quel-ques mesures répressives et le lendemain il n'en est plus question.

« Qu'est-ce donc qu'un cit. Borie, dont parlent les adresses de Sommières et de Nîmes ? Y a-t-il quel-que âme-honnête dans le monde qui puisse blâmer vos opérations ? On est bien fort, mon ami, quand on a la conscience aussi pure que la vôtre. C'est un rocher contre lequel viennent se briser les vagues écumantes de la calomnie. Faites le bien et laissez dire. C'est dans le sens inverse la maxime de Mazarin qui, en faisant le mal, disait du peuple qu'il oppri-mait et qui se vengeait par des chansons : *Laissons-le dire, pourvu qu'il nous laisse faire.*

« Etes-vous revenu dans le département de Vaucluse ? Votre dernière lettre était de Nîmes et il me revient une description de ces monuments que j'ai vus autrefois. En revenant, arrêtez-vous un moment à Saint-Remy pour aller visiter les antiquités qui sont à quelque distance de ce village. Je viens de lire dans le journal de ce jour qu'il a été question d'un rapport que vous avez fait, mais il n'a pas été dit qu'il serait imprimé et il a été renvoyé aux comités.

« Revenez, mon respectable ami, et rendez-vous à l'impatience que j'ai de vous embrasser.

« MARIN. »

A Paris, 22 brumaire, l'an 3 de la République française une et indivisible.

« *Benedicta tu in mulieribus et benedictus fructus ventris tui*. Voilà, mon bon ami, ce que disent de votre mère tous les malheureux que vous avez tirés de l'oppression, tous ceux que vous consolez et dont vous essuyez les larmes des pertes irréparables qu'ils ont faites. Vous avez raison de comparer vos bienfaisants travaux à ceux d'Hercule, et si vous aviez eu sa massue, combien de monstres vous auriez écrasés sous le règne de Robespierre et de ses satellites qui finiront, j'espère, par être punis comme lui.

« Bon Dieu ! quel tableau d'horreur vous nous présentez dans votre dernière lettre ! Quoi! ce tribunal d'Orange était aussi sanguinaire, aussi exécrable que celui de Paris! La Convention frémira lorsque vous tracerez à la tribune l'histoire de ses abominations.

« Il est arrivé des événements depuis ma dernière lettre. Les Jacobins ont été assaillis dans leur assemblée à coups de pierre. Des représentants sont montés à cheval à la tête de la forcé armée pour mettre le holà, et vous aurez vu dans les journaux toutes les discussions qui se sont élevées le lendemain à la Convention. Vous aurez vu enfin qu'on a fait le rapport tant attendu sur Carrier, et que la Commission des 21 a jugé qu'il devait être mis en état d'accusation ; ce que vous n'y aurez pas vu et ce que j'ai vu, c'est l'affluence énorme qui entourait, ce jour-là, la Convention, attendant avec impatience la décision de cette affaire. Il y avait plus de 40 mille âmes, tant dans les cours du palais national, que dans les corridors, le péristyle, les galeries et le jardin. Ce que vous n'y avez pas vu, c'est qu'à la fin de la séance qui a fini fort tard, Carrier a été arrêté et conduit chez lui par 4 gendarmes au milieu des cris, des huées et des imprécations du peuple. Le scélérat, qui ne sait pas rougir, marchait insolemment la tête levée, et sans les gendarmes le peuple indigné se serait jeté sur lui. Il a, dit-on, fait beaucoup de façons pour se laisser arrêter.

« On a connu ses partisans aux Jacobins qui ont fait des discours, et des motions en sa faveur ; on les connaîtra à la discussion, si les députés jacobins ont encore le front de le défendre. Le public désire et crie vengeance et il l'obtiendra.

« Vous vengerez aussi, à ce qu'il me paraît par votre lettre, les malheureux Bédouins. Comment Maignet a-t-il osé parler de vous dans un petit écrit qu'il a fait imprimer sur les horreurs commises dans ce village ? La vérité est une, mon ami, et c'est vous qui la présenterez toute nue. Ils s'en disent de terribles, vos confrères, et je ne conçois pas comment ils se respectent assez peu pour se traiter, dans la Convention et à la face d'Israël, de fripons, de coquins, de scélérats, de voleurs. Quelle confiance veulent-ils donc que la nation ait pour ses représentants ? Vous n'aurez à craindre, mon ami, ni les sarcasmes ni les libelles. Quand on est aussi pur que vous, on brave même la calomnie qui ne pourra jamais vous atteindre.

« Finissez votre bienfaisante besogne et allez vous reposer quelques jours à Lille pour y reprendre votre gaieté et votre sérénité. Je vous embrasse comme je vous aime.

« MARIN. »

« Ils ont tant fait, mon bon ami, les Jacobins, que leur porte est fermée. La Convention s'est lassée de voir à sa porte une puissance rivale qui voulait encore la dominer. La protection bien prononcée qu'ils accordaient à l'infâme Carrier, le projet de le défendre, les discours tenus à ce sujet ont irrité le peuple souverain, et c'est lui qui a été les attaquer en masse et a provoqué le décret de la fermeture de leur salle. C'est une simple suspension de leurs séances et l'on ne sait si on leur accordera le droit de les reprendre. Il faut s'en rapporter sur ce la à la sagesse de la Convention.

« Il n'est question à Paris que de cet événement et du procès de Carrier. Le public attend avec impatience qu'il soit conduit au tribunal, et, s'il est condamné, comme tout le fait présumer, tout Paris assistera à son enterrement. On en veut beaucoup à Duhem d'avoir voulu le défendre, et l'on crie à gorge déployée dans toutes les rues *la grande colère du médecin Duhem de n'avoir pu sauver son ami Carrier qui sera conduit à la place de la Révolution sans tambours et trompettes.* C'est le titre de cent et une brochures qu'on publie tous les jours. On crie aussi *la visite des c.... des Jacobines,* (1) car dans l'insurrection populaire contre les Jacobins on fouilla plusieurs femmes des tribunes. Il y en avait une assez jeune dont on se disposait à lever les cotes, lorsqu'un homme perçant la foule s'écria : « Sortez,

(1) Quelques-uns des titres des brochures dirigées contre les Jacobins sont si grossières qu'on ne saurait décemment les citer. Ils montrent, dit avec raison M. Thureau-Dangin, que le *Père Duchêne* a fait école même chez ses adversaires.

c'est mon affaire. » C'était sa femme qu'il f.... lui-
même publiquement, en lui reprochant d'abandonner son enfant et son ménage pour venir aux Jacobins.
Ces Jacobines battues, ces jacobines fouettées se sont
assemblées aux Quinze-Vingts du faubourg Antoine
et ont tenu des propos insolents contre la Convention. Elle en est instruite et fera justice. On a proposé
de faire de leur salle, rue Honoré, une salle d'armes.
Si ce projet a lieu, voilà le repaire et la dénonciation
anéantis. Le peuple est fortemeut prononcé contre
eux, car hier au spectacle de la République on jeta
un papier sur le théâtre, et le peuple demanda qu'on
le lût. On vint annoncer que le commissaire n'avait
pas osé prendre sur lui de le faire lire et qu'il allait
consulter le Comité de sûreté générale, et on s'écria
à l'instant de toute la salle : « Si cet écrit est contre
les Jacobins, il est à l'ordre du jour et on doit le lire, »
et l'on fut une heure à crier. Les acteurs se sauvèrent
en disant qu'on attendait la réponse ; la pièce finie, on
demanda encore la lecture et l'on répondit que la
réponse n'était pas encore arrivée.

« Ainsi, mon ami, ces Jacobins ne viendront plus
dénoncer, calomnier vos opérations bienfaisantes,
et les bénédictions que vous recevrez seront univer-
selles.

« Est-ce que toutes mes lettres ne vous parviennent
pas ? Il y a des articles qui demanderaient une
réponse, et vous n'en faites point.

« On m'a dit que votre cousin va en mission dans

les départements méridionaux et qu'il doit vous voir en passant. On ajoute (et c'est ce qui m'afflige), que votre retour est retardé et que nous ne nous reverrons pas aussitôt que nous l'espérions. Voilà ce que c'est de trop bien faire, on vous fait faire de nouveau et si vous n'aviez pas si bien fait, on vous aurait fait faire retraite. De tous ces *faire* là, faites le dernier et revenez couvert de gloire et de lauriers : *Vale, iterum vale et me ama.*

« MARIN. »

26 brumaire, l'an 3 de la Rép. une et indivisible.

A Paris, 21 floréal, an 3 de la Rép.

« Avec toute votre intelligence, mon respectable ami, vous avez été un mauvais prophète. Vous nous aviez promis des subsistances sous peu de jours et la pénurie s'accroît d'un jour à l'autre. Il faut aux Parisiens comme aux Romains *panem et circenses.* Ils ont de ces derniers à foison, mais pour le premier nous sommes réduits à 2 onces, quelquefois à 1 ou à zéro, et quel pain ! Cependant point de trouble, point de désordre, quelques murmures sourds et voilà tout.

« Dans ce temps-là, vos confrères s'occupent des finances. Chacun bavarde à sa manière, et jusqu'à présent, avec de bonnes intentions, aucun n'a atteint le but. Tout autre y serait embarrassé, et les comestibles augmentent de prix à un point où le rentier,

après avoir mangé ses capitaux, sera réduit à l'aumône. Vous n'y pouvez rien et moi non plus, et ce
ne pourra être qu'à la paix générale, lorsque vous
n'aurez plus 12 armées à alimenter et qu'on pourra
purger l'état de plus de 100 mille commis et de
toutes ces commissions qui entravent la marche du
gouvernement, qu'on pourra rétablir les affaires.

« Voilà votre *Le Bon* si mal nommé qui va être
mis en jugement. Fouquier et sa séquelle ont subi
le leur. Vous n'avez pas d'idée de la foule qui s'était
assemblée à leur passage ; dès la veille, les rues et
la place de Grève étaient encombrées, et de toutes
parts on accablait ces scélérats de malédic'ions.

« Vous ne recevez, mon ami, que des bénédictions
dans les régions que vous parcourez, surtout dans
ces lieux que vous avez délivrés de l'oppression. Si
la mission de tant de députés a été une fatalité pour
les départements, la vôtre a été et sera toujours un
bienfait de la Convention en faveur du peuple. Vous
êtes *si forte virum quem*.

« Chénier, dans son rapport, a blessé les droits de
la liberté de la presse, et voilà que tous les journalistes tombent sur lui à bras raccourcis et le traitent
avec une rudesse à le renverser dans la boue. C'est
surtout le *Messager du soir*, qui lui livre un assaut
chaque jour et va en renchérissant ses injures.

« Vous n'étiez sans doute pas à Lyon, lors du malheur qu'on nous a annoncé, votre prudence et votre
courage l'auraient probablement prévenu.

A Paris, 16 floréal, an 3 de la République

« Vous voilà donc, mon respectable ami, cheminant sur les grandes routes, pestant contre les maîtres de poste qui vous disent n'avoir point de chevaux pour les faire payer plus cher, et contre les aubergistes qui vous écorchent tout vif. Peut-être votre qualité de représentant vous met-elle à l'abri de ces vexations, je le souhaite.

« Nous avons perdu le célèbre (ci-devant abbé) Barthélemi. Il me parlait de vous avec l'intérêt que vous inspirez le jour même de sa mort. C'est de lui que j'ai dit avec raison dans une de mes pièces de poésie :

Il jouit d'un honneur rare, mais mérité :
Son siècle lui rend justice
Et prévient la postérité.

« Vos collègues nous ont annoncé un plus abondant arrivage de farines, et une plus forte distribution ; mais on ne vous en donne pas davantage, un quarteron et quelquefois une demie-livre. Ce qui est bien consolant pour la Convention et ce qui fait (ah, pardon! je ne m'étais pas aperçu que ce papier fut écrit (1), vous me permettrez de ne pas recom-

____

(1) Marin avait écrit sur une feuille au verso de laquelle se trouve la lettre suivante, qui prouve, ce qu'on ignorait, que le gouvernement lui avait confié des fonctions analogues à ses anciennes fonctions de censeur de la police.

« Le 11 floréal, an III. — Citoyen, voici une seconde édition d'un ou-« vrage qui a été refusé. Vous êtes prié de vouloir bien examiner si les

mencer) ce qui fait honneur à la nation, c'est que cette pénurie de subsistances n'excite aucun trouble, aucune émeute, si ce n'est quelques propos de femmelettes bientôt étouffés.

« J'ai écrit à mon frère d'aller vous présenter ses hommages lorsque vous serez à Marseille, et je suis bien persuadé que vous lui rendrez tous les services qui dépendront de vous.

« La Convention s'occupe sans relâche des finances, *hoc opus, hic labor.* Il sera bien difficile de les rétablir, tant qu'on sera forcé de faire 7 ou 800 millions de dépenses par mois, ce qu'aucun état dans le monde ne retire dans une année. Il faudrait commencer par l'économie.

« Aubert entre pour me consulter sur ses affaires et je finis en attendant de vos nouvelles. Salut mille fois.

« Marin. »

« Continuez, mon ami, à exercer votre bienfaisance, mais ne négligez pas vos amis. Tenez votre promesse et donnez-moi de vos nouvelles. Continuez votre odyssée dont la première partie m'a fait tant de plaisir.

« Je crois vous avoir appris que l'abbé Barthé-

« changements faits par l'auteur sont tels que sa pièce puisse être reçue.
« C'est avec le plus inviolable attachement que j'ai l'honneur d'être votre
« concitoyen. Miramond. »

lemi (1) n'a pas joui longtemps du traitement que vous lui aviez procuré, *Multis ille bonis flebilis occidit, nulli flebilior quam mihi.* Adieu, je vous embrasse de tout mon cœur.

« MARIN. »

(1) Ceci rectifie en un point les assertions de quelques biographes touchant l'attitude de l'abbé Barthélemy pendant la Révolution. Nous croyons même devoir, à cet égard, reproduire la fin de la lettre que M. Dugast–Matifeux adressait, en juin 1884, à M. Lucien Faucou, le savant et obligeant directeur de l'*Intermédiaire* :

« ... On y voit (dans le recueil des lettres autographes de Marin à son « ami Goupilleau), que Marin était depuis longtemps fort lié avec l'auteur « du *Voyage du jeune Anacharsis en Grèce*, et qu'il l'avait fait « connaître à Goupilleau, auquel il mandait, le 16 floréal an III (5 mai « 1795) : Nous avons perdu le célèbre ci-devant abbé Barthélemy. Il me « parlait encore de vous, avec l'intérêt que vous méritez, le jour même de « sa mort. C'est de lui que je dis justement, dans une de mes pièces « de poésie :

> « Il jouit d'un honneur rare mais mérité :
> « Son siècle lui rend justice
> « Et prévient la postérité ».

« Marin y revient encore les 21 floréal et 4 prairial suivants : « L'abbé « Barthélemy n'a pas joui longtemps du traitement que vous lui aviez « procuré, etc. » Goupilleau s'était, en effet, fort employé pour lui mé– « nager un logement au Louvre, et il paraît qu'il y avait réussi.

« A ce propos, je vous transmets copie de deux billets de Barthélemy à « Goupilleau. Outre que ses autographes sont devenus fort rares, ceux–ci « ont un intérêt personnel à leur auteur et ne sont pas non plus indifférents « pour Marin. Le second doit même être un des derniers qu'ait écrits le « digne abbé, car, quinze jours après sa date, il s'éteignait paisiblement, « sans qu'on s'en aperçut, en lisant une ode d'Horace.

« DUGAST–MATIFEUX. »

« *Au citoyen Goupilleau le citoyen Barthélemy, salut et fraternité.*

« Je vous envoie le petit mémoire que vous avez eu la bonté de me de– « mander (*). Je serai ravi de grossir la liste nombreuse de ceux qui

(*) Ce mémoire manque malheureusement aujourd'hui. C'était sans doute un exposé des titres de Barthélemy pour obtenir d'être logé au Louvre.

A Paris, 2 prairial, an 3 de la Rép.

« Ma foi, la journée a été chaude. Les journaux qui vous parviennent vous apprendront les détails de l'insurrection qu'il serait trop long de transcrire, mais ce qu'ils ne vous diront pas aujourd'hui, c'est ce qui est arrivé dans la nuit. On s'était rendu maître de la Convention. Peu de députés y étaient restés. On a forcé le Président de mettre aux voix des décrets qui ont passé. Ces décrets rétablissaient les anciens comités révolutionnaires, faisaient sortir les prisonniers et rétablissaient les choses dans l'état où nous les avons vues. Les membres assemblés dans les comités, instruits de ce qui se passait à la Conven-

« vous ont des obligations. Depuis plus de cinquante ans, le citoyen Marin
« me donne des marques touchantes de son amitié. Il y met le comble au-
« jourd'hui, car on est forcé de vous aimer, quand on a le bonheur de vous
« connaître.
« Ce 3 pluviôse de l'an III de la République française, une et indivisi-
« ble (22 janvier 1793).
« Puissiez-vous accepter cet exemplaire, du *Voyage du jeune Ana-*
« *charsis*, avec la même satisfaction que j'ai à vous l'offrir (*) ».

« *A l'excellent citoyen Goupilleau le citoyen Barthélemy, salut*
« *et fraternité.*

« Je me fais un devoir et un plaisir de vous apprendre le succès de l'in-
« térêt que vous avez bien voulu me témoigner. Hier, le citoyen Garat
« eut la bonté de venir chez moi, et m'annoncer que l'affaire de mon appar-
« tement était terminée. Je lui en témoignai ma reconnaissance. Je vous
« la dois principalement, et j'ai un vrai plaisir à vous en faire l'aveu.
« Daignez le recevoir, avec les sentiments que vous avez eu la bonté de me
« marquer et dont je conserverai toute ma vie le souvenir.
« Ce 26 germinal de l'an III (15 avril 1795) ».

(*) L'exemplaire en question existe encore aux mains des descendants
du conventionnel Goupilleau, à Montaigu-Vendée.

tion, y sont entrés avec la force armée, ont fait sortir la foule insurgée, ont cassé et brûlé les décrets rendus et ont remis le tout en état. On a décrété d'arrestation : Pinet aîné, Romme, Duquesnoi, Goujon, Peyssard, Prieur de la Marne, Albite aîné, Duroy, Soubrany, Carpentier, Bourbotte, Fayan, Borie, Dartigoyte, et l'on dit trois autres que l'on ne m'a pas nommés. Ces gens prenaient la venelle à mesure, et l'on dit qu'on n'en a attrapé que sept à huit qu'on a fait partir à 2 heures du matin.

« Aujourd'hui on bat la générale. On a fait venir de la cavalerie, mais on espère que tout se passera tranquillement. Si j'avais plus de temps, je vous en dirais davantage. Mais je crains que votre gouvernante manque le courrier.

« Adieu, je vous embrasse,

« MARIN. »

A Paris, 4 prairial l'an 3 de la Rép.
une et indivisible.

« Je vous remercie, mon bon ami, de m'avoir donné de vos nouvelles par votre lettre du 25 floréal. J'étais inquiet sur votre santé qui n'était point raffermie à votre départ. Enfin vous voilà arrivé sain et sauve *(sic)* dans ces belles contrées du département de Vaucluse. Vous devez y être adoré par le bien que vous y avez opéré. Continuez, mon ami, vos actes de bienfaisance dans les pays que vous allez parcourir. Nous avons lu chez le neveu du célèbre Barthélemi, où se trouvaient quelques-uns de ses amis, ce que vous m'avez écrit. Ils en ont tous été touchés et ont senti le prix des fleurs que vous jetez sur son tombeau, en admirant toujours votre style qui est à la fois d'un homme du monde et d'un littérateur consommé.

« Vous attendez sans doute des nouvelles. Comment vous préciser ce qui se passe ici ? Il vaut mieux vous renvoyer aux journaux qui racontent ces fâcheux événements avec le plus grand détail. C'est une crise suscitée par les malveillants, mais par les mesures que l'on prend elle n'aura pas de suite, et la paix tant désirée se rétablira en dedans et au dehors. J'entrerais dans de plus grands détails, si votre gouvernante ne m'avait assuré qu'on vous fait passer tous les papiers. Je ne sais si je dois regretter ou être satisfait que vous soyez absent dans ces circonstances. Mon amitié est indécise.

Tout ceci nous rend un peu tristes, mais j'espère qu'à ma première lettre je pourrai m'égayer avec vous. Votre idée ne m'inspire que de la joie, le plaisir de vous aimer, la certitude d'être aimé sont la plus douce de mes jouissances.

« Je vous embrasse de tout mon cœur.

« MARIN. »

« *P. S.* — Vous me dites de vous écrire toujours à Avignon. Puis-je mettre simplement mes lettres à la poste? Elles gagneraient un jour, car votre gouvernante les porte à votre frère qui souvent ne les fait partir que le lendemain. »

A Paris, 5 prairial, an 3 de la Rép. une et indivisible.

« Quelle journée, mon ami, que celle d'hier! Quelle différence du matin au soir! Le matin, le faubourg Antoine faisait la loi; le soir, il la reçut. Le matin, il avait accueilli irrespectueusement des députés, il avait fait mettre bas les armes à des troupes qui venaient pour fraterniser; il s'était fait rendre des canons qu'on lui avait enlevés; il avait dépavé les rues; encombré toutes les issues de charrettes et de poutres; fortifié toutes les avenues où il s'était retranché; placé des corps en avant sur les boulevards, même sur le territoire des sections fidèles, où il faisait des prisonniers. La veille, il avait arraché des mains du bourreau l'assassin du représentant Ferraud et l'avait conduit en triomphe dans son domicile.

« La Convention, lasse de son indulgence, lasse plutôt de sa faiblesse qui enhardissait les factieux, a fait enfin un décret vigoureux et conforme à sa dignité. Il a déclaré le faubourg en rébellion, ordonné qu'il se soumettrait après la proclamation, rendrait ses canons et ses armes, etc., etc., etc.

« Il eût été imprudent et dangereux de lancer ce décret sans être sûr de l'exécution. En effet, dans le moment, on a vu déployer une force formidable. Imaginez-vous, mon ami, une armée marchant sur 16 ou 20 de front, et s'étendant depuis la porte Antoine jusqu'au delà des Italiens. Les troupes de ligne, infanterie et cavalerie, étaient en avant et les troupes des sections à la queue. Je n'ai jamais vu de spectacle plus imposant. Cette armée marchant en bon ordre est entrée dans le faubourg. Les rebelles jugeant toute résistance inutile ont cédé, ont rendu armes et canons. On a amené prisonniers les chefs des révoltés aux cris redoublés du peuple qui remplissait toutes les rues : Vive la République ! Vive la Convention ! Cette expédition a commencé vers les 2 heures et a fini à 8. Les troupes de ligne sont restées dans le faubourg pour continuer aujourd'hui le désarmement.

« Je vous disais hier que je ne savais si je devais vous désirer à Paris, je vous dis aujourd'hui que j'eusse désiré vous y voir, parcourant les rangs à cheval et les animer par votre ardeur et votre courage. Je vous raconte tous ces faits pour en avoir été le témoin. Vous savez que malgré mon âge, j'ai conservé de la chaleur et de la vigueur en tous genres. Je me suis exposé le matin à être fait prisonnier pour m'être trop avancé dans les postes retranchés des insurgés, et l'après-dînée, en faisant des tours et des détours, je me suis trouvé partout et j'ai pénétré par des issues, malgré les défenses d'avancer, jusque dans le faubourg.

« Adieu, mon bon ami, que Dieu vous tienne en paix et en joie.

« Marin. »

A Paris, ce   prairial, an 3 de la République
une et indivisible.

« Vous aurez été étonné, mon bon ami, de recevoir, de ce que vous appelez un vieux libertin, un long sermon et un griffonnage que sûrement vous n'aurez pu lire. Mais vous savez que le diable finit par se faire hermite, et qu'un vieux pécheur devient dévot lorsqu'il est gisant dans son lit. J'étais malade et je le suis encore. L'on n'est pas gai quand on souffre. J'étais d'ailleurs affligé de quelques mots employés dans votre lettre, et mon amitié voulait vous prémunir sur des rigueurs que vous pourriez exercer et qui sont si opposées à votre caractère de bienfaisance et d'humanité qui vous a fait chérir dans tous les départements que vous avez parcourus. Il est passé le règne des terroristes. Voyez comme le comité a épluché la conduite de tant de députés qui ont prévariqué dans les départements où ils ont été envoyés pour faire le bien et où ils ont fait tant de mal. Je ne reviens pas sur le compte d'Artigoyte (1) qui se disait votre ami et qui m'avait paru si honnête. Mais *fronti nulla fides*. Je ne connaissais

(1) Le député des Landes.

pas les autres et je ne sais s'ils ont trompé leur réputation.

« Voilà donc Collot et Billaud à l'abri du dernier décret et il ne reste que Barère qui, pour cette fois, comme on l'a dit, a manqué le vent, lui qui tournait à tous les vents.

« Aubert, qui m'a chargé de vous présenter ses hommages, est inquiet sur le sort de l'homme que vous avez amené et dont il n'a aucune nouvelle.

« Ne voilà-t-il pas qu'on crie encore dans les rues le nouveau suicide d'un de vos collègues, Maure (1)? En voilà 4 morts en bien peu de temps. Un s'est tué à Toulon, 2 se sont tués à Paris et un a été assassiné à la Convention. On prétend que, des neuf députés décrétés d'arrestation, tous se sont sauvés, excepté un seul. Je ne sais si cela est vrai. Malgré le malheur des temps, les spectacles sont toujours pleins. Il n'y a point eu de nouveauté piquante. On a donné une nouvelle tragédie rue Feideau. C'est *Pison*, une des plus mauvaises pièces qu'on ait jamais vues. J'ai éprouvé depuis 50 ans que les plus mauvais juges sont ceux qui devraient s'y connaître le mieux, les comédiens. Mais, mon ami, ce qui est une espèce de contre-révolution dans les esprits, c'est qu'on m'assure qu'on va donner sur le même théâtre, une pièce qui a pensé faire guillotiner son auteur qui, prudemment, s'était

____

(1) Maure aîné, député de l'Yonne.

sauvé ; qui a fait incarcérer toute la troupe des comédiens retenus en prison onze mois, qui, etc. Devinez : *l'Ami des lois ! Quantum mutatus ab ipso !* On peut augurer que cette comédie, si on la joue, attirera une foule innombrable (1).

« *Vale et me ama.*

« MARIN. »

« *P.-S.* — Je reçois une lettre de mon frère qui est très rassurante sur la révolte de Toulon. Il me confirme que l'esprit de Marseille est excellent. Tout le monde s'est armé d'indignation à cette nouvelle, et marche contre les rebelles chassés dans leurs murs, et qui le seront de leurs murs. Et vive la République et vive la Convention. »

(1) L'*Ami des lois* fut joué le 2 janvier 1793. Cette pièce, toute politique, mettait en scène deux anciens nobles, Versac et Forlis, tous deux fort honnêtes gens, ce qui était déjà pour les patriotes une invraisemblance blessante; un tribun, Nomophage, intrigant froid, déterminé méthodiste, enfin un Robespierre ; Duricrâne, le journaliste populacier, ne reculant pas devant le meurtre et ami du désordre ; Plaude, le réformateur désireux de refaire la société et d'arriver à un partage général ; Filto, le révolutionnaire timide et faible, qui marche malgré lui vers un but qu'il ne comprend pas. Laya stigmatisait tout ce monde hideux et encore chaud du sang de septembre, dans des vers énergiques parfois, médiocres souvent, mais qui, pour le public du mois de janvier 93, devaient avoir une si singulière saveur. En voici quelques-uns, qui feront mieux comprendre la portée de cette comédie et la lutte qui s'engagea à on sujet entre la Commune et la Convention :

> Patriotes ? eh ! qui ? ces poltrons intrépides,
> Du fond d'un cabinet prêchant les homicides,
> Ces Solons nés d'hier, enfants réformateurs,
> Qui, rédigeant en lois leurs rêves destructeurs,
> Pour se le partager voudraient mettre à la gêne,
> Cet immense pays rétréci comme Athène.
> Ah ! ne confondez pas le cœur si différent
> Du libre citoyen, de l'esclave tyran.

14*

Ce 11 prairial, an 3 de la République
une et indivisible.

« Vous voyez, mon respectable ami, que la Convention n'y va pas de main morte. Elle a pris enfin l'attitude qui lui convient et a renoncé aux demi-

> L'un n'est point patriote et vise à le paraître ;
> L'autre tout bonnement se contente de l'être.
> . . . .
> . . . .
> . . . .
> Ces prudents ennemis sont près de nous, ici.
> Ce sont tous ces jongleurs, patriotes de places,
> D'un faste de civisme entourant leurs grimaces,
> Prêcheurs d'égalité, pétris d'ambition ;
> Ces faux adorateurs, dont la dévotion
> N'est qu'un dehors plâtré, n'est qu'une hypocrisie ;
> Ces bons et francs croyants que l'âme apostasie,
> Qui, pour faire haïr le plus beau don des cieux.
> Nous font la liberté sanguinaire comme eux.
> Mais non, la liberté, chez eux méconnaissable,
> A fondé dans nos cœurs son trône impérissable.
> Que tous ces charlatans, populaires larrons,
> Et de patriotisme insolents fanfarons,
> Purgent de leur aspect cette terre affranchie,
> Guerre, guerre éternelle aux faiseurs d'anarchie !
> Royalistes tyrans, tyrans républicains,
> Tombez devant les lois, voilà vos souverains !
> Honteux d'avoir été, plus honteux encore d'être,
> Brigands, l'ombre a passé, songez à disparaître !

La pièce produisit un effet immense. Laya, rappelé par le public, dut paraître sur la scène. Son œuvre reflétait trop exactement les idées et les passions du jour, pour ne pas froisser vivement les uns et réjouir plus vivement encore les autres. A chaque représentation, la lutte des deux partis se dessinait mieux, et le tapage allait croissant.

Chambon, le maire de Paris, ne prenait aucune mesure. Alors des fédérés viennent le 11 janvier à la Commune. Ces défenseurs de la République se plaignent des manœuvres de l'aristocratie, des pièces incendiaires, le mot est joli ! représentées dans les différents spectacles ; ils se plaignent des journalistes et autres folliculaires aristocrates, des mar-

mesures, tandis que les sections travaillent à force
de s'épurer, elle imite cet exemple et s'épure et ce
sera bientôt un corps nouveau. Elle a à se féliciter
de l'assentiment du public à toutes ces opérations

chands libraires et d'estampes du palais de l'Égalité. Ils finissent en déclarant que, si la surveillance de la police n'obvie à toutes ces intrigues par
l'autorité qui lui est déférée à ce sujet, ils ne peuvent plus tarder d'user de
leurs droits. On peut pressentir ce que les émeutiers entendaient par
leurs droits !

Une chaude discussion s'engage ; et, sur le réquisitoire d'Hébert, la
Commune prend, pour interdire l'*Ami des lois*, un arrêté dont voici les
considérants :

« Le conseil général, d'après les réclamations qui lui ont été faites contre
la pièce intitulée l'*Ami des lois*, dans laquelle des journalistes malveillants ont fait des rapprochements dangereux et tendant à élever des
listes de proscription contre des citoyens recommandables par leur patriotisme ;

« Informé que les représentations de cette pièce excitent une fermentation alarmante dans les circonstances périlleuses où nous sommes, et
qu'une représentation gratuite de ce drame est annoncée ;

« Considérant qu'il est de son devoir de prévenir par tous les moyens
qui sont en son pouvoir les désordres que l'esprit de faction cherche à
exciter ;

« Considérant que, dans tous les temps, la police a eu le droit d'arrêter
de semblables ouvrages, qu'elle usa notamment de ce droit pour l'opéra
d'*Adrien* et d'autres pièces, etc. »

Elle terminait en enjoignant à l'administration de la police de ne laisser
jouer aucune pièce de nature à troubler la tranquillité publique.

Le lendemain, la foule se porte au Théâtre-Français Les comédiens
font demander des instructions à Chambon, qui se transporte immédiatement au théâtre. Laya, de son côté, court à la Convention. On était au
12 janvier ; toutes les préoccupations étaient pour le procès du roi. Vergniaud présidait. Laya lui adresse le billet suivant : « Citoyen président,
nous écrivons à la hâte, a la porte de l'Assemblée, le citoyen maire
venant de porter à la Comédie-Française un arrêté du corps municipal,
qui défend la représentation de l'*Ami des lois*, et le peuple s'étant porté
en foule autour de sa voiture pour demander que la pièce fût jouée,
l'auteur demande à paraître à la barre pour vous rendre compte de ce qui
s'est passée, et prévenir les désordres qui pourraient en résulter. — LAYA. »

Vergniaud admet Laya à se présenter à la barre ; mais à peine Laya

Je ne vous en donne point de détail, parce que vous
en êtes instruits par les journaux. Il reste à donner
un gouvernement sage et stable, à diminuer, s'il
est possible, le prix des comestibles, auquel on ne

est-il entré, que de nombreuses réclamations s'élèvent et qu'il est obligé
de sortir. Vergniaud donne une seconde lecture de sa lettre, et fait voter;
l'Assemblée passe à l'ordre du jour. Au moment du vote, arrive une
lettre de Chambon. Le maire écrit du théâtre même, au milieu de la
foule qui le presse et demande la pièce; il peint le désordre qui règne
dans la salle et dans ses alentours. Kersaint propose et l'Assemblée
adopte immédiatement l'ordre du jour motivé suivant: « L'Assemblée
nationale ne connaît pas de lois qui permettent aux municipalités d'exercer
la censure sur les pièces de théâtre. Au reste, l'Assemblée ne doit pas
avoir d'inquiétude, puisque le peuple se montre l'*ami des lois*. » Cet
ordre du jour badin est transmis à Chambon, qui le lit au peuple et
laisse jouer la pièce.

La Commune, souveraine maîtresse de Paris depuis le 10 août, est indi-
gnée de voir un de ses arrêtés cassé par la Convention. Sa colère est d'autant plus grande, que les conseillers municipaux avaient pris une part
active aux désordres du Théâtre-Français et aux cabales contre la comédie
nouvelle. C'est à Chambon que la Commune s'adresse; elle le mande
sans retard, et lui reproche de n'avoir pas fait exécuter son arrêt, malgré
le décret de la Convention. Elle n'avait pas exercé la censure contre
un drame; elle avait simplement pris des mesures de sûreté exigées par
les circonstances, ce qui était son droit. Le maire a donc manqué à ses
devoirs, d'abord en écrivant à la Convention, ensuite en obéissant aux
ordres qu'il en recevait. En conséquence, presque à l'unanimité, la conduite
de Chambon est improuvée.

L'œuvre courageuse de Laya n'en avait pas fini avec les persécutions. Le
procès de Louis XVI commençait; la plus grande agitation régnait dans
Paris. Entre autres mesures de police prises pour ces jours que l'on envi-
sageait avec une certaine crainte, la Commune avait rendu un arrêté
qui ordonnait la clôture des spectacles. Le conseil exécutif provisoire casse
cet arrêté; mais, en même temps, il enjoint, au nom de la paix publique, aux directeurs des différents théâtres d'éviter la représentation des
pièces qui, jusqu'à ce jour, ont occasionné des troubles, et qui pourraient
les renouveler. On trouvait ainsi un moyen détourné de frapper l'*Ami
des lois* et de revenir sur le décret de la Convention.

Celle-ci, jalouse de son autorité, interrompt le jugement du roi pour
discuter la décision du conseil exécutif. Pétion, l'ancien maire de Paris,

pourra bientôt plus atteindre, et à trouver le moyen de donner plus de crédit aux assignats. Quiconque trouvera tout cela, *et erit mihi magnus Apollo.* Que dites-vous du géant Rhul ! J'avais eu quelques affaires avec lui, mais je ne lui croyais pas ce courage. C'était un grand et lourd diplomate tudesque. Vous, mon ami, qui n'avez rien à vous reprocher, vous n'êtes point effrayé du projet de l'assemblée,

s'élève contre les prétentions du conseil ; il ne comprend pas la censure préventive ; il admet seulement que l'on réprime les désordres, que l'on agisse sur des faits et non sur des hypothèses. Toutefois, dans l'entraînement du discours, il se laisse aller à confesser des procédés qui tiennent de la véritable censure. « Les magistrats, dit-il, font des invitations ; ils appellent chez eux les directeurs de spectacles, et leur représentent qu'il est imprudent de laisser jouer telle ou telle pièce. J'ai fait moi-même de pareilles invitations, et elles ont réussi. » L'aveu est formel. Reprenant la parole plus tard, il se défend d'avoir interdit *Adrien,* ainsi que l'énonçait l'arrêté de la Commune. La municipalité s'est bornée à dire qu'on ne jouerait pas la pièce, tant que l'entreprise de l'Opéra serait entre ses mains La discussion continue.

Lecarpentier prétend que Pétion divague ; Guadet, au contraire, l'appuie. Dubois de Crancé demande des mesures sévères : les émigrés, les aristocrates, abondent à Paris ; il est conséquent de ne pas leur fournir un lieu de rassemblement. Dubois ne juge point l'*Ami des lois* : les principes en sont bons, mais le but de l'auteur est perfide. A la dernière représentation, il n'y avait que des domestiques du ci-devant. Mais c'est trop s'occuper de questions oiseuses et futiles au gré d'une partie de l'Assemblée, qui n'a qu'un vœu, qu'une pensée, le dénoûment du drame qui se joue devant elle, Danton résume dans un cri les impatiences de la Montagne : « Je l'avouerai, citoyens, s'écrie-t-il, je croyais qu'il était d'autres objets qui doivent nous occuper que la comédie. (Des voix : Il s'agit de la liberté.) Oui, il s'agit de la liberté ! il s'agit de la tragédie que vous devez donner aux nations ; il s'agit de faire tomber sous la hache des lois la tête d'un tyran, et non de misérables comédies. » Que Danton soit satisfait ! L'arrêt du conseil exécutif est cassé, et la hache des lois, comme il dit en son amphigouri sanglant, la hache des lois va pouvoir faire son œuvre. (HALLAYS DABOT, *Histoire de la censure théâtrale en France,* p. 171 et suiv.)

d'examiner scrupuleusement la conduite de tous les représentants envoyés en mission et dont plusieurs ont abusé des pouvoirs qui leur étaient confiés pour assassiner, voler, piller, dilapider. Qu'ils tremblent, ceux dont la conscience n'est pas pure. Le jour de la vengeance est arrivé pour tous les crimes.

« Mais pourquoi, mon ami, vous parler de choses tristes, quand la République et la Convention triomphent à la fois ? Elles triompheront de ces factieux de Toulon, et cette ville rebelle sera soumise pour la deuxième fois. Vous n'êtes pas loin de là, si votre séjour à Avignon s'est prolongé et si votre mission ne vous enchaînait, vous iriez vous joindre à vos collègues de Marseille et aux braves défenseurs de la patrie. »

———

14 prairial.

« J'en étais là, mon ami, lorsqu'il m'a pris une fièvre de cheval qui m'a forcé à me mettre dans mon lit et qui m'y a tenu cloué. Je ne suis guéri ni de ma fièvre, ni d'un violent cours de ventre et je me lève pour finir de fermer cette lettre.

« Je vois par les journaux qu'on continue l'arrestation de vos collègues. Il paraît qu'ils l'ont bien mérité. Celle d'Artigoyte m'a surpris. Nous avons dîné plusieurs fois avec lui chez de Bry et je ne l'avais jamais soupçonné coupable des délits qu'on lui impute. Il me paraissait si humain, si honnête, si probe. Ah ! mon ami, à qui donc pourra-t-on se fier désormais ? Adieu, les malades sont raisonneurs, mais ils sont encore plus sensibles et mon mal ajoute à l'amitié que j'ai pour vous.

« MARIN ».

A Paris, 14 prairial, an 3 de la République
une et indivisible.

« Je reprends la plume, mon illustre ami, avant que de me remettre dans le lit. Je reçois votre lettre du 6 et je veux y répondre.

« Je suis fâché que l'aventure de Toulon vous ait détourné de votre route. Vous aurez appris, comme nous, que les suites n'en seront pas aussi funestes qu'on le croyait d'abord. L'escadre est sauvée, la garnison est restée fidèle, les rebelles qui avaient eu l'insolence de s'avancer contre nos troupes ont été battus. 30,000 hommes vont attaquer ces scélérats qui ne pourront résister. Voilà nos espérances qui nous paraissent fondées, et peut-être à peine aurez-vous organisé une force armée que vous apprendrez que les mutins sont dissipés et punis, du moins je le désire pour vous, pour nous, et je l'espère.

« Je suis fâché, mon ami, que vous trouviez du refroidissement dans vos confrères. J'aime à croire que ce n'est pas pour la République. Le peuple l'aimera dès qu'on aura détruit tous les germes de la tyrannie et qu'en faisant régner, comme l'on fait, la justice et l'humanité, on assurera la sûreté des personnes et des propriétés. Donnez-lui surtout du pain et des comestibles à un prix qu'il puisse les acheter, et peu lui importera le gouvernement que vous voudrez lui donner.

« Mais, mon ami, ne persécutons pas, ne persécutez pas pour la religion. Savez-vous ce qui a fait des Français un peuple féroce ? C'est qu'on a brisé les liens qui l'attachaient aux lois et qu'on a détruit ses rapports avec la divinité. On a établi non une démocratie, mais une ochérésie (?); on a dit à l'homme qui demandait l'aumône à la porte du riche, qui le nourrissait : C'est toi seul qui est le souverain, tu peux tout te permettre impunément sur ceux qui se croyaient au-dessus de toi On lui a dit: Tu crains la vengeance du ciel, on ne t'a débité que des fables; agis et ne crains ni les dieux ni les hommes. Et il a agi. Malheur au peuple qui n'a point une religion, malheur et malheur au prétendu philosophe qui a la témérité d'enlever à l'homme l'espérance de recevoir, après sa mort, la récompense de ses vertus et la consolation de croire à la punition des scélérats qui l'ont persécuté pendant sa vie. On a beau écrire sur le frontispice des temples que la nation française croit à l'existence de Dieu et à l'immortalité de l'âme. En vérité, Dieu nous a une grande obligation d'avouer qu'il existe, mais, concevez-vous ce que le peuple entendra par l'immortalité de l'âme ?

Quel sens appliquera-t-il à ces mots ? Que répondra-t-on, s'il vous demande ce que deviendra son âme immortelle ? Voguera-t-elle éternellement dans l'infini, ou ira-t-elle animer d'autres corps ? Dans ces deux cas, que lui importe le bien ou le mal? C'est une grande absurdité de vouloir faire de 24 millions d'hommes un peuple de philosophes. En un mot, donnez au peuple une meilleure religion ou laissez-lui celle qu'il a, si vous ne voulez pas le dépraver entièrement. Voilà qu'on vient de lui rendre ses temples. Très bien. Laissez-le exercer son culte dans ces temples. La persécution fait des martyrs et des prosélytes. Qu'il prie Dieu à sa manière et qu'il obéisse aux lois : voilà seulement ce qu'on peut exiger de lui. Surveillez les prêtres, punissez ceux qui prêcheraient la révolte, et laissez les autres dire leurs messes et leurs bréviaires. Il faudrait des siècles, mon ami, pour déraciner cette religion, reçue depuis tant de siècles et enracinée dans les esprits.

« Vous n'avez, mon ami, exercé que des actes de bienfaisance et il n'est pas dans vous de mettre trop de rigueur contre des dévots et dévotes de bonne foi qui veulent dire leurs *Pater* à leur manière. Ils vous disent aujourd'hui de ce *Pater* dans tous les coins de la République: *Panem nostrum quotidianum da nobis hodie* et voilà à quoi il faut pourvoir.

« N'est-ce pas assez prêcher ? Adieu, bon ami.

« MARIN. »

15

A Paris, 19 prairial, an 3 de la République
une et indivisible.

« Je savais bien, mon ami, qu'à peine seriez-vous à Avignon que vous apprendriez que Toulon a été repris. Vous aurez deux regrets : le premier de n'avoir pas été assez près pour contribuer à cette conquête, le deuxième d'avoir été contrarié dans votre course et forcé de revenir sur vos pas, pour reprendre après votre route. Je vous vois donc de nouveau en chemin, faisant le bien sur votre passage autant qu'il est en votre pouvoir. Les troupes de ligne ont cerné, hier, soir à 7 heures, le palais Egalité, ci-devant Royal, et les deux spectacles qui s'y tiennent. Je ne sais si c'est pour saisir les agioteurs qui y abondent et ruinent le public ou pour chercher des malveillants. On pourra savoir aujourd'hui ou demain pourquoi cette mesure.

« Il y en a une autre qui étonne. On a dressé un camp à la plaine des Sablons. On dit qu'on en formera d'autres et que nous aurons à Paris et aux environs 60,000 hommes de troupes de ligne. Si vous me demandez pourquoi, je vous répondrai : *Davus sum, non Œdipus*. Il faut s'en rapporter à la sagesse du comité du salut public qui a ses raisons et qui n'est pas obligé d'en rendre compte au vulgaire. Ce vulgaire fait cependant sur cette nouvelle, vraie ou fausse, mille conjectures plus ridicules les unes que les autres. On a donné hier cette fameuse pièce de

l'*Ami des Lois* que je vous avais annoncée. J'ai été la
voir pour vous en rendre compte. Cette comédie qui
a tant fait de bruit autrefois n'en fera guère dans les
circonstances. Elle a perdu tout son mérite, celui
des explications des personnages. On aimait à deviner, on cherchait les allusions. On n'en trouve
plus, parce que tout est changé depuis. Elle ne pourra
se soutenir que comme pièce et comme telle, elle est
faible. Ce qui vous ferait plaisir, c'est qu'on ne peut
ouvrir aucun spectacle sans qu'on demande à grands
cris le *Réveil du peuple*, ce sont les applaudissements
multipliés, les cris de joie d'approbation au dernier
couplet en faveur de la Convention : c'est de l'enthousiasme.

« Voilà votre gouvernante qui entre et qui m'apporte une lettre du 14. Eh quoi ! mon ami, est-il
possible que, dans ce pays que vous avez parcouru
comme un dieu bienfaisant et consolateur, on ait
oublié tout le bien que vous avez fait ? Et puis,
servez les hommes. En vérité, cela ferait haïr l'humanité. Quelle ingratitude ! Mais ces procédés injustes, barbares, ne changeront rien dans votre
caractère. C'est dans vous, c'est dans votre cœur
que vous trouverez la récompense de vos bienfaits.
Ah ! mon ami, dans quel siècle sommes-nous ?
Est-ce là cette aimable nation française ? Sont-ce
là mes bons provençaux ? Un bon gouvernement
qu'on travaille à établir fixera enfin nos idées. Les
anciens gouvernants nous ont laissé dans un état

précaire. Une bonne constitution et surtout une bonne paix nous en procureront un solide et durable.

« Continuez, mon ami, vos courses et vos travaux et revenez, après, dissiper vos sombres idées et rafraîchir votre imagination à la source majestueuse de Vaucluse. Asseyez-vous sur ces respectables rochers qui la dominent, lisez les inscriptions qui y sont tracées, voyez rouler avec fracas son onde écumeuse : oubliez l'ingratitude des hommes, mais n'oubliez pas celui qui vous aime le plus et c'est

« MARIN. »

A Paris, 27 prairial, an 3 de la République une et indivisible.

J'ai besoin, mon respectable ami, de causer avec vous et je voudrais avoir quelque chose d'intéressant à vous apprendre, mais les choses en sont à un tel point que rien ne peut piquer votre curiosité. Paris, qu'on nous disait devoir être agité de nouveau le 25, est de la plus grande tranquillité. Le peuple souffre, mais il souffre en silence. Les comestibles sont montés à un point auquel il ne sera bientôt plus possible d'atteindre. Imaginez-vous, mon ami, que la substance la plus nécessaire, le pain dont on ne distribue toujours qu'une très petite quantité que je suis obligé d'abandonner à mes domestiques, me coûte 15, 18 et plus couramment 20 fr. la livre. Il n'y a point de fortune qui puisse suffire à ce rehaussement de prix de tout. Ce malheur vient du discrédit où les agioteurs et les malveillants ont fait tomber les assignats, et, si on n'y met ordre, je ne sais à quel point les choses seront portées. Malheureusement, les projets de finance, proposés jusqu'à ce jour, ont produit un effet tout contraire à celui qu'on en attendait. Le comité a annoncé pour aujourd'hui un nouveau plan. Il est à désirer qu'il soit mieux combiné que les autres et qu'il rassure enfin la nation sur la solidité de la monnaie nationale. La commission militaire travaille vos confrères prévenus pour éterniser leur procès, ils ont demandé à faire entendre environ 60 députés, mais la Convention n'a pas été dupe de cette ruse et elle a passé simplement à l'ordre du jour. Croiriez-vous, mon ami, que dans ce temps calamiteux, l'ordre du jour pour le public, ce sont les spectacles? Jamais ils n'ont été si fréquentés. Les directeurs ont beau augmenter le prix des places, on veut en jouir à tous prix. Cette mode vient encore du peu de crédit des assignats. On y pensait à deux fois de lâcher des écus, il semble qu'on ne donne rien en donnant un morceau de papier.

21 prairial.

« Je n'ai pas voulu faire partir cette lettre sans vous parler du nouveau plan de finance annoncé. Il n'a point été encore produit en entier. On en a donné quelques articles préliminaires. Ils consistent à modifier l'ancien décret, de telle sorte qu'on recevra les soumissions, mais qu'on ne vendra qu'aux en-chères. Du reste, on promet un plan plus détaillé. Ce premier pas a produit un bon effet, car les louis qui étaient montés à 900 et 1000 fr. ont diminué considérablement. Ce qu'on attend avec plus d'im-patience, c'est un gouvernement. On prétend que la Convention est divisée sur cet article et nous verrons. Vous travaillez à ce plan, mon ami, par les sages dispositions que vous faites dans les départements que vous parcourez. Jouissez-y de la satisfaction que vous méritez, et si vous rencontrez encore des ingrats, mettez la main sur votre cœur, et ce cœur vous dédommagera des dégoûts que vous pouvez éprouver.

« Adieu, je vous embrasse bien tendrement.

« MARIN »

« *P.-S.* — Si vous allez encore à Nîmes et à Montpel-lier, faites votre provision, pour vous et vos amis, de bas de soie qui ne doivent pas y être fort chers et qui se vendent ici 200 fr. la paire. »

Paris, 5 thermidor, an 4.

« Vous voilà donc, mon bon ami, au milieu de vos possessions dévastées par les fureurs de la guerre civile et occu,é sans doute à réparer les dommages. Quel tableau affligeant vous me présentez par votre lettre ! Votre belle âme doit avoir bien souffert en parcourant ces ruines. Vous me consolez cependant en annonçant que tout prend une nouvelle vie. Oui, je pense comme vous que dans quelques années tout sera rétabli et il ne restera de ces maux que le souvenir.

« Je ne puis vous donner aucune nouvelle satisfaisante de ce pays, excepté de vos enfants et de votre gouvernante qui se portent tous bien. Nous sommes toujours dans la plus grande détresse. Ces mandats qui devaient sauver la France nous ont plongés dans de nouveaux malheurs.La malveillance et l'infâme agiotage les ont dépréciés au point qu'ils sont tombés à 3 fr. 10, qu'ils baisseront encore davantage, et, ce qui est bien pis, on ne donnerait pas une allumette pour du papier-monnaie. Il faut vivre, cependant, il faut du numéraire pour vivre, pour acheter des subsistances qui sont très chères, et ce numéraire est rare. Vous avez vu, par les papiers qui vous parviennnent, combien de temps on s'est assemblé en Comité secret pour les finances et ce qui en est résulté. Que faire à cela ? Quel remède apporter à tant de maux ? *Ipsi videant magistri*. Ce n'est pas au *vulgus profanum* à leur donner des conseils. Mais pourquoi vous entretenir de ces plaies de l'Etat que ni vous ni moi ne pouvons fermer ! Parlons de celles du cœur de vos amis, qui souffrent de votre absence. Hâtez-vous de venir les consoler. Le terme d'un mois que vous fixez est bien long pour l'impatience qu'ils ont de vous revoir.

« Au milieu de cette détresse dont tout le monde se plaint, croiriez-vous que Paris offre le spectacle le plus brillant ? Un étranger croirait que cette cité est dans la plus grande abondance au luxe qu'il verrait étaler de toutes parts (1). Ce sont de superbes carrosses, d'élégants cabriolets qui brisent le pavé, des promenades et des courses au bois de Boulogne, des habits, surtout ceux des femmes, d'un goût recherché et de la plus grande richesse. Nos théâtres sont toujours pleins et on s'étouffe chez Rugière, à des bals publics, à des bals particuliers et à des concerts. A propos de spectacle, on va ranimer celui du Luxembourg. Une Compagnie fait tous les frais de cet établissement et compte y attirer les premiers artistes de l'Europe par les avantages qu'elle leur procurera. Le Directoire qui avait le projet d'avoir une salle de spectacle dans ce quartier et qui aurait été obligé de faire de grandes dépenses pour l'exécuter, a trouvé très avantageux que des particuliers remplissent ses vues sans qu'il en coûtât rien à l'Etat, et a cédé l'ancienne salle des Français pour 30 années.

(1) A côté du tribunal où l'on juge Carrier, de la Convention où l'on s'entre-déchire, des faubourgs muets et sombres où le peuple meurt de faim, Paris se retrouve la ville du plaisir. Il n'y a plus d'esclaves ; aussi se presse-t- on à des bals publics par abonnement, où les femmes parées, plutôt que vêtues, de costumes romains et mythologiques, valsent avec le premier venu. Les entrepreneurs de fêtes se font une concurrence effrénée (THUREAU-DANGIN. *Royalistes et Républicains*, p. 12).

Cela réussira t-il ? Je n'en sais rien, ni vous non plus. Ce que nous savons l'un et l'autre, c'est que nous nous aimons bien, et vogue la galère.

« Adieu, mon bon ami, je vous embrasse de tout mon cœur.

« MARIN. »

V

Goupilleau ne fut pas le seul à qui Marin conserva jusqu'au bout une fidélité, bien rare en ces temps troublés, où le simple renom de relations avec des suspects suffisait pour conduire à la guillotine.

Fidèle à d'autres amis, plus compromettants et moins utiles, il les verra partir avant lui, et il connaîtra cette grande tristesse du vieillard qui voit tomber autour de lui tous ceux qu'il a aimés, demeurant seul pour porter leur deuil inconsolé et attendre le jour où il fermera lui-même le funèbre cortége.

XI

LES DERNIERS TEMPS

Sᴏᴍᴍᴀɪʀᴇ. — Mort de l'abbé Barthélemy. — Mort de la sœur de Marin. — Lettre à Guyon. — Relations avec Grétry. — Ce que Grétry en dit dans ses mémoires. — Marin et le rétablissement de la censure. — Collaboration au *Journal de Paris.* — Délibération du Conseil Municipal de la Ciotat. — Portrait de Marin par Vigée. — Un jeune Ciotaden auprès de Marin à Paris. — Mort de Marin.

Les dictionnaires de biographie, tous hostiles à Marin et favorables à Beaumarchais, s'apaisent et s'adoucissent cependant un peu à l'endroit du vieillard, depuis sa rentrée à Paris jusqu'à l'époque de sa mort. Ils rendent hommage à son caractère doux et liant, à ce qu'on appelait alors « la sensibilité » de son cœur. Les documents que nous avons pu recueillir sur les dernières années de Marin confirment cette appréciation, d'ailleurs peu suspecte.

I

La mort frappait autour de lui à coups redoublés. Après l'abbé Barthélemy, qui fut toujours pour Marin l'ami fidèle, dont rien ne fit varier l'estime et l'attachement voués de si longue date par le docte abbé à un compatriote devenu malheureux, c'est sa sœur, sa vieille sœur infirme, qui meurt à la

Ciotat le 3 germinal an IV (23 mars 1796), âgée de 76 ans, rompant les derniers liens directs de famille qui l'attachaient au pays natal.

Marin la pleura avec une sensibilité rare chez les vieillards. Il n'en prit point occasion pour se désintéresser des affaires de ses compatriotes. Une lettre de prairial an 7 nous donne la preuve du zèle avec lequel il ne cessait de les considérer comme ses propres affaires. Son ancien greffier à l'Amirauté, le sieur Guyon, a traversé de mauvais jours. L'émeute a envahi les anciens bâtiments de ce tribunal, Guyon les fait respecter bravement, tenant tête aux émeutiers, jusqu'à ce que la municipalité, tremblant de peur, se voit obligée de répondre à son appel et vienne constater que tout est intact : registres, caisse, dossiers, scellés. Marin, informé de la généreuse conduite de son ex-employé, n'hésite pas à solliciter la récompense de Guyon. Le gouvernement, cédant enfin à ses instances, rend hommage à la bravoure du greffier et Marin, en lui transmettant le document officiel, ne se sent pas d'aise. C'est au milieu des effusions de son bon cœur qu'il est permis de découvrir la vrai but de sa lettre, qui dut réjouir son ancien et fidèle serviteur, sans lui faire beaucoup d'amis parmi les émeutiers(1).

(1) Nos archives communales sont remplies de documents d'un poignant intérêt sur les tentatives de révolte et les manifestations factieuses par lesquelles les partisans de Robespierre, en minorité dans la ville, tentèrent,

Nous verrons bientôt comment la conduite de Marin, en cette circonstance, en lui créant des inimitiés parmi les terroristes, lui valut l'estime générale, dont la Ciotat se disposait dès lors à lui doner un éclatant témoignage.

II

A Paris, il continuait sa vie toujours active, tenu en éveil par la gravité des événements qui amenèrent la chute de la Convention, l'avènement du Directoire et bientôt du Consulat. Malgré son grand âge, on le voyait suivre le réveil de l'art dramatique, cette grande passion de sa vie qui le faisait souffrir durant l'exil de la Ciotat. Il lui dut de connaître intimement une des gloires de la scène lyrique, l'homme qui, de 1769 à 1803, régna en souverain sur l'opéra-comique, où vingt pièces de lui restèrent au répertoire, sans vieillir, malgré les révolutions de l'art.

Nous avons nommé Grétry.

Bientôt l'intimité devint si étroite que le célèbre compositeur voulut la consacrer par un lien fraternel, en devenant le beau-frère de son ami. Marin hésitait. Le fils que Grétry ambitionnait d'avoir pour

à plusieurs reprises, de terroriser les amis de l'ordre et les républicains modérés. Nous écrirons un jour cette histoire, qui aura de l'intérêt, même en dehors de la région, en racontant *les Episodes de la Terreur à la Ciotat*. Rien n'est saisissant comme ce récit, où le drame confine sans cesse au plus haut comique.

gendre, ce fils unique pour qui le vieillard avait
dépensé les trésors de sa tendresse, loin de répondre aux vues de son père, l'avait obligé, par
toute espèce de débordements, à recourir aux
moyens les plus sévères pour mettre un terme à des
désordres qui couraient au déshonneur et à la ruine.

Grétry insista si bien que Marin céda, et bientôt
le jeune Marin devint l'époux de Lucile Grétry.

Lucile avait déjà donné au théâtre, en 1786, le
Mariage d'Antonio, et, l'année suivante, *Louise et
Louisette*. Adorée d'un père qui l'idolâtrait, elle
avait en lui une confiance absolue. Or, le compositeur, on l'a dit avec raison, homme d'esprit, ne
parlait, n'écrivait et ne jugeait raisonnablement que
de musique. La pauvre enfant ne tarda pas à s'en
apercevoir. Voici en quels termes amers le père,
désespéré de son erreur fatale, raconte l'aventure :

« Conçoit-on une manière d'être, un caractère
« plus estimable que celui-là ? (celui de Lucile)
« Peut-on avoir plus de candeur, de simplicité et
« d'énergie tout à la fois? On n'avoit besoin d'em-
« ployer à son égard ni douceur, ni sévérité ; il ne
« falloit qu'être juste. Le goût de la parure, si natu-
« rel à son sexe, n'étoit pas dominant chez elle ; si
« d'un coup de baguette une fée l'avoit parée, elle
« l'auroit trouvé bon ; mais j'ai cru voir que le temps
« qu'il faut perdre à soigner sa toilette la lui rendait
« indifférente ; tout son bonheur était dans la lecture,

« en vers surtout, et dans la musique qu'elle aimait
« passionnément.

« Mes amis, voyant combien elle était instruite
« pour son âge, nous sollicitèrent de ne pas attendre
« longtemps pour la marier. L'aînée ne seroit pas
« morte, disaient-ils, si on avoit su la contrain-
« dre à sortir de cette espèce de candeur stupide
« où elle étoit plongée. Je crus la rendre heureuse
« en lui donnant pour époux un jeune homme dont
« l'éducation et les talents répondoient à nos désirs ;
« quoiqu'il ne fût qu'un amateur distingué, je vis en
« lui un artiste musicien, dont j'allois diriger tous
« les sentiments par l'estime qu'il me témoignoit,
« et par le prix qu'il sembloit attacher à m'appar-
« tenir. Je fus trompé ; ce n'étoit ni ma fille ni moi qu'il
« recherchoit : il avait été élevé en esclave, il ne
« prenoit les chaînes de l'hymen que pour échapper
« à la domination de son père. Il étoit naturel, selon
« lui, de traiter sa femme comme il avait lui-même
« été traité ; il déchira le cœur dans lequel il alloit
« entrer, et deux ans de chagrins la conduisirent au
« tombeau (1). »

Ce que durent être, pour le cœur de Marin, les
injustes récriminations de Grétry, les désordres de
son fils et la mort de Lucile, nous le devinons sans
peine, bien qu'aucun document ne nous l'ait révélé.
Ce fils devait être la honte de ses cheveux blancs : il

1) Grétry, *mémoires*, t. ii, p. 407 et suiv.

mourut peu après son père, dont il avait abreuvé la vieillesse de chagrins.

Cherchant ses distractions là où il les avait trouvées durant toute sa vie, il sollicita et obtint, malgré ses quatre-vingts ans, de reprendre les travaux de censure auxquels son expérience le rendait plus apte que plus d'un de ses jeunes collègues.

III

Messieurs *Rature*, comme la malignité du public appelait les censeurs (1), avaient en effet repris leurs fonctions et perpétuaient les errements de l'ancien régime. C'est M. Hallays-Dabot qui l'a observé avec beaucoup de justesse.

« La censure théâtrale, pendant le dix-huitième siècle, a traversé les plus difficiles épreuves. Instituée pour protéger l'ordre établi, elle a lutté énergiquement contre le flot révolutionnaire. Autant qu'il a été en son pouvoir, elle a défendu la religion et ses ministres, l'autorité gouvernementale et ses chefs, la famille et son organisation, les mœurs publiques, enfin tout ce qui formait la base et la force de l'ancienne monarchie. Sous le régime républicain, la censure, anonyme et honteuse d'elle-même, a été l'esclave du pouvoir et non la tutrice de la société.

(1) *Le réveil d'Epiménide ou les Etrennes de la liberté,* comédie en vers jouée le 1er janvier 1790.

Alors, dans les écrivains dramatiques, le pouvoir ne voyait que des ennemis, qui devaient chanter sa cause ou briser leur plume, des esclaves qui devaient la servir, sinon sacrifier leur liberté, tout en risquant leur tête. Peu à peu l'orage s'apaisera ; l'administration, rentrée dans les voies du bon sens et de la modération, invitera le théâtre à chercher le succès dans le développement de l'art et non dans l'appel incessant à toutes les passions irritantes. La censure reprendra alors son rôle logique. Elle sera pour le gouvernement un instrument de défense contre les agressions des partis, elle sera pour la société une barrière contre l'envahissement des doctrines perverses ou des peintures immorales.

« Le 18 brumaire, en tranchant tous les débats qui divisaient et agitaient la France, mit un terme au désordre et inaugura un état de choses nouveau.

« ... L'état des théâtres préoccupait vivement le Premier Consul. Ils continuaient à jouer un répertoire libre jusqu'à la licence. La censure était chargée de les ramener dans des voies plus morales. Quant à relever l'art, Bonaparte espérait arriver à un résultat en remettant en honneur l'ancien répertoire. Il s'occupait sans cesse du Théâtre de la République et suivait ses représentations assidûment ; il voulait que les chefs-d'œuvre classiques, montés et joués avec le plus grand soin, servissent de modèle aux jeunes écrivains et modifiassent le goût public. En janvier 1801, il faisait écrire par Chaptal une lettre aux comédiens français, pour les engager à jouer l'ancien répertoire, leur promettant de le retirer bientôt du domaine public, et de leur en assurer l'exploitation. Mais, en revanche, il exigeait d'eux qu'ils ne donnassent plus de ces petites pièces ou de ces vaudevilles sans valeur, qui étaient l'apanage des théâtres infimes. Le Théâtre-Français obéit ; les représentations de l'ancien répertoire se succèdent rapidement ; mais les théâtres de second ordre ne cessent pas de lui faire une concurrence fâcheuse, jusqu'au décret de 1807. »

Bonaparte songea bientôt à réorganiser la censure. Marin, qui en reçut avis, n'hésita pas à confier au *Journal de Paris* une série d'articles où l'on ne soupçonnerait certes pas l'âge de leur auteur, tant il mène rondement sa charge à l'assaut, exaltant les bienfaits de la censure, comme un jeune ambitieux qui vise à reprendre le harnais doré d'autrefois.

« La censure dramatique, raconte M. Hallays Dabot, transportée du ministère de la police au ministère de l'intérieur, du ministère de l'intérieur à la direction générale de l'instruction publique, retourne au ministère de la police, quand celui-ci est reconstitué à la fin de 1804. Elle entre dans les attributions du bureau de la presse ; quatre censeurs, MM. Brousse-Desfaucherets, Lemontey, Lacretelle jeune et Esménard, sont chargés de l'examen des pièces. Depuis que Suard a dû se retirer en 1790, c'est la première fois que la censure, sortant du demi-jour, redevient un des rouages avoués et officiels de la machine gouvernementale. Suard était remplacé par des hommes de talent, d'esprit et de bon sens, qui, connus par leurs œuvres et n'étant compromis par aucun excès révolutionnaire, offraient aux auteurs dramatiques toutes les garanties politiques et littéraires.

« Il y a dans l'organisation nouvelle un changement radical, et qui est excellent ; une commission est substituée à une individualité. Un avis isolé et sans contrôle sérieux peut être impunément passionné ; il peut et doit subir toutes les influences ; il est sans défenses contre les récriminations. Voltaire prendra Crébillon à partie, et il aura le beau rôle ; Marin sera à bon droit soupçonné d'une entente trop intime avec les auteurs ; Suard deviendra l'objet des plus vives attaques. Dans une commission, les individus s'effacent pour laisser la place à une force anonyme contre laquelle s'émoussent les colères de l'amour-propre et de l'intérêt froissés. Dans une commission, les divergences d'opinion, les influences, les petites passions se combattent, et, pour se mettre d'accord, sont forcées d'arriver à un moyen terme, qui est la vérité. Aussi, ce système, une fois établi, survivra à toutes les perturbations. Chaque gouvernement qui se succèdera en comprendra les avantages et l'adoptera sans hésitation.

« Le décret de 1806 achève de régulariser la censure dramatique, en déclarant qu'aucune pièce ne pourra être représentée sans l'autorisation du ministre de la police ; c'est sur ce décret, que la censure vivra légalement, jusqu'au mois de septembre 1835. Dans les départements, les préfets devaient envoyer à Paris les manuscrits des pièces nouvelles que l'on désirait représenter ; c'était une dérogation à un règlement fait l'année précédente, et qui confiait la surveillance des répertoires de province aux commissaires généraux de police. Ce règlement avait amené des conflits continuels entre les commissaires généraux de police et les maires ; les premiers, agissant d'après la loi nouvelle, les seconds, s'appuyant sur la loi de 1790, qui plaçait les théâtres sous la surveillance des municipalités. Le maire de Marseille s'était montré un des plus ardents à soutenir cette lutte (1). »

IV

Nous venons de dire que Marin avait écrit des articles sur la question des censeurs. Le journal qui les inséra avait été violemment suspendu pendant la période révolutionnaire. Ses bureaux et ses presses furent pillés à la suite du 10 août. Il reparut au bout de cinquante jours, et, sous la direction de Garat, Condorcet, Siéyès, Cabanis, etc., il se tourna peu à peu vers la spécialité des questions philosophiques.

(1) Archives de l'Empire, f. 17. 1299.

Les articles de Marin ne sont pas signés, mais il est facile de mettre sa signature au bas des colonnes terminées par un Y (1), qui, en l'année 1805, publient une série de sentences intitulées, *Quelques idées*, et un portrait, charmant d'humour, sous le titre *Monsieur Hem*. Encore une fois, ce n'est point un vieillard de 84 ans qui a écrit ces pages, d'ailleurs encore si vertes et d'esprit si gaulois.

Marin devait mourir censeur et gazetier.

V

Avant qu'il mourut, la Providence lui réservait, à côté de ses épreuves, une joie, dont nos lecteurs apprécieront toute l'intime délicatesse, quand ils sauront qu'elle lui vint des rivages aimés du sol natal. La Ciotat ne voulut pas attendre que le citoyen dévoué eût disparu pour lui décerner sa couronne civique.

Dans sa séance du 9 brumaire an XII (1er novembre 1883), les compatriotes de Marin prirent une délibération, ainsi libellée dans nos archives :

« Le Conseil municipal, considérant que le Citoyen

____

(1) Nous avons été aidé puissamment dans nos recherches à cet égard, à la Bibliothèque du musée Carnavalet, par l'obligeant M. Céard, sous-bibliothécaire. Il y aurait de notre part ingratitude à ne pas faire auss remonter l'origine de plus d'une des découvertes que nous ont permis d'élucider bien des points obscurs de la vie de Marin à M. Pauly, de la Bibliothèque Nationale, dont nous signalons aux érudits l'obligeance et l savoir.

« Louis-François-Claude Marin, ci-devant lieute-
« nant-général de l'Amirauté de cette ville, a acquis
« de la célébrité par ses connaissances littéraires,
« que cette célébrité honore notre ville qui l'a vu
« naître et que son souvenir peut exciter l'émulation
« de ses concitoyens et de ses successeurs, et dési-
« rant perpétuer son souvenir, a unanimement
« délibéré (1) de placer dans la salle de ses as-
« semblées, le portrait du Citoyen LOUIS-FRANÇOIS-
« CLAUDE MARIN, au bas duquel seront inscrits ses
« nom et prénoms, la date de sa naissance, les places
« dues à ses talents et les divers ouvrages dont il
« a été l'auteur. Le Conseil a invité le Maire, prési-
« dent du Conseil, à adresser aux Citoyens Ganteau-
« me (2) et Marin, extrait des deux sus-dites déli-
« bérations, à chacun d'eux en ce qui les concerne,
« et de leur exprimer les hommages et les senti-
« ments affectueux de leurs concitoyens. »

Marin reçut avec émotion ce témoignage d'estime

(1) Etaient présents à cette séance :

Joseph Guérin, maire président ; Magloire Olivier ; Louis Jaubert ;
Jacques Martin ; Jean-François Gasquet ; Toussaint Courtès ; François
Martin ; Antoine Julien ; Antoine Giraud ; Honoré Giraud ; François
Adorateur Gariel ; Barthélemy Marin ; Antoine Gandolle ; Honoré Her-
mitte ; Joseph-François Amalric ; Jean-François Bonnaud ; Jean Durbec ;
Thomas Nalis ; Pierre-Etienne Vaille ; François Brainet ; Victor Gardet ;
Jean-Baptiste Bérenger ; César Preire, en tout vingt-deux membres.

(2) L'amiral Ganteaume, né à la Ciotat en 1755, chef d'état-major de
l'amiral Brueys à la campagne d'Egypte, d'où il ramena Bonaparte,
préfet maritime à Toulon et vice-amiral en 1803 au moment de la délibération du Conseil. Il mourut à Aubagne, en septembre 1818. La rue
principale de la Ciotat porte son nom.

reconnaissante. Les Archives communales de la Ciotat en conservent l'expression. En effet, dans sa séance (1) du 28 pluviose an 12 (18 février 1804), le secrétaire du Conseil mentionne, sous la rubrique « Portrait Marin », les touchants détails qui suivent:

« Un membre, en présentant au Conseil le por-
« trait du citoyen Marin, ci-devant lieutenant-géné-
« ral de l'Amirauté, a dit : *Ce Conseil, dans sa*
« *séance du 9 brumaire dernier, sur le motif de la*
« *célébrité qu'avait acquise Marin par ses connais-*
« *sances littéraires, a délibéré que son portrait serait*
« *placé dans la salle des assemblées du Conseil, et le*
« *citoyen qui a toujours été excessivement attaché*
« *à sa patrie en accordant ses bons offices à ses con-*
« *citoyens en particulier et en corps de commune*
« *quand ils s'adressaient à lui, ayant eu connais-*
« *sance de cette délibération, a été vivement sensible*
« *au prix que le Conseil a attaché à des connaissan-*
« *ces qu'il aurait voulu développer avec plus de*
« *talent, il en a témoigné son extrême sensibilité au*
« *Conseil en s'adressant au Maire-Président, et*
« *désirant éviter à la commune des frais que lui*
« *occasionnerait l'acte d'un souvenir qu'elle veut*
« *perpétuer; il m'a adressé le portrait que je vous*

(1) Etaient présents à cette séance :
Le maire Ventre. secrétaire Magloire Olivier. François Brunet. Victor Gardet. Jean-Baptiste Bérenger. Toussaint. Blanchard. Honoré Hermitte. Toussaint Courtès. Pierre Badelon. Jean-Baptiste Blanc. Antoine Candolle. Honoré Giraud. Jean-François Gasquet. Thomas Nalis. Louis, Jaubert. François Martin. Pierre Vaille. Barthélemy Marin. Jacques Martin.

« *présente pour vous l'offrir de sa part. Il a été fait*
« *par Vigée, célèbre peintre, et il est entouré d'un*
« *cadre simple. La modestie du citoyen Marin est*
« *cause qu'il n'a aucune inscription faisant mention*
« *des ouvrages qu'il a faits et des titres que ses*
« *talents lui ont mérités et que vous avez délibéré*
« *de mettre en bas de son portrait. La forme du ca-*
« *dre s'opposant à cette innovation, vous ne pouvez*
« *suppléer qu'en les mentionnant sur le derrière du*
« *portrait. Je vous propose, à cet effet, de délibérer*
« *que vous acceptez l'offre que le citoyen Marin vous*
« *fait de son portrait; qu'il sera de suite placé dans*
« *la salle de vos assemblées avec mention derrière*
« *icelui des ouvrages dont il a été l'auteur et des*
« *titres dont il a été honoré*.... »

Le portrait de Marin figure encore, à l'Hôtel-de-Ville de la Ciotat, à une place d'honneur (1) et conserve la mention votée par le Conseil de 1804. La voici dans sa teneur, flatteuse pour le vieillard, retenu à Paris depuis dix ans, et attendant la mort qui désormais ne saurait faire disparaître son souvenir de la postérité au lieu natal :

MARIN (François-Louis-Claude)

De plusieurs Académies, associé corres-

(1) Ce portrait, exécuté au pastel par Vigié, est un chef-d'œuvre, justement admiré des connaisseurs. On en fera des reproductions photographiques, dont nous nous ferons un plaisir d'adresser un exemplaire à ceux de nos lecteurs qui nous en adresseront la demande.

pondant de différentes académies étrangères. Ancien censeur Royal, secrétaire général de la Librairie de France, censeur de la police et des spectacles, Auteur de l'histoire de Saladin, de l'Homme aimable, de la Bibliothèque du Théâtre Français, de la traduction en vers de quatre églogues de Virgile, de la traduction de l'anglais de plusieurs poésies diverses de Macpherson, d'un recueil de pièces de Théâtre, de l'histoire de La Ciotat jointe au mémoire sur l'ancienne ville de Taurentum, du discours sur l'histoire ancienne du moyen-âge et moderne, des mémoires sur la Philosophie hermétique et les adeptes, sur la poésie orientale et de différentes Pièces fugitives en prose et en vers, ci devant Lieutenant Général au siège de l'Amirauté de la Ciotat et Inspecteur Général de la Librairie de Provence.

Né à La Ciotat le 6 Juin 1721.

———

Portrait placé avec l'Inscription ci-dessus dans la salle du Conseil Municipal

DE LA CIOTAT EN EXÉCUTION DE SES DÉLIBÉ-
RATIONS DU 9 BRUMAIRE ET 28 PLUVIOSE AN
12.

Est-ce bien suffisant ?

Ganteaume, lui, n'a pas donné son portrait et son
nom a remplacé les dénominations de rue Droite ou
rue de la Liberté, qui désignaient la principale artère
de sa ville natale. Marin avait sa maison ouverte
d'une part sur cette même rue et d'autre part sur une
place encore aujourd'hui désignée sous un nom
banal.

La postérité, fidèle aux traditions et à la reconnaissance de nos pères, ne pourrait-elle couronner
l'acte de 1804, et donner le nom de Louis Marin à la
Place des Arbres ? En votant ce changement qui ne
saurait heurter aucun intérêt local, les héritiers des
municipalités, contemporaines à notre excellent compatriote, répondraient, croyons-nous, au vœu de tout
bon Ciotaden, fier des gloires de son pays.

VI

Lorsque la délibération du Conseil municipal de la
Ciotat parvint au vieillard, il avait auprès de lui un
jeune compatriote qui devait continuer son œuvre,
en écrivant à son tour une étude historique et topo-
graphique sur la ville et le canton de la Ciotat. En

ce moment, ce jeune ciotaden s'était fixé à Paris, où, pour imprimer et répandre plus aisément les livres qu'il composait avec une fécondité précoce, il s'était fait libraire-éditeur (1). C'est lui qui adoucira, en lui parlant du pays natal et en réveillant ses souvenirs d'enfance, les dernières années de Marin, auprès de qui il se trouvait, quand la mort vint frapper le nonagénaire.

Elle arriva le 7 juillet 1809, à 9 heures du matin (2).

(1) Masse (Etienne-Michel), né à la Ciotat le 8 février 778, mort le 14 octobre 1862. A écrit un très grand nombre d'ouvrages dans tous les genres, dont beaucoup sont perdus, car il n'en avait pas conservé lui-même un exemplaire. D'une vaste érudition, mais d'une modestie excessive, il a toujours fui les honneurs. Après avoir voyagé beaucoup en Europe et en Amérique, et être allé de la Ciotat à Paris, et de Paris à la Ciotat, sept fois à pied, en ne passant jamais deux fois par la même route, il vécut du modeste emploi de secrétaire de l'hospice de la Ciotat. Masse a écrit les ouvrages suivants: *Sidonie-Ossolenki*, 4 vol. in-12. — *La fille de Jephté*, 2 vol. in-12. — *Macchabée ou religion et patrie.* — *Torts du protestantisme envers les peuples*, 1 vol. in-32. — *Le Tasse, génie et malheur.* — *Jeanne de Naples.* — *Histoire du pape Alexandre VI et de César Borgia.* — *L'île de Cuba et la Havane.* — *Dévouement de Hubert de Goffin.* — *Lettres à Sophie ou la tendre mère.* — *Conseils à un jeune poëte.* — *Jineta Baldini ou les deux moines.* — *Les Jacobins et Bonaparte.* — *La Turquie, la Grèce et la Barbarie.* — *L'Hôtel de Ville et le Casino.* — *Souvenirs de 1815.* — *Les fortifications de la Ciotat.* — *Soirées de Sainte-Hélène.* — *Epître à une jeune France.* — *Statistique du canton de la Ciotat.* — *Statistique du canton d'Aubagne.* — *Du Romancium occidental*, 2 vol. in-8°. — Masse a laissé un manuscrit: *La Révolution*, ouvrage en sept parties — *Récit des guerres religieuses au XVI° siècle.* — *La Ligue en Provence*, 1588 à 1599. — *Béatrix et Lucie*, etc. (Saurel, commune de la Ciotat, p. 304).

(2) L'acte de décès de Marin, brûlé à la Commune, a été récemment reconstitué. En voici le libellé :

« L'an mil huit cent neuf, le huit juillet, à dix heures du matin, par
« devant nous, maire du troisième arrondissement de Paris, faisant fonc-

La Ciotat était donc représentée à son lit de mort, elle l'accompagna dans ses funérailles, modestes comme la fortune du défunt. Il y fut suivi par les regrets de ceux qui l'avaient connu et aimé durant ses dernières années.

La *Gazette de France* oublia de consacrer quelques lignes à la mémoire de son ancien rédacteur. Mais le *Journal de Paris* salua la tombe du vieillard, « regardé comme le doyen des gens de lettres » de France (1) et le *Mercure de France* l'honora d'un souvenir (2) :

« Les lettres viennent de perdre M. Marin, ancien
« censeur royal et directeur de la librairie. Il avait
« quatre-vingt neuf ans et conservait encore beau-
« coup de gaieté dans l'esprit et d'aménité dans la

« tions d'officier de l'Etat civil, sont comparus les sieurs Jean-Charles
« Collignon, rentier, âgé de cinquante-sept ans, demeurant à Paris rue
« Saint-Nicaise nᵒ 2, division des Tuileries et Etienne-Michel Masse,
« libraire, âgé de trente-deux ans, demeurant rue Dunstein nᵒ 20, division
« de l'Unité, lesquels nous ont déclaré que Francois-Louis-Claude Marini,
« dit Marin, âgé de quatre-vingt-neuf ans, natif de la Ciotat département
« des Bouches-du-Rhône, ancien avocat au parlement, censeur royal,
« directeur-général de la librairie de France, membre de plusieurs acadé-
« mies, etc., etc., époux d'Elisabeth-Eloi Durochey, est décédé hier, à
« neuf heures du matin, à Paris, rue Montmartre nᵒ 72, division du Mail ;
« lesquels déclarants ont signé avec nous, le présent acte de décès ainsi
« que le sieur Gautier, chirurgien, après lecture faite ainsi signé Collignon,
« Masse, Gautier et Mariquet, adjoint. Délivré par nous, maire du troisième arrondissement de Paris, le dix-neuf décembre mil huit cent neuf.
« Signé : Rousseau. Expédié et collationné. Signé : Potier de la Berthel-
lière. Admis par la commission, loi du 12 février 1872. Le membre de la
commission signé. E. Ferry ».

(1) *Journal de Paris*, du 9 juillet 1809.

(2) *Mercure de France*, du 9 juillet 1809.

« conversation. Il est auteur de quelques ouvrages
« de théâtre et d'une *Histoire de Saladin* dont
« les faits sont curieux. »

Ainsi finit le gazetier, le censeur, le lieutenant
d'Amirauté, l'homme aimable, dont nous serions
heureux d'avoir, au nom de son pays natal, honoré
la mémoire, à l'encontre des détracteurs de cette
Victime de Beaumarchais.

FIN.

TABLE DES MATIÈRES

V. — LE GAZETIER MARIN

VI. — UN PROCÈS A RÉVISER

VII. — QU'ÈS ACO ?

VIII. — RETOUR A LA CIOTAT

IX. — L'ACADÉMICIEN

X. — UN AMI A LA CONVENTION

XI. — LES DERNIERS TEMPS

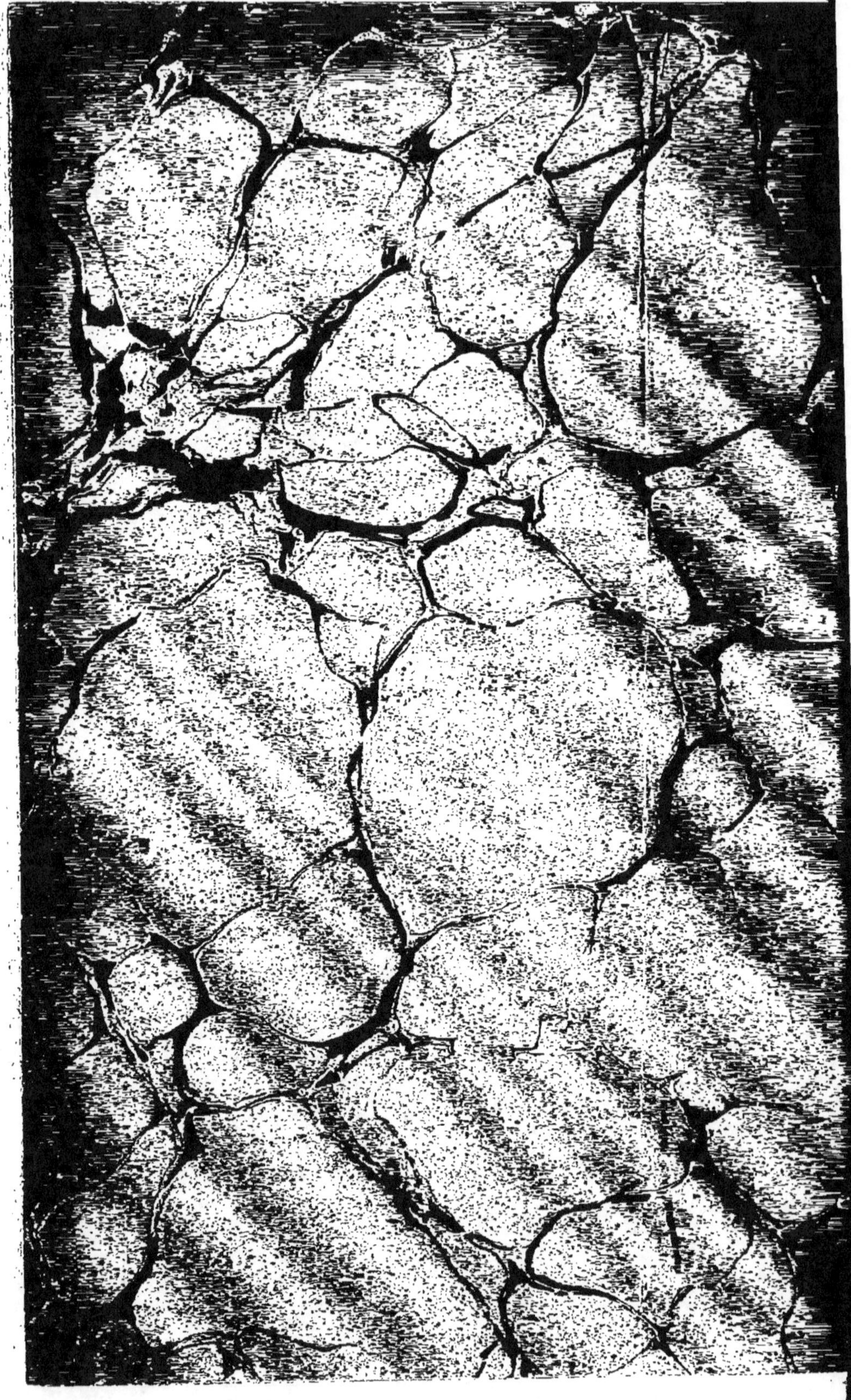

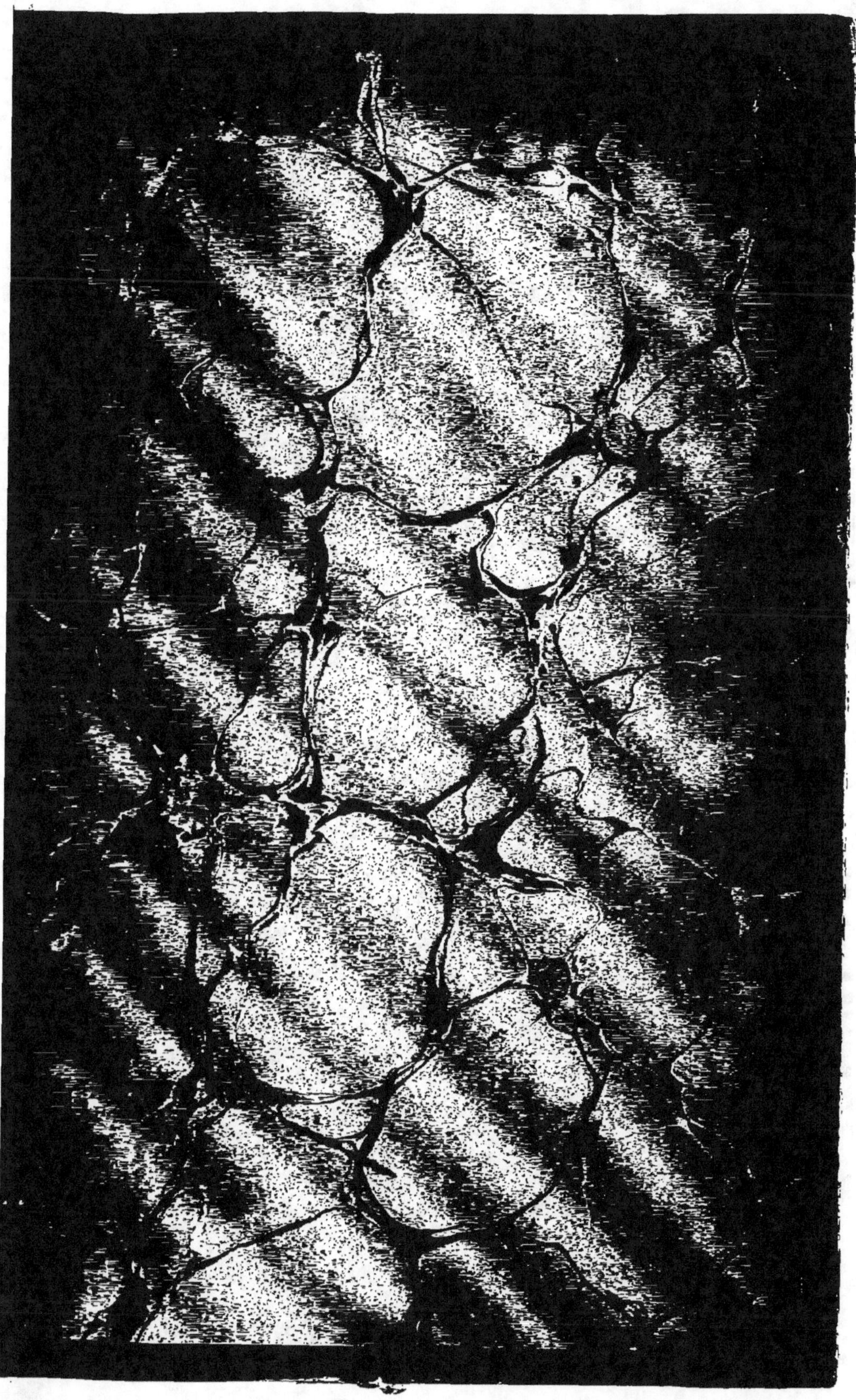